補註

文章軌範

明治書院

簡野道明

〇王淵濟 字道可、建安人。唐宋聯珠詩格、載二其詩二首一、其一吳氏池上云、半畝方塘浸二碧瀾一。綠窗深鎖曉光寒。主人月日拋二香餌一。引二得游魚一聽レ拍レ闌。

例言

一 文章軌範七卷、宋末殉節之臣、疊山謝枋得所レ編、門人王淵濟校訂上梓。所レ錄漢・晉・唐・宋之文、凡六十九篇、分二放膽・小心二格一。賴山陽曰、軌範開卷第一、出下與二于襄陽一等書上。自見下學者不三敢獨善二其身一、必宜上レ兼二濟天下一也。末擧下送三李愿歸二盤谷一序、及歸去來辭等上。又見三人宜二相レ時而退。

一海保元備補註文章軌範校本行于世久矣。其書引證典故、最爲詳悉。但憾訓釋未備。乃不自揣、删繁糾繆、拾遺補闕、揭諸上欄。庶於學者有小補云。

一本文批圏及注脚、一仍謝氏之舊、不敢些增損。但新分段節、明照應、通脈理者、必加︿符以別之。

―――― 緊要處、或一篇主意。

○海保元備號漁村。上總人。著文章軌範補註七卷。門人島田重禮校補刊行。

、、、、、佳境。

○○○○○妙境。

━ 小節。

┗ 段落。

昭和壬申三月　　簡野道明識

○王守仁字伯安、明餘姚人。弘治進士、授兵部主事。忤劉瑾、謫貴州龍場驛丞。後復官、定寧王宸濠之亂、擢南京兵部尚書、卒贈新建侯、謚文成。其學以知行合一爲主。嘗築室陽明洞中。世稱陽明先生。

○設耳　本集、設耳下、有世之學者、傳習已久。而貴陽之士、獨未之多見。侍御王君汝楫、於按歷之暇、手錄其所記憶、求善本而校是之、謀諸方伯郭公輩、相與捐俸廩之資、鋟之梓。將以嘉惠貴陽之士。曰、枋得爲宋忠臣。固以舉業進者。是吾微有訓焉。屬守仁敍一言於簡首。九十五字。

文章軌範序

王守仁撰

宋謝枋得氏、取古文之有資於場屋者、〔此一句、伏一篇大旨。下文許多舉業字、皆根于此。〕自漢迄宋、凡六十有九篇、標揭其篇章句字之法、名之曰文章軌範。蓋古文之奧、不止於是。是獨爲舉業者設耳。○夫自百家之言興、而後有六經。自舉業之習起、而後有所謂古文。古文之去六經遠矣。由古文而舉業、又加遠焉。士君子有志聖賢之學、而專求之於舉業、何啻千里。然中世以是取士。〔指隋・唐以來。〕

○交際　際、接也。謂下以二禮儀幣帛一相交接上也。孟子、萬章下篇、萬章問曰、敢問、交際何心也。孟子曰、恭也。

士雖レ有下聖賢之學、堯二舜其君一之志上、不二以レ是進一、〔是指二學業一。〕終不三大行二於天下一。「蓋士之始相見也、必以レ贄。故學業者、士君子求レ見二於君一之羔雉耳。羔雉之弗レ飾、是謂二無禮一。無禮無レ所レ庸二於交際一矣。故夫求レ工二於學業一、而不レ事二於古一、作弗レ可レ工也。弗レ工二於學業一、而求二於倖進一、是僞二飾羔雉一、以罔二其君一也。「雖レ然、羔雉飾矣、而無二恭敬之實一焉、其如二羔雉一何哉。是故飾二羔雉一者、非三以求二媚於主一。致二吾誠一焉耳。攻二學業一者、非三以要二利於君一。致二吾誠一焉耳』〔以二二焉耳一作二雙關一。〕世徒見下夫由二科第一而進者、類

○鄒孟氏曰　語出二孟子、盡心上篇一。

○周召矣　本集、此句下有乙吾懼貴陽之士、謂下二公之爲二是擧一、徒以資中其希二寵祿一之筌蹄上也、則二公之志荒矣。於レ是乎言。三十五字甲。

多レ狥私媒レ利、無中事レ君之實上、而遂歸二咎於擧業一。不レ知丁方二其擧業之時一、惟欲下釣二聲利一、弋二身家之腴一、以苟中一旦之得上、而初未丙嘗有乙其誠甲也。〔自上二誠字生。〕鄒孟氏曰、恭敬者、幣之未レ將者也。伊川曰、自二灑掃應對一、可三以至二聖人一。〔引二證二家一爲レ結。〕夫知下恭敬之實、在中於飾二羔雉一之前上、則知下堯舜二其君一之心、不中在下於習二擧業一之後上矣。知四灑掃應對之可三以進二於聖人一、則知四擧業之可三以達二於伊傅周召一矣。〔應二上文聖賢之學云云一。〕

正德元年丙寅仲秋望日

補註 文章軌範 目次

卷之五　小心文

卷之六　小心文

卷之七　小心文

補註 文章軌範 卷之一〔侯字集〕

宋　謝枋得　編次

日本　簡野道明　補註

放膽文

凡學文、初要膽大、終要心小。由麤入細、由俗入雅、由繁入簡、由豪蕩入純粹。此集皆麤枝大葉之文。本於禮義、老於世事、合於人情。初學熟之、開廣其胸襟、發舒其志氣。但見文之易、不見文之難。必能放言高論、筆端不窘束矣。

與于襄陽書

韓　文　公

于襄陽、于頔、字允元。河南人。貞元十四年、爲襄州刺史・充山南東道節度觀察使、奏請無不從。於是公然聚斂、恣意虐殺。專以凌上威下爲務。累遷檢校尚書左僕射・同中書門下平章事。此書稱守國子四門博士、當在貞元十八年秋也。

〇侯字集　此書分卷以侯・王・將・相・有・種・乎七字。蓋言射策甲科、取青紫如拾地芥也。

〇宋謝枋得　字君直、號疊山。信州弋陽人。官至江西招諭使。性好直言、以忠義自任。宋亡。元徵枋得。辭不至。遂執至燕不食而死。世與文天祥並稱。

〇放膽文　唐書、孫思邈傳、邈告盧照鄰曰、膽欲大而心欲小。放膽・小心、蓋本諸此。

〔放言高論〕論語、微子篇、隱居放言。史記、張釋之傳、卑之毋甚高論。

〔筆端〕陸機、文賦、挫萬物於筆端。

〇將仕郎　唐書、百官志、從九品下曰將仕郎。通考、自開府儀同三司、至將仕郎二十八階、爲文散官。

〇守　舊唐書、職官志、貞

觀令、以職事高者爲守、職事卑者爲行。
〇國子四門博士　國子、謂國子監、唐大學也。六典、國子學博士二人、掌教文武官三品以上及國公子孫從二品以上曾孫之爲生者。四門博士三人、掌教文武官七品以上及侯伯子男子之爲生者、若庶人子爲俊士生者。
〇尚書　唐書、百官志、尚書令一人、正二品、掌典領百官。其屬有六尚書。一曰吏部、二曰戶部、三曰禮部、四曰兵部、五曰刑部、六曰工部。朱子語類、尚書・尚衣・尚食。尚乃主守之意。頗爲檢校尚書左僕射。故曰尚書。唐書、尚書令一人、掌典領百官。左僕射蓋副官也。
〇閣下　閤、或作閣。正字通、今尊稱曰閣下。韓愈上宰相書、皆从閤。閤、閣音義通也。因話錄曰、古者三公開閣。郡守比古

韓文公、唐韓愈、字退之。鄧州南陽人。生三歲而孤。養於從父兄。愈自以孤子、幼刻苦學儒、不俟獎勵。大曆・貞元間、文士多尚古學、效揚雄・董仲舒之述作。而獨孤及・梁肅最稱淵奧、儒林推重。愈從其徒遊、銳意鑽仰、欲自振於一代。洎舉進士、投文於公卿間。故相鄭餘慶、頗爲之延譽。由是知名於時。貞元八年、登進士第。累官至吏部侍郎。在朝鯁直、無所忌。憲宗朝、諫迎佛骨、貶潮州刺史。長慶四年十二月卒。年五十七。贈禮部尚書、諡曰文。宋元豐中、追封爲昌黎伯。有昌黎集四十卷・外集十卷。

此篇主意、言先達後進當相須以成功名、干求用己。

七月三日。將仕郎守國子四門博士韓愈、謹奉書尚書閣下。士之能享大名、顯當世者、此輕。莫不有先達之士、負天下之望者、爲之前焉。隱然許于公。士之能垂休光、照後世者、此重。亦莫不有後進之士、負天下之望者、爲之後焉。隱然自許。莫

爲之前、雖美而不彰。莫爲之後、雖盛而不傳。是二人者、未始不相須也。然而千百載、乃一相遇焉。豈上之人無可援、下之人無可推歟。何其相須之殷、而相遇之疎也。以故在下之人負其能、不肯諂其上、上之人負其位、不肯顧其下。故高材多戚戚之窮、盛位無赫赫之光。是二人者之所爲、皆過也。未嘗干之、不可謂上無其人。未嘗求之、不可謂下無其人。愈之誦此言久矣。未嘗敢以聞於人。〔第一段、論先達後進相須之殷、而互有不相求之過。此虛說。〕

側聞、閤下抱不世出之才、特立而

諸侯。亦有閣。故皆稱閣下。
○先達之士　達、本集作進。注云、進一作達。論語、先進篇、注、先進後進、謂仕先後輩也。
○莫爲之前　左傳、襄公十四年、夫二子者、或輓之、或推之。注、前牽爲輓、後送爲推。
○須　待也。
○豈　與幾音通。
○援推　援、謂攀援之。推、謂推薦之。禮記、上弗援、下弗推。無可援、謂不足攀援。無可推、謂不足推薦。
○殷　盛也。
○以故　惟固、音通。本集作其故。亦通。
○高材　史記、淮陰侯傳、高材疾足者先得焉。
○戚戚　論語、述而篇、小人長戚戚。注、多憂懼也。
○赫赫　威名光顯貌。詩經、小雅出車篇、赫赫南仲、玁狁于襄。
○干　求也。史記正義、不

待禮曰干。
○不世出　謂不多出世。淮南子、泰族訓、夫欲治之主不世出。通鑑注、不世出者、言世間不常生此人也。
○特立而獨行　禮記、儒行篇、其特立獨行有如此者。特、挺立也。獨、謂不倚賴於人也。
○卷舒　論語、衞靈公篇、邦無道則可卷而懷之。淮南子、原道訓、與剛柔卷舒。注、卷舒、猶屈伸也。
○其人哉　禮記、曾子問、疏、哉者疑而量度之辭。
○常人　諸本常作恆。
○將　轉語也。比抑稍輕。
○請自隗始　見戰國燕策・史記、燕世家。

獨行。道方而事實。卷舒不隨乎時。文武惟其所用。豈愈所謂其人哉。（文婉曲有味。）抑未聞後進之士、有遇知於左右、獲禮於門下者。豈求之而未得邪。（文婉曲有味。）將志存乎立功、而事專乎報主、雖遇其人、未暇禮邪。（文婉曲有味。）何其宜聞、而久不聞也。〔第二段、始入題。疑于公既先達而無後進之士。此實說。〕愈雖不才、其自處、不敢後於常人。閤下將求之而未得歟。（文婉曲有味。）古人有言、請自隗始。（史記、燕昭王卑身厚幣、以招賢者。謂郭隗曰、齊王因孤之國亂、而襲破燕。孤極知燕小力少、不足以報。誠得賢士與共國以雪先王之恥、孤之願也。先生視可者、得身事之。郭隗曰、古之人君、有以千金使涓人求千里馬者。馬已死。買其骨五百金而返。王大怒。涓人曰、死馬且買。況生者乎。馬今至矣。不期年、千里馬至者三。今王必欲致士、先從隗始。況賢於隗者、豈遠千里哉。於是、昭王爲隗改築宮、而師事

○芻米　左傳、僖公二十九年、公在會饋之芻米、禮也。芻者、飼牛馬之草。
○僕賃　左傳、襄公二十七年、僕賃於野。賃、傭也。以財雇人也。
○享　謂享用之費。
○齪齪　音錯、齪齪、器局狹小貌。史記、申屠嘉傳、娖娖廉謹。漢書作踖踖。史記、貨殖傳、其民齪齪。皆通。
○磊落　胸中豁大貌。又言明白也。北史、李謐傳、辭氣磊落、觀者忘疲。磊、一作礌。晉書、石勒載記、大丈夫行事、當礌礌落落如日月皎然。
○奇偉　史記、留侯世家贊、計魁梧奇偉。磊落奇偉之人、暗指于公。

之。士爭趨燕。樂毅自魏往、劇辛自趙往。昭王以樂毅爲亞卿、任以國政。【請己先用、一篇主意、全在此一句。】

愈今者惟朝夕芻米僕賃之資是急。不過廢閣下一朝之享而足也。如曰、吾志存乎立功、而事專乎報主、雖遇其人、未暇禮焉、則非愈之所敢知也。世之齪齪者、既不足以語之、磊落奇偉之人、又不能聽焉、則信乎命之窮也。（文婉曲有味。）謹獻舊所爲文一十八首。如賜覽觀、亦足以知其志之所存。（是一篇主意。）（結得健。）愈恐懼再拜。【第三段、責己有後進之才、而于公不求之過、以要其用之共成功名。

謝疊山評　昌黎作文、專占地步。如人要在高處立、要在平處行、要在闊處坐。下之人負其能、不肯諂其上、不害爲君子。上之人負其位、不肯顧其下、不免爲小人。高材多戚戚之窮、則是君子而安貧賤。盛位無赫赫之光、則是庸人而苟富貴。韓公之所以自處者、可謂高矣。

茅鹿門評　前半篇、瑰瑋游泳。
後半篇、婉戀凄切。

錢豐寰評　樓閣重重、似貫結構却又
一氣呵成。有建瓴之勢。

後念九日復上宰相書　韓文公

文公、貞元八年登第、其後以博學宏辭、三試於吏部、無成。故貞元十一年、上宰相書求仕。凡三上不報。時宰相趙憬・賈耽・盧邁皆庸人。故不能用也。第一書正月二十七日。第二書、二月十六日。第三書、三月十六日。此書蓋第三書也。念、諸本作廿、音入、市井俗音念。

此篇主意、言己有憂天下之心、不能獨善其身。故進周公說。望今宰相用己如周公。

三月十六日。前鄉貢進士韓愈、謹再拜言相公閤下。愈聞、周公之爲輔相、其急於見賢也、

○前鄉貢進士　唐書、選舉志、唐制、取士之科、多因隋舊、然其大要有二、由學館者曰生徒、由州縣者曰鄉貢。皆升于有司而進退之。李肇國史補、進士得第謂之前進士。禮記、王制篇注、進士、可進而受爵祿也。

○相公　日知錄、前代拜相者必封公。故稱之曰相公。唐因隋制、尙書省之長官尙書令・中書省

長官中書令・門下省長官侍中、共議國政。此宰相職也。其後以太宗嘗爲尚書令、臣下避不敢居其職。由是副官僕射爲尚書省長官、與侍中・中書令、號爲宰相。
○輔相　易經、泰卦、象傳、后以財成天地之道、以輔相天地之宜。本義、輔相以補其不及。
○吐哺握髮　史記、魯世家、周公戒伯禽曰、我一沐三捉髮、一飯三吐哺、起以待士、猶恐失天下之賢人。韓詩外傳、捉作握。食在口曰哺。
○欺負之徒　欺、譏也、陵也。李翊俗呼小錄、見陵於人爲欺負。漢書、韓延壽傳、或欺負者、延壽痛刻責。
○無虞　虞、度也。言無復可虞度之事。
○荒服　書經、禹貢篇、五服、甸・侯・綏・要・荒也。荒服、在九州之外。言其來荒忽無常。服、謂服事天子。

方一食、三吐其哺、方一沐、三握其髮。當是時、天下之賢材、皆已擧用、（九字句。）姦邪讒佞欺負之徒、皆已除去、（十二字句。）四海皆已無虞、（六字句。）九夷八蠻之在荒服之外者、皆已賓貢、（十五字句。）天災時變、昆蟲草木之妖、皆已銷息、（十四字句。）天下之所謂禮樂刑政教化之具、皆已脩理、（十七字句。）風俗皆已敦厚、（六字句。）動植之物、風雨霜露之所沾被者、皆已得宜、（十七字句。）休徵嘉瑞、麟鳳龜龍之屬、皆已備至。（十四字句。○此一段連下九个皆已字、變化七樣句法。字有多少、句有短長、文有反順起伏頓挫、如層瀾驚濤怒波。讀者但見其精神、不覺其重疊。此章法句法也。）而周公以聖人之才、憑

○賓　爾雅、賓、服也。言懷德而服。漢書、趙充國傳、鬼方賓服。
○天災　疫癘水旱也。
○昆蟲　禮記、王制篇、昆、明也。明蟲者謂得陽而生、得陰而藏。大戴禮、夏小正、昆、衆也。亦通。
○脩理　理、治也。唐人避高宗諱、治字皆作理。
○休徵　出書經、洪範。休、慶也。
○嘉瑞　左傳序、麟鳳五靈（四靈、加白虎）王者之嘉瑞也。
○麟鳳龜龍　禮記、禮運篇、麟鳳龜龍、謂之四靈。
○憑　依也。
○叔父之親　漢書、杜欽傳、周公有亞聖之德、屬有叔父之親。
○承化　承、奉承也。
○百執事　謂諸有職事之官。
○設使　假設之辭。

叔父之親。其所輔理承化之功、又盡章章如是。其所求進見之士、豈復有賢於周公者哉。不惟不賢於周公而已、豈復有賢於時百執事者哉。豈復有所計議能補於周公之化者哉。連下三个豈復字、變化三樣句法。讀者但見其精明。〔計、一本作謀。〕然而周公求之如此其急。惟恐耳目有所不聞見、思慮有所未及、以負成王託周公之意、不得於天下之心。如周公之心、設使其時輔理承化之功、未盡章章如是、而非聖人之才、而無叔父之親、則將不暇食與沐矣。豈特吐哺握髮之勤而止哉。

○頌、稱述也。

○亦近耳、近、近日也、謂日淺。韓集點勘、按漢書、霍光傳、上曰、將軍之廣明、都郎屬耳。師古注、屬耳、近耳也。公語本此。

此一轉有筆力、巧在虛字斡旋。

惟其如是。故于今頌成王之德、而稱周公之功不衰。他人只是頌成王之德、而稱周公之功便了、必無心力添不衰二字。句法便奇。【第一段、說周公急於求賢。是典故。

今閤下爲輔相、亦近耳。天下之賢才、豈盡擧用。姦邪讒佞欺負之徒、豈盡除去。四海豈盡無虞。九夷八蠻之在荒服之外者、豈盡賓貢。天災時變昆蟲草木之妖、豈盡銷息。天下之所謂禮樂刑政教化之具、豈盡脩理。風俗豈盡敦厚。動植之物、風雨霜露之所沾被者、豈盡得宜。休徵嘉瑞麟鳳龜龍之屬、豈盡備至。此一段說今宰相不如周公、用豈盡二字、對皆已二字、亦巧。句法變化、與上段相對、有權度、有筆力。其所求

○察其所以　論語、爲政篇、視其所以。注、以、爲也。

○待命　左傳、成公十七年、待命于清。疏、待進止之命。

○閽人　守門之賤者。

○古之人…載質　孟子、滕文公下篇、周霄問曰、古之君子仕乎。曰、仕。傳曰、孔子三月無君、則皇皇如也。出疆必載質。公明儀曰、古之人三月無君則弔。趙注、質、臣所執以見君者也。音義、質、音贄、義與贄同。

○重　難也。

進見之士、雖不足以希望盛德、至比於百執事、豈盡出其下哉。婉曲有法。其所稱說、豈盡無所補哉。本是九个豈盡字、與前段相對說、今添兩个豈盡字亦巧。今雖不能如周公之吐哺握髮、亦宜引而進之、察其所以而進退之。不宜默默而已也。【第二段、論今宰相反周公所爲。是實說。此段、用豈盡字、對上段皆已字、虛字變得妙。】

愈之待命四十餘日矣。【自正月二十七日至三月十六日、凡四十八日。】書再上、而志不得通。足三及門、而閽人辭焉。惟其昏愚、不知逃遁。故復有周公之說焉。閣下其亦察之。【察字、緊接上文察其所以之察字。】

古之人、三月不仕則弔。故出疆必載質。然所以重（ハバカル）於自進者、以其

○不可則去　禮記、內則篇、道合則服從、不可則去。

○去父母之邦矣　論語、微子篇、枉道而事人、何必去父母之邦。

○獨善　孟子、盡心上篇、窮則獨善其身、達則兼善天下。

○亟　去吏切、頻數也。

○數　音朔、頻也。

○寧　何也。

○惴惴　恐懼貌。

於周不可、則去之魯、（此句八字。）於魯不可、則去之齊、（此句八字。）於齊不可、則去之宋、之鄭、之秦、之楚也。（此句十五字章法。○第二句變文得法。）今天下一君、四海一國。舍乎此、則夷狄矣。去父母之邦矣。（此一段以古道自處。節節占地步。文章絕妙。）故士之行道者、不得於朝、（不得、不得意也。）則山林而已矣。（此一轉尤高占地步。）山林者、士之所獨善自養、而不憂天下者之所能安也。（此一段尤占地步。）如有憂天下之心、則不能矣。故愈每自進、而不知愧焉。（一只句結上自身、好筆力。）書亟上、足數及門、而不知止焉。寧獨如此而已。惴惴焉惟不得出大賢之門下是

○嚴　諸本作尊。
○惶　一本作皇、本集作恐。
○顧廻瀾　名充。上虞人。明隆慶擧人。有字義總略等。

懼。若下惟恐不得出大賢之門下便弱了。今不下恐字、安頓是懼二字在末。句法奇而健。亦惟少垂察焉。〔察字、又緊接上文察之之察字。〕瀆冒威嚴、惶懼無已。愈再拜。〔第三段、入本題。〕

言今進周公之說、求進用者、以愈有憂天下之心、不能獨善也。

顧廻瀾評　此篇中、論周公之待士、反復委折、可為作文之法。然以公之賢、三上宰相書、急於仕進如此。亦可惜也。

代張籍與李浙東書　韓文公

張籍、舊唐書、張籍者、貞元中登進士第。性詭激能為古體詩、有警策之句、傳於時。調太常寺太祝、轉國子助教、祕書郎、以詩名當代。公卿裴度・令狐楚、才名如白居易・元稹、皆與之遊、而韓愈尤重之。

李浙東、李遜、字友道。元和五年、以政最擢為浙東觀察使。九年召還。昌黎此書、蓋作於六七年間。坊本遜作巽者誤。

此篇主意、言眼雖盲心未盲、故吐出胸中知識、供采用。盲字一篇眼目。

○月日前某官 此篇、係昌黎稿本。故略之也。
○寓書 左傳、襄公二十四年、子產寓書於子西、以告宣子。注、寓、寄也。
○觀察使 唐制、節度使掌軍事、觀察使掌民事。而觀察・節度不並置、節度常兼觀察、統轄一道刺史。
○中丞 唐御史中丞二人、正四品下、大夫掌以刑法典章、糾正百官之罪惡、中丞爲之貳。李遜以御史中丞、出而爲浙東觀察使。
○方伯連帥 方上、一本有古字。禮記、王制篇、千里之外、設方伯(中略)十國以爲連、連有帥(中略)二百一十國、爲州。州有伯。蓋以觀察使擬古之方伯連帥也。
○犖犖 犖、力角翻、明白貌。史記、天官書、此其犖犖大者。注、犖犖、事之分明也。
○從事 官名。隋書、百官

月日。前某官某、謹東向再拜、寓書浙東觀察使中丞李公閤下。籍聞、議論者皆云、方今居方伯連帥之職、坐一方、得專制於其境內者、惟閤下心事犖犖、與俗輩不同。籍固以藏之胸中矣。近者閤下從事李協律翺到京師。籍於李君友也。不見六七年。聞其至、馳往省之。問無恙外、不暇出一言、且先賀其得賢主人。李君曰、子豈盡知之乎。吾將盡言之。數日籍益聞所不聞。籍私獨喜。常以爲自今以後、不復有如古人者。於今忽有之。退自悲。

（起句遂不凡不弱。）

志、從事爲從九品。轉謂屬官。
○李協律翺　唐書、李翺、字習之。從韓愈爲文章。孫汝聽曰、翺爲浙東觀察判官。元和六年、以事至京師。唐書、協律郎、正八品上、掌和律呂。時翺以協律郎爲李公屬官。與公同族。故尊稱君。
○籍於李君　諸本於作與。
○省之　禮記、曲禮篇、注、省、問其安否何如。
○無恙　相問勞之辭。爾雅、恙憂也。
○常以爲　常、嘗通。
○飲泣　漢書、李陵傳、注、涕流被面以入于口。故言飲泣。
○七州　謂越・睦・衢・台・處・溫・明。

不幸兩目不見物、無用於天下。胸中雖有知識、家無錢財、寸步不能自致。今去李中丞五千里、何由致其身於其人之側、開口一吐出胸中之奇乎。因飲泣不能語。既數日、復自奮曰、（一轉。）無所能人、乃宜以盲廢。有所能人、雖盲、當廢於俗輩、不當廢於行古人之道者。（此一轉巧。【第一段、敍籍平生慕李公。】）浙水東七州。（二轉。）戶不下數十萬、不盲者何限。李中丞取人、固當問其賢不賢。不當計其盲與不盲也。（此一轉又巧。）當今盲於心者皆是。（三轉。）若籍自謂、獨盲於目爾。其心則能別是非。

○心中下諸本有平生二字。
○善於古詩、唐書、籍爲詩長于樂府。
○倘本集、作儻。倘・儻同、或然之辭。

若賜之坐而問之、其口固能言也。幸未死。實
欲一吐出心中所知見。閤下能信而致之於
門耶。【致、招也。】籍又善於古詩。使其心不以憂衣
食亂、【句健。】閤下無事時、一致之座側、使跪進其
所有、【所有、卽詩也。】閤下憑几而聽之、未必不如聽吹
竹彈絲敲金擊石也。夫盲者業專。於藝必精。
故樂工皆盲。籍倘可與此輩比竝乎。【第二段、請己學用。】
使籍誠不以蓄妻子憂飢寒亂心、【此一轉妙。】有錢
以濟醫藥、其盲未甚。庶幾復見天地日月、因
得不廢。【不廢、謂不廢于世。】則自今至死之年、皆閤下之

〇輕重大小　輕・小、帶言耳。猶緩急・同異。
〇裁之　裁、制也。
〇度之　度、量也。
〇慙靦　靦、玉篇、慙貌。詩經、小雅何人斯篇、有靦面目。
〇按、莊子、逍遙遊篇、瞽者無以與于文章之觀、聾者無以與乎鐘鼓之聲。豈唯形體有聾瞽哉。夫知亦有之。此篇議論蓋由此點化。

賜。閤下濟之以已絕之年、賜之以既盲之視。

句法妙。

其恩輕重大小、籍宜如何報也。結得妙。〔第三段、豫說〕

李公擧用後幸福。

閤下裁之度之。籍慙靦再拜。

黃東發評　俱就盲上發明、不為悲苦之辭。死中求活法也。

上張僕射書　韓文公

張僕射、張建封、字本立。南陽人。少喜文章、慷慨尚氣。貞元四年、拜御史大夫、徐泗濠節度使。十二年加檢校尚書右僕射。文公以十五年二月脫汴州之亂、依建封於徐。秋建封辟為節度推官。至是供職。書意、以晨入夜歸為不可。其不諂屈於富貴之人可知矣。漢書、百官表、注、僕、主也。野客叢書、僕射、本秦主射之官。至唐亦為宰相之號。射、音夜。

此篇主意、言已為道仕、不為利仕。張建封用已反之。故道義字眼目。物徂徠云、全學孟子。起伏變化、曲盡其妙。

○九月一日　係貞元十五年、蓋受牒在八月末。
○牒　札也。俗所謂辭令書、卽節度推官牒也。
○使院　謂節度使官廨。字書、官廨曰院。
○故事　猶言典故。漢書、蘇武傳、明習故事。
○節目　猶言細目。禮記、學記篇、先其易者、後其節目。
○事故　猶俗言事情。周禮、秋官小行人、治其事故及其萬民之利害、爲一書。
○古人有言曰　左傳、定公五年、楚王孫由于語。
○其將　一説、將字衍、可刪。
○執事　指左右執事之人、蓋不敢斥尊也。因話錄、前輩與大官書、多呼執事。執事則指左右之人。尊卑皆可通用。
○擇於愈　言於韓愈材器有所採擇也。

九月一日。愈再拜。受牒之明日、在使院中。有小吏、持院中故事節目十餘事、來示愈。其中不可者、有自九月至明年二月之終、皆晨入夜歸。【晨、凡今午前四時・五時。夜、凡今午後七時・八時。】非有疾病事故、輒不許出。當時以初受命、不敢言。古人有言曰、人各有能有不能。若此者、非愈之所能也。【用事變化當如此。】抑而行之、必發狂疾。上無以承事于公、忘其將所以報德者、下無以自立、喪失其所以爲心。夫如是、則安得而不言。【第一段、説所以進言。】凡執事之擇於愈者、非謂其能晨入夜歸也。必將有以

○量力而任之　左傳、隱公十一年、度德而處之、量力而行之。
○強　上聲、抑之使然曰強。強、一作彊。
○孟子有云　公孫丑下篇。
○加　益也。言使臣之道、古今加遠益降。
○直己　言不屈意從人。直己行道者、暗指己。
○未有好利而愛其君者云云　大學十章、未有好義、其事不終者也。孟子、梁惠王上篇、未有仁而遺其親者也。未有義而後其君者也。
〔斡旋〕玉篇、斡、轉也。鶴林玉露、作詩要活字斡旋、斡旋、如車之有軸、文亦然。詩以字、文以句。
○王公大人　史記、老聃

取之。苟有以取之、雖不晨入夜歸、其所取者猶在也。下之事上、不一其事。上之使下、不一其事。量力而任之、度才而處之、其所不能、不強使爲。是故爲下者、不獲罪於上。爲上者、不得怨於下矣。孟子有云、今之諸侯、無大相過者、以其皆好臣其所教、而不好臣其所受教。今之時、與孟子之時、又加遠矣。皆好其聞命而奔走者、不好其直己而行道者。聞命而奔走者、好利者也。直己而行道者、好義者也。未有好利而愛其君者。未有好義而忘其君者。

此一段、分明是以孟子之言譏張公。斡旋得婉曲可法。

今之王公大人、惟執事可、以聞此言、惟愈於執事也、可以此言進。此一章、辭太直。兩句救得好。〔第二段、說己之能在行道、不在爲利奔走、而建封用己反之。〕愈蒙幸於執事、其所從舊矣。若寬假之、使不失其性、〔失性、卽上文發狂喪心。〕加待之、使足以爲名、寅而入、盡辰而退、申而入、終酉而退、率以爲常、亦不廢事、天下之人、聞執事之於愈、如是也、必皆曰、執事之好士也如此、八字句。執事之待士以禮如此、九字句。執事之使人不枉其性、而能有容如此、十五字句。〔枉性、承上文失性。〕執事之欲成人之名如此、十字句。〔成人名、承上文爲名。〕執事之厚

傳、自王公大人、不能器之。

○蒙幸　小爾雅、非分而得曰幸。

○寬假　言不以繁劇之事煩之。史記、封禪書、非少寬假、神不來。

○使不失其性　左傳、襄公十四年、天生民而立之君、使司牧之、勿使失性。

○爲名　左傳、襄公十六年、齊侯曰、是好勇、去之以爲之名。

○寅而入盡辰而退云云　韓文點勘、按少陵在嚴鄭公幕府、其遺悶呈鄭公詩中、有曉入昏歸之句、詩以秋日作。疑使院從事之人、晨入夜出、起九月訖二月。乃當時幕府定制如此。殆季秋後晷短事繁。故限出入之制耶。公雖論此事、亦未聞見從。蓋舊制難改也。寅、今午前四時。辰、今午前八時。申、今午後四時。酉、今午後六時。

於故舊如此。九字句○連下五个如此字句法長短錯綜凡四變、此章法也。又將曰、韓愈之識其所依歸也如此、十一字句。韓愈之不諂屈於富貴之人如此、十三字句。韓愈之賢、能使其主待之以禮如此。十四字句○又連下三个如此字長短錯綜、此章法也。則死於執事之門無悔也。一段文勢、如狂瀾浩波。只此一句、截斷有氣力。若使隨行而入、逐隊而趨、言不敢盡其誠、道有所屈於己、天下之人、聞執事之於愈如此、皆曰、執事之用韓愈、哀其窮收之而已耳。韓愈之事執事、不以道利之而已耳。前段說話、此一反、只用六句頓挫。波瀾絕妙。用道利二字收主意。苟如是、雖日受千金之賜、一歲九遷其官、感恩則

○韓愈　爲世人之言、故擧韓愈姓名。中井履軒曰、執事之好士以下五執事、竝宜言張公、不然與下文所謂韓愈不相對。

○依歸　依賴適歸之義。書經、金縢篇、我先王、亦永有依歸。

○隨行而入、逐隊而趨　行、列也。隊、羣隊也。上林賦、車按行、騎就隊。

○收之　左傳、襄公二十七年、何以恤我、我其收之。注、收、取也。

○千金之賜　史記、荊王世家贊、田生游說、受賜千金。

○一歲九遷　漢書、車千秋傳、立拜千秋爲大鴻臚。文選、任昉、代范雲謝表、雖千秋之一日九遷云云。（李善曰、日當爲月字之誤）

○知己　史記、豫讓傳、士爲知己者死、女爲説己者容。

○録其罪　漢書、陳湯傳、論大功者、不録小過。

有之矣。將以稱於天下曰知己則未也。受人之恩、與受人之知不同。感恩易、感知己難。故曰、士爲知己者死。此兩句下得妙。〔此一句、暗説不爲不知己者死、與前段死於執事之門一句反對。〕伏惟、哀其所不足、矜其愚、不録其罪、察其辭、而垂仁採納焉。此三句無緊要、句法亦不苟且。愈恐懼再拜。〔第三段、説其言用不用之得失。〕

錢豐寰評　此篇道理頗正、文勢筆力俱高。

與陳給事書

陳止齋作論、雙關文法、皆本於此。

韓文公

陳給事、名京、字慶復。大暦元年進士。以論禘祭合旨、自考功員外遷給事中。杜祐通典、諸給事中、日上朝謁、平尚書奏事、分爲左右曹、以有事殿中、故曰給事中。唐書、百官志、給事中四人、正五位上、掌侍左右、分判省事、察弘文館繕寫讎校之課。

此篇主意、辨疏疏闊、以請霽其慍怒。

愈再拜。愈之獲見於閤下有年矣。始者亦嘗【照下文二個亦嘗字。】辱一言之譽。貧賤也、衣食於奔走、【頓挫。】不得朝夕繼見。【句法。】其後閤下位益尊、伺候於門牆者、日益進。夫位益尊、則賤者日隔、伺候於門牆者、日益進、則愛博而情不專。愈也道不加修、而文日益有名。夫道不加修、則賢者不與。文日益有名、則同進者忌。始之以日隔之疏、加之以不專之望。【望、怨也。】以不與者之心、而聽忌者之說。由是閤下之庭、無愈之跡矣。【第一段、疏前日疎闊。】

去年春、亦嘗一進謁於左右矣。溫乎

○衣食於奔走　此倒句法、與左傳、昭公十九年、室於怒、市於色同法。
○繼見　孟子、公孫丑下篇、不識可以繼此而得見乎。
○門牆　指人家門。揚子法言、在門牆則麾之。
○以不與者之心聽忌者之說　史記、虞卿傳、且王之地有盡、而秦之求無已。以有盡之地、而給無已之求、其勢必無趙矣。
○溫乎　色和貌。論語、季氏篇、色思溫。
○屬乎　說文、屬、連也。禮記、禮器篇、屬屬乎其忠也。屬屬、忠誠專一之貌。
○邈乎　說文、邈、遠也。與藐同。疏遠貌。
○悄乎　集韻、悄、急也。慍貌。
○釋然　莊子、庚桑楚篇、南面而不釋然。

其容、若加其新也。〔林西仲曰、比初見時、倍加親熟。〕屬乎其言、若閔其窮也。〔林西仲曰、屬、不斷也。有故人憐寒之義。〕退而喜也、以告于人。其後如東京、取妻子。〔如、往也。東京、即今河南洛陽。〕又不得朝夕繼見。及其還也、亦嘗一進謁於左右矣。邈乎其容、若不察其愚也。悄乎其言、若不接其情也。退而懼也、不敢復進。〔第二段、疏近日疎闊。〕今則釋然悟、翻然悔。曰、其邈也、乃所以怒其來之不繼也。其悄也、乃所以示其意也。不敏之誅、無所逃避。不敢遂進。輒自疏其所以、并獻近所爲復志賦已下十首、爲一卷、卷有標軸。送孟郊序一

○翻然　翻、反也。翻然、翻變初志貌。孟子、萬章上篇、既而幡然改曰云云、幡與翻同。
○意　怒意也。
○不敏　謂不敏疾於事。左傳、成公二年、敢告不敏、攝官承乏。論語、顏淵篇、回雖不敏、請事斯語矣。
○疏　分疏也。
○標軸　標又作褾、卷前褾飾也。軸、卷軸也。韓詩、鄴侯家多書、架插三萬軸。
○生紙　邵氏聞見錄曰、唐人有生紙、有熟紙、所謂妍妙輝光者、其法不一、生紙非有喪故不用。退之云、送孟郊序、用生紙、急于自解、不暇擇耳。今人少有知者。
○揩字注字　廣雅、釋詁、揩、摩也。揩字、謂文字誤寫者、揩摩而更書之。坊本或作楷。今從本集改之。注字、謂文字脫落者、傍注記之。劉蛻、文冢銘

序云、實得二千一百八十紙、有塗者・乙者、有注揩者。
○自解　廣雅、釋詁、解、說也。辯解之義。
○自納於不測之誅　言納身於不可測之誅、而不自顧也。史記、樂毅傳、臨不測之罪。漢書、東方朔傳、注、不測者言其深也。左傳、莊公十九年、諫以自納於刑云云。
○其說　所以自進之說也。

首、生紙寫、不加裝飾。皆有揩字注字處。急於自解而謝、不能竢更寫。閤下取其意、而略其禮可也。愈恐懼再拜。【第三段、言悔悟給事怒疏闊之意、故作書辨疏之點。自疏自解四字、收主意。】

後十九日復上宰相書　韓文公

此上宰相第二書也。主意言宰相果仁人、宜救己窮餓。故仁字眼目。

二月十六日、前鄉貢進士韓愈、謹再拜言相公閤下。向上書及所著文、後待命凡十有九日。不得命。恐懼不敢逃遁。不知所爲。乃復敢自納於不測之誅、以求畢其說、而請命於左

○蹈水火 論語、衛靈公篇、水火吾見蹈而死者矣。
○其父兄子弟 被救者之父兄子弟也。
○介 介立也。介乎其側者、立乎其側也。
○其側 其、指被救者。
○其所憎怨 救者之所憎怨也。
○欲其死 其死、被救者之死也。論語、顏淵篇、惡之欲其死。
○疾呼 淮南子、主術訓、夫疾呼不過聞百歩。
○仁 仁惠也。
○其勢誠急 史記、游俠傳序、比如順風而呼、聲非加疾、其勢急也。
○彊學立行 揚子法言、君子彊學而力行。
○惟 思也。道、謂世道。

右。」〔第一段、敍再上書緣由。〕

愈聞之、蹈水火者之求免于人也。字法。不惟其父兄子弟之慈愛、然後呼而望之也。字法。將有介於其側者、雖其所憎怨、苟不至乎欲其死者、則將大其聲疾呼而望其仁之也。字法。彼介于其側者、聞其聲而見其事、不惟其父兄子弟之慈愛、然後往而全之也。雖有所憎怨、苟不至乎欲其死者、則將狂奔盡氣、句法。濡手足、句法。焦毛髮、句法。救之而不辭也。若是者何哉、其勢誠急、而其情誠可悲也。」章法。〔第二段、譬喩。〕

愈之彊學立行、字法。〔立、一本作力。〕有年矣。愚不惟道

○爇音絕。燒也。
○且以爲仁人乎哉　且、猶也。史記、項羽紀、臣死且不避、卮酒安足辭。
○不然　若不爲仁人也。
○動心　孟子、公孫丑上篇、如此則動心否乎。
○不知言　不知言之理也。論語、堯曰篇、不知言、無以知人也。
○薦聞　薦其人、而聞其才可用也。
○布衣　庶人服也、史記、高祖紀、吾以布衣提三尺劍取天下。
○節度　唐書、百官志、節度使、掌總軍旅顓誅殺。
○防禦營田　唐書、百官志、防禦使副使判官推

之險夷、行且不息。〔字法。〕以蹈於窮餓之水火、〔以蹈水火譬喩、遂下力行愚不惟道之險夷、行且不息、此是下字巧處。〕其既危且亟矣。大其聲而疾呼矣。閤下其亦聞而見之矣。〔連下三矣字、語急。〕其將往而全之歟、抑將安而不救歟。有來言於閤下者曰、〔句法。〕有觀溺於水而爇於火者。有可救之道、而終莫之救也。〔章法。〕閤下且以爲仁人乎哉。〔章法。〕不然、若愈者、亦君子之所宜動心者也。〔第三段、正說。〕或謂愈、子言則然矣。宰相則知子矣。如時不可何。愈竊謂之不知言者。誠其材能不足以當吾賢相之舉爾。〔爾、一本作耳。〕若所謂時者、

固在上位者之爲爾。【爾、一本作耳。】非天之所爲也。【此即賈誼云、非天之所爲、人之所設也。】前五六年時、宰相薦聞、尙有自布衣蒙抽擢者。與今豈異時哉。且今節度觀察使及防禦營田諸小使等、尙得自擧判官、無間於已仕未仕者。【字法。】況在宰相吾君所尊敬者、而曰不可乎。古之進人者、或取於盜、或擧於管庫。今布衣雖賤、猶足以方於此。情隘辭蹙、【句法。】不知所裁。亦惟少垂憐焉。【此書譬喩格從孟子來。】愈再拜。【第四段、設或問、拒遁辭。】

官巡官各一人。又云、節度使兼支度營田招討經略使、則有副使判官各一人。

○判官　續事始曰、隋元藏機始爲過海使判官。此使府判官之始也。

○間　隔也。

○或取於盜　禮記、雜記篇、孔子曰、管仲遇盜、取二人焉、上以爲公臣。注、謂管仲逢遇羣盜、於此盜中簡取二人焉。

○或擧於管庫　管庫之士、賤職也。禮記、檀弓下篇、趙文子所擧於晉國、管庫之士、七十有餘家。注、管庫之士、府史以下、官長所置也。擧之於君、以爲大夫士也。管、鍵也、即今之鎖。庫、物所藏。

○方　比也、言猶可以比管庫與盜也。

○不知所裁　裁、裁正也。論語、公冶長篇、不知所以裁之。

○少垂憐　漢書、鄒陽傳、少加憐焉。

應科目時與人書　韓文公

科目、是專指宏詞試也。退之既爲進士、未獲制擧。故作此書、與韋舍人。蓋貞元九年宏詞試也。制擧、謂天子親試。何義門、讀書記曰、應科、是已擧進士及第人、非布衣隱逸仕進無階者比。故謂已在池之濱、江之濆、但未及水耳。此篇與韋舍人乞其哀。然哀不哀在天命、非吾所知。暗委命于舍人。沈德潛曰、此文以窮字爲眼目。

月日。愈再拜。天池之濱、大江之濆、曰有怪物焉。蓋非常鱗凡介之品彙匹儔也。其得水、變化風雨、上下於天不難也。其不及水、蓋尋常尺寸之閒耳。無高山大陵、曠塗絕谷（谷、一本作險。）爲之閒隔也。（譬喩應宏詞科。）然其窮涸不能自致乎水、爲獱獺之笑者、蓋十八九矣。如有力者、哀其窮

○天池之濱　説文、海、天池也、以納百川。莊子、逍遙遊篇、南冥者天池也。濱、厓也。
○大江之濆　説文、濆、水厓也。天池・大江、喩已近制擧。
○怪物　謂龍。文公取以自況。國語、水之怪曰龍罔象。
○常鱗凡介　介、同甲。淮南子、地形訓、介鱗者夏食而冬蟄。
○品彙匹儔　竝等類之義。
○變化風雨　喩功業。
○尋常　八尺曰尋、倍尋

曰常。
○曠塗、塗、途也。何承天詩、雄戟闢曠塗。
○絕谷、謂廣谷。
○閒隔、閒、塞也。
○涸、水乾也。
○獱獺、獱、音賓、小獺也。說文、獺如小狗、水居食魚。此喩小人。揚雄、校獵賦、蹈獱獺。
○有力者、喩主試業者。暗指韋舍人。
○俛首、低頭也。正字通、俛、與俯・頫通。
○帖耳、搖尾、帖、下垂也。漢書、搖尾而求食。
○庸詎、複語、竝訓何。莊子、齊物論篇、庸詎知吾所謂知之非不知耶。庸詎知吾所謂不知之非知耶。
○知其在命而且鳴號之者、亦命也 一段多少譬喩、委之一命字、無限感慨、四個命字一篇眼目。義門讀書記曰、所以觀吾道廢興之機、故曰命也。

而運轉之、蓋一擧手一投足之勞也。然是物也、負其異於衆也、且曰、爛死於沙泥、吾寧樂之。若俛首帖耳、搖尾而乞憐者、非我之志也。是以有力者遇之、熟視之、若無覩也。其死其生、固不可知也。今又有有力者當其前矣。聊試仰首一鳴號焉。庸詎知有力者不哀其窮、而忘一擧手一投足之勞、而轉之淸波乎。其哀之、命也。其不哀之、命也。知其在命而且鳴號之者、亦命也。【第一段、譬喩。自家私事難著筆。故譬喩言之。文公慣手段。】

愈今者實有類於是。一篇皆是譬喩、只一句愈今者實類於是、收拾此文、法最妙。【前段多少虛說、著此句、始爲實說。】是以

忘二其疎愚之罪一、而有二是說一焉。閤下其亦憐二察之一。【第二段、實說。末句應二上哀字一作レ結。】

顧廻瀾評　轉レ常爲レ奇、廻レ俗入レ雅、縱橫出沒、圓融不レ滯。唐之文、宛然爲二一王法一。此書乃其極也。

齋藤拙堂評　怪怪奇奇、學二莊子一而克肖焉。篇中所レ用天池・有力者等字、亦皆出二南華一。庸詎二字、又莊叟好常用レ之。

答二陳商一書　韓文公

陳商、字述聖、元和九年進士。會昌五年、爲二侍郎一、典二貢擧一。此書乃商未レ第以前、以レ文求二益於公一、而公爲二國子先生一時作也。林西仲曰、陳商好作二艱深文字一、不レ爲二世所一レ好。

此篇主意、商好二古文一、欲三以求二于世一。故文公喩二之齊人之瑟一、以斥レ之。更勸以二君子所一レ守。蓋以レ瑟喩二古文一。一篇字眼。

愈白、辱二惠書一、語高而旨深。三四讀、尙不レ能二通

○愈白、以レ言告レ人、曰レ白。正字通、下告レ上曰二稟白一、同輩述レ事演レ義、亦曰レ白。

曉。茫然增愧赧。又不以其淺弊無過人智識、且諭以所守。幸甚。愈敢不吐露情實。然自識其不足補吾子之所須也」。【第一段、答來書。蓋商問所自守也。故曰吐露情實。】齊王好竽。有求仕於齊者、操瑟而往、立王之門三年。不得入。叱曰、吾瑟鼓之、能使鬼神上下。吾鼓瑟、合軒轅氏之律呂。譬喩學孟子。客罵之曰、王好竽、而子鼓瑟。瑟雖工、如王之不好何。是所謂工於瑟而不工於求齊也」。文婉曲有味。【第二段、譬喩。】今擧進士於此世、求利祿、行道於此世、而爲文、必使一世人不好。得無與操瑟立齊門者比歟。

○茫然　喪氣貌。莊子、大宗師篇、茫然彷徨乎塵埃之外。
○愧赧　說文、赧、面慚赤也。孟子、滕文公下篇、觀其色赧赧然。
○淺弊　荀子、脩身篇、少聞曰淺。廣雅、弊、惡也。
○諭　猶問也。
○吾子　相親之辭。
○齊王好竽　韓非子、內儲說上篇、齊宣王使人吹竽、必三百人。南郭處士請爲王吹竽、宣王說之、廩食以數百人。宣王死、湣王立、好一一聽之、處士逃。說文、竽、三十六簧樂也。周禮疏、竽長四尺二寸。
○操瑟　說文、瑟、庖犧氏所作弦樂也。徐鉉曰、黃帝使素女鼓五十絃瑟。黃帝悲、乃分之、爲二十五絃。
○律呂　前漢書、律歷志、律有十二、陽六爲律、陰六爲呂。黃帝所作也。

文誠工、不利於求。求不得、則怒且怨。〔怒・怨二字、應上叱字。〕不知君子必爾爲不也。文婉曲有味。故區區之心、每有來訪者、皆有意於不肖者也。略不辭讓、遂盡言。〔應前吐露情實。〕惟吾子諒察。〔第三段、言以古文求于世、猶齊人之瑟、必不利于求。然不利于求、而不怒怨。是君子之所守也。以答來書所守之問。蓋不怨天不咎人之意。無限深味。〕

胡思泉評　以明理之文、而求仕于當世、不投時好、如操瑟而立於齊門、不能投合齊王之好竽。然君子之所守、斷不因時而爲之遷就。故知韓公之談、誠爲見道之語。

送石洪處士序　韓文公

石洪處士、一本無洪字。石洪、字濬川。洛陽人。擧明經、爲黄州錄事參軍。罷歸東都。十餘年、隱居不出。烏重胤鎭河陽、求賢者以自重。

○爾爲　指怒・怨。言君子怒怨否、恐不怒怨。
○故　與固通。
○區區　廣雅、區區、小也。李陵、答蘇武書、區區之意、每一念至、忽然忘生。
○不肖　自稱謙辭。漢書、吳王濞傳、注、謂其鄙陋無所象似也。
○略　猶聊也。
○不辭讓　禮記、曲禮上篇、不辭讓而對非禮也。
○盡言　左傳、襄公三十一年、敢不盡言。

或薦洪重胤。曰、彼無求於人、其肯爲我來邪。乃具書幣邀辟。洪亦謂重胤知己。故欣然戒行、重胤喜其至禮之。處士、謂不官於朝而居家者也。

此篇主意、言烏公・石處士、賢良相遇、必能成事功。故一篇文字總結以相與以有成也一句。成字眼目。

河陽軍節度御史大夫烏公、爲節度之三月。求士於從事之賢者。有薦石先生者。公曰、先生何如。曰、先生居嵩・邙・瀍・穀之間、冬一裘、夏一葛。此是衣、不說出衣字。食朝夕飯一盂、蔬一盤。看他說衣食二事、變化句法甚奇。人與之錢、則辭。請與出遊、未嘗以事免。勸之仕、則不應。坐一室、左右圖書。與之語道理、五字句。辨古今事當否、六字句。論人高下、四字句。事

○河陽　卽今河南。
○節度　官名、唐制、邊郡寇戎之警、加以旌節、謂之節度使。
○御史大夫　唐書、百官志、大夫一人正二品、掌以刑法典章、糾正百官之罪惡。
○烏公　烏重胤、字保君。元和五年四月、詔用烏重胤爲河陽軍節度使御史大夫、治孟州。其曰爲節度之三月、則是歲六七月間也。
○嵩・邙・瀍・穀　孫汝聽云、嵩・邙二山名。瀍・穀二水名。皆在洛陽之境。
○冬一裘夏一葛　葛、草名、所以爲絺綌。史記司馬遷傳、夏日葛衣、冬日鹿裘。
○飯一盂、蔬一盤　說文、盂、飯器也。正字通、盤、盛物器。或木或錫・銅爲之。
○人與之錢一句　言其廉。

○請與二句　言其宏達而不迂僻。
○未嘗以事免　言未嘗託他事故而辭出游也。文章正宗、免作辭。
○勸之三句　言其不苟仕而樂道。
○王良・造父　二人共古之善御者。父、音甫。孟子、滕文公下篇、昔者趙簡子使王良與嬖奚乘。列子、周穆王篇、主車則造父為御。
○自老　老、終老也。
○為某　某、烏公自道也。
○文武忠孝　文武、以才言、忠孝、以德言。文武忠孝、與下文仁且勇呼應。
○求士云云　即下文以義取人者。
○寇聚於恆　元和四年十月、成德軍節度使王承宗反。唐書、地理志、鎭州恆山郡、本恆州。天寶元年、更名鎭、成德軍所治也。
○師環其疆　環、繞也。孟子、公孫丑下篇、三里之

後當成敗。五字句。若河決下流而東注、若駟馬駕輕車就熟路、而王良・造父古善御者。為之先後也。一句長。以三句合為一句。若燭照數計而龜卜也。一句短。○如此設譬喩、作句法。大夫曰、先生有以自老、無求於人。文勢有頓挫、有起伏、便有波瀾。其肯為某來耶。從事曰、大夫文武忠孝、求士為國、不私於家。方今寇聚於恆、師環其疆。農不耕收、財粟殫亡、吾所處地、歸輸之塗、治法征謀、宜有所出。先生仁且勇、仁勇、伏下道字。若以義請、而強委重焉、其何說之辭。此段文勢似緩慢、若逐句檢點、無一句懈怠軟弱、無一字懈怠軟弱。於是撰書詞、具馬幣、卜日以授使者、求先

城七里之郭、環而攻之而不勝。
○殫亡　殫、盡也。
○歸輸　歸、與饋同。運糧也。
○治法征謀云云　治法、治民之法。征謀、征寇之謀。出言出于何法何謀。
林西仲云、征、徵輸也。亦通。
○委重　委託重任也。後漢書、梁商傳、爲良輔、帝委重焉。
○其何說之辭　左傳、隱公三年、其將何辭以對。
○書詞　辟牒也。詞皆用四六文。
○書禮　書詞馬幣也。
○行李　李・吏・理通、謂理出行資裝也。
○道所由　道、赴河陽道也。
○晨　緊承上宵字、見不遲滯。
○畢至　平生所來往知友盡至也。左傳、隱公元年、天子七月而葬、同軌畢至。

生之廬而請焉。看他粧撰大夫從事賓主問答之言如此巧。〔第一段、敍爲公求先生。〕先生不告於妻子、不謀於朋友、〔此言出處斷之于己。〕冠帶出見客、〔客、使者也。〕拜受書禮於門內。宵則沐浴、戒行李、載書冊、問道所由、告行於常所來往。〔敍事句句有法。〕晨則畢至。張上東門外。張、供張也。如今筵會鋪張設之類。酒三行、〔行、猶巡也。〕且起。有執爵而言者曰、大夫眞能以義〔承上爲國。〕取人、先生眞能以道〔承上仁勇。〕自任、決去就。爲先生別。若只下以道自任作一句、人皆能之。今添決去就三字、句法便奇。又酌而祝曰、凡去就出處何常。惟義之歸。遂以爲先生壽。又酌而祝曰、使大夫恆無變其初、無務富其家而饑

○張　張帷帳、設祖道之宴也。史記、高祖紀、復留止張飲三日。注、張帷帳。
○上東門　洛陽城門名。
○且起　林西仲曰、且將相別起行也。
○祝　向祖道神祝祈也。
○惟義之歸　論語、里仁篇、無適也、無莫也、義之與比。
○壽　猶賀也。漢書、注、凡言爲壽、謂進爵于尊者、而獻無疆之壽。
○外敬　猶言陽尊。
○正士　書經、泰誓篇、囚奴正士。
○身圖　謂一身謀圖。
○蚤夜　蚤、與早通。
○規　正人以法曰規。
○東都　今河南洛陽也。

其師、無甘受佞人而外敬正士、十字句。無昧於諂言、五字句。【疊用四無字、而句法長短不齊。節奏甚妙。】惟先生是聽、以能有成功、保天子之寵命。此一章、句法長短不齊、文有頓挫、好章法。又祝曰、使先生無圖利於大夫而私便其身圖。句健。先生起拜祝辭曰、敢不敬蚤夜以求從祝規。此一句、是左傳句法。

於是東都之士、咸知大夫與先生果能相與以有成也。此一句結得絕妙、有萬鈞筆力。遂各爲歌詩六韻、退愈爲之序云。【第二段、敍先生應烏公之求。】

謝疊山評　與之語道理、辨古今事當否、論人高下、事當成敗、若河決下流而東注、若駟馬駕輕車、就熟路、而王良・造父、爲之先後也。

此一章譬喩、文法最奇。韓文公作文、千變萬化、不可捉摸。如雷電鬼神、使人不可測。其作韋侍講盛山十二詩序云、夫儒者之於患難、苟非其自取之、其拒而不受於懷也、若築河堤、以障屋霤。其容而消之也、若水之於海冰之於夏日。其翫而忘之、以文辭也、若奏金石、以破蟋蟀之鳴、蟲飛之聲。況一不快於考功盛山一出入息之閒哉。此段分明是送石處士序譬喩文法、恐人識破、便變化三樣句、分作三段。此公平生以怪怪奇奇自負。其作文、要使人不可測識。如陳后山送參寥序云、其議古今、張人情貌肖否、言之從違、詩之精粗、若水赴壑、阪走丸、倒囊出物、鷙鳥擧而風逼之也。若升高視下、爬痒而鑑貌也。此一段文、亦新奇不蹈襲。只是被人看破全是學韓文公送石洪處士序文。

樓迂齋評　看前面、大夫從事四轉反覆。又看後面、四轉祝辭、有無限曲折變態、愈轉愈佳。中閒一聯、用三句譬喩、意聯屬而語不重疊。

送溫處士赴河陽軍序　韓文公

溫處士、唐書、溫大雅傳、溫造字簡輿。隱王屋山、人號其居曰處士墅。爲張建封節度參謀使幽州。復去隱東都。烏重胤奏置幕府。河陽軍、唐書、地理志注、河陽軍、建中四年置。

此篇主意、言烏公一鎭河陽、盡取東都名士、一爲天下賀、一爲吾怨。

伯樂一過冀北之野、而馬羣遂空。夫冀北馬多於天下。伯樂雖善知馬、安能空其羣耶。解之者曰、吾所謂空、非無馬也、無良馬也。伯樂知馬。遇其良輒取之、羣無留良焉。苟無良、雖謂無馬、不爲虛語矣。【第一段、譬喩。】東都固士大夫之冀北也。恃才能深藏而不市者、洛之北涯曰石生、其南涯曰溫生。大夫烏公、以鈇鉞鎭河陽之三月。句新奇。以石生爲才、以禮爲羅、羅而致之幕下。未數月也、以溫生爲才、於是以石

○伯樂　莊子音義、伯樂、姓孫、名陽、善馭馬。石氏星經云、伯樂、天星名、主典天馬。孫陽善馭、故以爲名。按唐韻、樂、音勞。廣韻、伯樂相馬、一作博勞。

○冀北　冀州之北、卽燕代之地、自古出良馬。左傳、昭公四年、冀之北土、馬之所生。

○東都　河南府洛陽。唐書、寶應元年、以京兆府爲上都、河南府爲東都、鳳翔府爲西都、江陵府爲南都、太原府爲北都。

○恃才能　本集注、恃、或作懷。

○深藏而不市　史記、老子傳、老子曰、良賈深藏若虛、君子盛德、容貌若愚。論語、子罕篇、求善賈而沽諸。

○石生・温生　生卽先生之略。漢書、高帝紀、高祖謂酈食其、以萬戶封生。注、生猶言先生。按、公贈盧仝詩、水北山人得名聲、去年去作幕下士、水

南山人、又繼往、鞍馬僕從、塞閭里。水北謂石洪、水南謂溫造也。
○鈇鉞 鈇、斧也。左傳、昭公十五年、疏、鈇大而斧小。禮記、王制篇、諸侯賜弓矢、然後征、賜鈇鉞、然後殺。春秋繁露、公侯賢者爲州方伯、錫鈇鉞、置虎賁百人。節度使、得專誅殺、故曰以鈇鉞也。
○以禮爲羅 爾雅、釋器、鳥罟謂之羅。注、謂羅絡之。漢書、王莽傳、網羅天下異能之士、至者前後千數。
○媒 蓋謂鳥媒也。吳楚材曰、爲羅爲媒、字法新奇。
○幕下 史記、吳世家、斬七人於幕下。李牧傳、注、古者出征爲將帥、軍還則罷。理無常處、以幕帟爲府署。故曰幕府。
○拔其尤 尤、最也。莊子、徐無鬼篇、夫子物之尤也。注、於人物之中、稱之爲最。

生爲媒、以禮爲羅、又羅而致之幕下。東都雖信多才士、朝取一人焉拔其尤、暮取一人焉拔其尤。自居守河南尹、以及百司之執事、與吾輩二縣之大夫、政有所不通、事有所可疑、奚所諮而處焉。士大夫之去位而巷處者、誰與嬉遊。小子後生、於何考德而問業焉。縉紳之東西行過是都者、無所禮於其廬。此一段、四節、四樣句法、頓挫起伏、有波瀾、有峯巒、文法之妙。若是而稱曰、大夫烏公、一鎭河陽、而東都處士之廬無人焉、豈不可也。【第二段、承前段譬喩、正說。】

夫南面而聽天下、其所託重而恃力者、

○居守留守也。舊唐書、憲宗紀、元和三年六月甲戌、以河南尹鄭餘慶爲東都留守。○河南尹指鄭餘慶。唐開元元年、改洛州爲河南府、改長史爲尹。有少尹二員、通判府事、按、凡前代帝王所都曰尹。尹、正也。○二縣洛陽・河南也。韓公時爲河南縣令、爵大夫。○政有所不通、事有所可疑不通、不通政理也。論語、子路篇、子路對曰、有政。子曰、其事也。馬融注、有政者、有所改更匡正、事者、凡行常事。○諮而處焉諮、問也、謀也。處、處分也。左傳、襄公四年、訪問於善(問善道)爲咨。咨、諮通。○嬉遊嬉、戲也。上林賦、嬉遊往來。嬉、一本作娛。○小子後生論語、公冶長篇、吾黨之小子。又子

惟相與將耳。相爲天子得人於朝廷、將爲天子得文武士於幕下。求內外無治、不可得也。愈縻於茲、不能自引去。資二生以待老。今皆爲有力者奪之。其何能無介然於懷耶。生既至、拜公於軍門、其爲吾以前所稱、爲天下賀、以後所稱、爲吾致私怨於盡取也。留守相公首爲四韻詩、歌其事。愈因推其意而序之。【第三段、敍送別之情、以結一篇主意。】

謝疊山評　文有氣力、有光燄。頓挫豪宕、讀之快人意、可以發人才思。

賴山陽評　送石處士序、既盡言如彼。至送溫處士、無復可言。乃架空取一喩、翻弄成文。學者熟此訣、無不可言之題也。

罕篇、後生可畏。何晏曰、後生、謂年少。
○縉紳縉、作搢或搢、插也。晉書、輿服志、古者貴賤皆執笏。其有事則搢之於腰帶。所謂搢紳之士者、搢笏而垂紳帶也。
○無人　卽前段馬羣空意。以無字代空字、見變化。
○南面而聽天下　易經、說卦傳、聖人南面而聽天下、嚮明而治。
○內外　內、謂朝廷、外、謂郡國。
○縻　繫也。謂爲一官所繫。
○介然　介、與芥通。漢書、賈誼傳、注、蔕芥、小鯁也。南史、張盾、爲無錫令、遇盜、生資皆盡、不以介懷。
○相公　舊唐書、德宗紀、貞元十四年七月、鄭餘慶爲中書侍郎同中書門下平章事。故稱相公。
○疏廣・受二子　前漢、疏廣、字仲翁。東海蘭陵人。仕至太子太傅。廣兄子

送楊少尹序　　韓文公

楊少尹、唐書、藝文志、楊巨源、字景山。長慶中、爲河中少尹。按張籍有送楊少尹赴河中詩云、官爲本府當身榮、因得還鄉任野情。蓋河中人也。舊唐書、乾元三年四月、置河中府。百官志、河中尹一人、從三品。

此篇主意、言楊少尹善思本歸其鄉。故一朝辭位而去・去歸其鄉・不去其鄉三句照應、主意一貫。

昔疏廣・受二子以年老、一朝辭位而去。于時公卿設供張、祖道都門外。車數百兩、道路觀者、多歎息泣下、共言其賢。〔見前漢書、疏廣傳。〕漢史既傳其事、而後世工畫者、又圖其迹、至今照人耳目、赫赫若前日事。〔第一段、敍疏思本去位。是客。〕國子司業、楊君

受、仕至太子少傅。父子並爲師傅、朝廷以爲榮。在位五歲、廣謂受曰、吾聞、知足不辱、知止不殆。功遂身退、天之道也。今仕宦至二千石、宦成名立如此。不去懼有後悔。豈如父子相隨出關、歸老故鄕、以壽命終、不亦善乎。受叩頭曰、從大人議。上疏乞骸骨。上以其年篤老、皆許之。

○公卿設供張、祖道都門外　漢書、疏廣傳、公卿大夫故人邑子、設祖道、供張東都門外。注、長安東郭門也。供張、謂供具張設。祖道、祖者、徂也、送行之祭、因饗飲也。

○車數百兩　疏廣傳、送者車數百兩。車有兩輪、故稱兩。

○道路觀者云云　疏廣傳、道路觀者、皆曰賢哉二大夫。或歎息爲之下泣。

○後世工畫者圖其跡　韓文點勘、按晉顧顗之、

巨源、方以能詩訓後進。一旦以年滿七十、亦白丞相去歸其鄕。世常說、古今人不相及。今楊與二疏、其意豈異也。予忝在公卿後。遇病不能出。【賴山陽云、遇病不能出五字、一篇好文章、實自此生來。】不知楊侯去時、城門外送者幾人、車幾兩、馬幾匹、道路觀者、亦有歎息知其爲賢與否。而太史氏又能張大其事、爲傳繼二疏蹤跡否。不落莫否。見今世無工畫者。而畫與不畫、固不論也。然吾聞楊侯之去、丞相有愛而惜之者、白以爲其都少尹、不絕其祿。又爲歌詩以勸之、京師之長於

梁張僧繇、竝畫羣公祖二疏圖。見舊唐書褚無量傳。

○國子司業　唐書、百官志、司業二人、從四品下、掌儒學訓導之政。

○在公卿後　按、此序、長慶中、公爲吏部侍郎時作、故曰在公卿後。論語、先進篇、以吾從大夫之後、不可徒行也。

○楊侯　唐宋之時、稱刺史或節度使等爲侯。此郡縣之制、而假封建之稱耳。本非定稱。此篇稱少尹爲侯、亦此類。侯、猶云公。

○落莫　猶寂莫、謂不傳其事、與照人耳目反映。

○見今　現今也。

○擧於其鄉　謂由州縣而第者、卽所謂鄉貢。

○歌鹿鳴　唐書、選擧志、每歲仲冬、州縣館監、擧其成者、送之尚書省、而擧選不繇館學者、謂之鄉貢。(中略)長吏以鄉飲酒禮、會屬僚、設賓主、陳

詩者、亦屬而和之。又不知當時二疏之去、有是事否。古今人同不同、未可知也。〔第二段、敍少尹思本歸鄉、是主。〕

中世士大夫、以官爲家、罷則無所於歸。楊侯始冠、舉於其鄉、歌鹿鳴而來也。今之歸、指其樹曰、某樹、吾先人之所種也。某水・某丘、吾童子時所釣遊也。鄉人莫不加敬、誡子孫、以楊侯不去其鄉爲法。古之所謂鄉先生、沒而可祭於社者、其在斯人歟、其在斯人歟。〔第三段、贊楊侯思本不去其鄉。〕

謝疊山評　文有氣力、有光燄、頓挫豪宕、讀之殊快人意、發人才思。

俎豆、備管絃、牲用少牢、歌鹿鳴之詩、因與耆艾敍少長焉。鹿鳴、詩經、小雅篇名。禮記、學記、注、入學之初、歌鹿鳴者、以居官受任之美、誘諭其初志。蓋唐時用周代入學之遺禮、祝仕宦前程也。○鄕先生　儀禮、士冠禮、注、鄕先生、鄕中老人、爲鄕大夫致仕者。○祭於社　後漢書、孔融傳、郡人甄子然・臨存孝知名、早卒、融恨不及之、乃命配食縣社。○寓　林西仲曰、寓、寄也。以巧智寄於所事之技能。又云、外物謂所寓之外、別有可慕之業。○使機應於心　莊子、天道篇、斲輪、不徐不疾、得之於手、而應於心。口不能言、有數存焉。○不挫於氣　莊子、天地

顧廻瀾評

退之見楊少尹之去、彷彿似二疏、遂將二疏來形容、粧出許多景象。前說二疏所有、或少尹所無、後說少尹所有、或二疏所無、情詞曲折動人。末托憾世之詞、歸美少尹。種種多情、令人一讀十起。

賴山陽評

水邊楊柳綠煙絲一首、足見楊人物溫藉、去留從容。而昌黎此序、蓋稱其爲人。又曰、是在昌黎、蓋不經意而成者。終獨步古今。千百年來、文士歆豔摸效、而總不能髣髴。○巨源、和練秀才楊柳詩、水邊楊柳綠煙絲。立馬煩君折一枝。唯有春風最相惜。慇懃更向手中吹。

送高閑上人序

韓文公

高閑、贊寧、高僧傳、高閑上人、烏程人。克精書字、宣宗嘗召入對、賜紫衣。後歸潮州開元寺終焉。避暑錄話、唐僧能書三人、智永・懷素・高閑也。上人、釋氏要覽、摩訶般若經云、何名上人。佛言若菩薩一心行阿耨菩提、心不散亂、是名上人。

此篇主意、假書闢佛。言旭情盛而書巧。今閑修浮屠滅情之學、不宜巧書。而巧書如此。蓋情終不可滅也。情果不可滅、佛說空言、不足取。情卽心也。心字一篇眼目。謝云、此序談詭放蕩、學莊子文。雖學莊子文、無一句蹈襲。

篇、不以物挫志之謂完。○神完而守固　莊子、天地篇、執道者德全、德全者形全、形全者神全、神全者聖人之道也。○不膠於心　膠、粘著也、執滯也。法言、先知篇、夏・殷・周屬其子、不膠者卓矣。○養叔　養由基也。以善射名。春秋、楚莊王時人。左傳、成公十六年、王召養由基、與之兩矢、使射呂錡、中項伏弢(弓衣)以一矢復命。史記、周本紀、養由基、善射、去柳葉百步、射之、百發百中。○庖丁　莊子、養生主篇、庖丁爲文惠君解牛。文惠君曰譆善哉、技蓋至於此乎。○師曠　字子野、晉平公時樂師、知音律者。見左傳・國語諸書。○扁鵲　姓秦、名越人。晉昭公時良醫。史記有傳。○僚　楚勇士、善弄丸。莊子、徐無鬼篇、市南宜僚、

苟可以寓其巧智、使機應於心、不挫於氣、則神完而守固。雖外物至、不膠於其心。堯・舜・禹・湯治天下、養叔治射、庖丁治牛、師曠治音聲、扁鵲治病、僚之於丸、秋之於弈、伯倫之於酒、樂之終身不厭、奚暇外慕。夫外慕徙業者、皆不造其堂、不嚌其胾(在乂切)者也。【第一段、泛說事業本于心。】往時張旭善草書、不治他伎。喜怒窘窮、憂悲愉佚、怨恨思慕、酣醉無聊不平、有動於心、必於草書焉發之。觀於物、見山水崖谷、鳥獸蟲魚、草木之花實、日月列星、風雨水火、雷霆霹靂、

弄丸而兩家之難解。釋文云、熊宜僚也。居市南因爲號也。

○秋　弈秋也。孟子、告子上篇、弈秋通國之善弈者也。

○伯倫　劉伶字也。善飲酒。晉書、劉伶字伯倫、常乘鹿車、攜一壺酒、使人荷鍤而隨之。謂曰、死便埋我。未嘗厝意文翰。惟著酒德頌一篇。

○不造其堂　論語、述而篇、由也升於堂。論衡、案書篇、禮記造於孔子之堂。

○不嚌其胾　嚌、音劑、嘗也。胾、音貲、大臠也。不造其堂二句、喩入道之不深也。

○張旭　唐時吳人、字伯高。舊唐書、賀知章傳、時有吳郡張旭、亦與知章相善。旭善草書、而好酒每醉後、號呼狂走索筆、揮灑變化無窮、若有神助。時人號爲張顚。

○愉佚　愉、樂也。佚、安逸

歌舞戰鬪、天地事物之變、可喜可愕、一寓於書。故旭之書、變動猶鬼神不可端倪。以此終其身、而名後世。〔第二段、說旭書本于心。〕

今閑之於草書、有旭之心哉。不得其心、而逐其跡、未見其能旭也。爲旭有道、利害必明、無遺錙銖、情炎於中、利欲鬪進、有得有喪、勃然不釋。然後一決於書。而後旭可幾也。今閑師浮屠氏、一死生、解外膠。是其爲心、必泊然無所起、其於世必淡然無所嗜。泊與淡相遭、頽墮委靡、潰敗不可收拾。則其於書、得無象之然乎。然吾聞浮屠

人、善幻多技能。此轉妙。閑如通其術、則吾不能知矣。【第三段、疑閑不本于心而巧、然其實斷本于心。】

茅鹿門評　其用意似莊子而其行文造語、敍述處、亦大類莊子。

林次崖評　高閑上人無可說。因他能書、遂就張旭善草上、說道理以歸於閑。此是無中生有。學者胸中有此意思、天下無難題矣。

顧廻瀾評　此篇以堯舜禹湯治天下與僚丸秋弈等、竝論。放蕩不羈。

沈德潛評　汪洋恣肆、善學莊子之文、亦可謂文中之巔矣。

送殷員外使回鶻序

韓文公

殷員外、舊唐書、殷侑、陳郡人。元和中、累爲太常博士。時回鶻請和親。乃命宗正少卿李孝誠奉使宣諭、以侑爲副。侑謹重有節槩。臨事俊辯、既至虜廷、可汗初待漢使、盛陳兵甲、欲臣漢使而不答拜。侑堅立不動、宣諭畢、可汗責其倨。宣言欲留而不遣、行者皆懼、侑

也。
○無聊　聊、樂也。
○列星　莊子、大宗師篇、傅說、乘東維、騎箕尾而比於列星。
○雷霆　霆、大雷也。
○霹靂　電光也。爾雅、注、雷之急擊者、爲霹靂。
○不可端倪　倪亦端也。謂不可窺其端。莊子、大宗師篇、注、端、山顚。倪、水滸也。
○爲旭有道　中庸、獲乎上有道。
○錙銖　謂輕微也。古衡名。十黍爲累、十累爲銖、六銖爲錙。禮記、儒行篇、雖分國如錙銖、云云。
○浮屠　梵語、佛也。後漢書、襄楷傳、注、浮屠、卽佛陁、但聲轉耳。竝謂佛也。譯曰淨覺。寺塔亦曰浮屠。屠、一作圖。
○一死生　視死生若一也。莊子、天地篇、萬物一府、死生同狀。郭注、一府同狀、蛻然無所在也。
○解外膠　膠者、黏附之

謂ニ虜使一曰、可汗是漢家子壻、欲ニ坐受ニ使臣拜一、是可汗失レ禮、非ニ使臣之倨一也。可汗憚ニ其言一、不ニ敢逼一。使還拜ニ虞部員外郎一。」

回鶻、古匈奴一種、隋唐閒、稍盛大。肅宗藉ニ回鶻兵一、復ニ西京一。因下ニ嫁寧國公主一。德宗時、又請レ婚。下ニ嫁咸安公主一。唐書、回鶻傳、元魏時、號ニ高車部一、隋曰ニ韋紇一、亦曰ニ回紇一。德宗時請改爲ニ回鶻一。」

此篇主意、言ニ使命得ニ其人一。其人謂下知ニ輕重一大丈夫上。

唐受ニ天命一爲ニ天子一。凡四方萬國、不レ問ニ海内外一、無ニ小大一、咸臣ニ順於朝一、時節貢ニ水土百物一。大者特來、小者附集。【第一段、敍ニ萬國臣順之盛一。】元和睿聖文武皇帝、既嗣レ位、悉治ニ方内一、就ニ法度一。十二年、詔曰、四方萬國、惟回鶻於レ唐最親、奉レ職尤謹。【尊ニ中國一得レ體。】丞相其選ニ宗室四品一人一、持レ節往賜ニ君長一、告ニ之朕意一。【尊ニ中國一得レ體。第二段、敍ニ使命之事一。】又選下學有ニ經法一、通ニ知時事

物、此言レ解ニ脫身外黏附之物一也。如ニ名利等一是。

○泊然・淡然　竝恬靜無欲貌。泊、安靜也。淡、薄味也。老子、泊乎其未レ兆。又曰、澹兮其若レ海。澹、與レ淡同。

○頽墮　頽、下墜也。

○委靡　不レ振貌。

○得レ無レ象ニ之然一乎　言ニ其書亦委靡不一レ振也。

○善レ幻　幻、眩也。謂ニ變化惑一レ人。魏略曰、黎軒多ニ奇幻一、口中吹レ火、自縛自解。史記、大宛傳、國善レ眩。顏注、眩、讀與レ幻同。相詐惑也。卽今呑レ刀吐レ火、植レ瓜種レ樹、屠レ人截レ馬之術。

○元和睿聖文武皇帝　舊唐書、憲宗元和三年、羣臣上ニ尊號一、曰ニ睿聖文武皇帝一。

○方内　謂ニ四方之内一也。

者一人、與之爲貳。由是殷侑、自太常博士、遷尚書虞部員外郎、兼侍御史、朱衣象笏、【賴山陽曰、著朱衣象笏四字、乃有生色、如畫家施彩。】承命以行。朝之大夫、莫不出餞。酒半、右庶子韓愈、執盞言曰、殷大夫。今人適數百里、出門、惘惘有離別可憐之色。持被、入直三省、丁寧顧婢子、語刺刺【盧達切。】不能休。今子使萬里外國、【應前數百里。】獨無幾微出於言面。豈不眞知輕重大丈夫哉。【只記此一段。】丞相以子應詔。眞誠知人矣。士不通經、果不足用。於是相屬爲詩、以道其行云。【第三段、敍送別、言使命得其人。】

○惟回鶻於唐最親　舊唐書、寶應元年、元帥雍王統回紇諸兵、收復東都。嚴有翼曰、肅宗之復西京、藉回鶻之助也。肅宗女寧國公主・德宗女咸安公主、下嫁回鶻。故曰於唐最親。

○節　用金作之、所以示信也。周禮注、以王命往來、必有節以爲信。唐六典、旌節之制、命大將帥、及遣使于四方、則請而假之、旌以專賞、節以專殺。

○爲貳　貳、副也。

○太常博士　舊唐書、職官志、太常博士四人、掌五禮之儀式、本先王之法制、適變隨時而損益焉。

○尚書虞部員外郎　職官志、虞部員外郎一員、從六品上、掌京城街巷種植山澤苑囿草木薪炭供頓田獵之事。

○侍御史　舊唐書、職官志、侍御史四員、從六品下、掌糺擧百寮、推鞫獄訟。
○朱衣 同上、侍御史、大事則冠法冠、衣朱衣纁裳白紗中單、小事常服而已。
○象笏 舊唐書、輿服志、五品以上執象笏、六品以下執竹木爲笏。
○右庶子 舊唐書、職官志、太子右春坊右庶子、二人、正四品下、掌行令書令旨及表啓之事。元和十一年五月、公拜右庶子。
○惘惘 猶罔罔、失志貌。
○被 寢衣也。
○直 直宿也。
○三省 朝野類要、三省、中書省・門下省・尚書省也。中書擬定、門下進畫、尚書奉行。
○丁寧 漢書、谷永傳注、丁寧者、謂再三告示也。左傳、宣公四年注、丁寧、鉦也。蓋取鳴鉦申令之義也。
○婢子 左傳、僖公二十

林西仲評 前半敍事、善存國體、若論殷大夫此行、本無可說。止借詔書中二語、考驗一番、蓋知輕重、即通知時事。總由於學有經法。

一串說來、炤應完密、皆無中生有。妙筆。

原毀

韓文公

原、推原之義、推明正理、以祛世俗之蔽者也。

此篇主意、言毀之原、在怠與忌。故怠・忌二字眼目。

古之君子、其責己也重以周、其待人也輕以約。重以周。故不怠。輕以約。故人樂爲善。〔以上綱領。〕

聞古之人有舜者、其爲人也仁義人也。求其所以爲舜者、責於己曰、彼人也、予人也。彼能二年、注、婢子、婦人之賤稱。
○刺刺 多言貌、刺、音責。原注、盧達切、誤矣。
○幾微 幾亦微也。易經繫辭下傳、幾者動之微、吉之先見者也。
○言面 言語面色也。
○知輕重 大丈夫一篇主意、蓋知輕重、由經學。故前後點出二經字、相照應、非偶然。
○相屬 朝大夫相和也。
○云如此也。
○其責己也重以周 樊汝霖曰、此蓋孔子所謂(見論語、衞靈公篇)躬自厚而薄責人之意。
○彼人也予人也 孟子、滕文公上篇、顏淵曰、舜何人也、予何人也、有爲者亦若是。
○多材與藝人也 書經、金縢篇、予仁若考、能多材多藝。注、周公言、我仁順祖考、多材幹、多藝能。
○是人 指古之君子。

是、而我乃不能是。蚤夜以思、去其不如舜者、就其如舜者。聞古之人有周公者、其爲人也、多材與藝人也。求其所以爲周公者、責於己曰、彼人也、予人也。彼能是、而我乃不能是。蚤夜以思、去其不如周公者、就其如周公者。舜大聖人也。後世無及焉。周公大聖人也。後世無及焉。是人也乃曰、不如舜、不如周公、吾之病也。是不亦責於己者重以周乎。其於人也、曰、彼人也、能有是。是足爲良士矣。能善是、是足爲藝人矣。取其一、不責其二。卽其新、不究

○卽其新不究其舊。左傳、僖公廿八年、聽輿人之誦、曰、原田每每、舍其舊而新是謀。

○於己　諸本、作其身。

○已廉已、甚也。

其舊。恐恐然惟懼其人之不得爲善之利。一善易脩也、一藝易能也。其於人也、乃曰、能有是、是亦足矣。曰、能善是、是亦足矣。是不亦待於人者輕以約乎。【第一段、言古人責己重周、待人輕約、蓋責己重周、本于無怠也。待人輕約、本于無忌也。

今之君子則不然。其責人也詳、其待己也廉。詳、故人難於爲善。廉、故自取也少。己未有善。曰、我善是、是亦足矣。己未有能。曰、我能是、是亦足矣。外以欺於人、內以欺於心、未少有得而止矣。是不亦待於己者已廉乎。其於人也、曰、彼雖能是、其人不足稱也。彼雖善是、其用

○究其舊而不圖其新　詩經、小雅常棣篇、是究是圖。注、究、窮、圖、謀也。
○衆人　尋常之人也。
○爲是　是、指毀。
○怠與忌　怠、承責己。忌、承責人。
○嘗　曾也。本集作常。通
○與也　與、黨與也。
○畏也　畏、謂所畏服也。
○若是　指與・疎・畏三者。
○強者必怒於言　怠・忌故怒其譽。

不足稱也。舉其一、不計其十。究其舊、不圖其新。恐恐然惟懼其人之有聞也。是不亦責於人者已詳乎。夫是之謂不以衆人待其身、而以聖人望於人。吾未見其尊己也。［第二段、言今人待己廉、責人詳、蓋待己廉、本于怠也。責人詳、本于忌也。］雖然爲是者、有本有原。怠與忌之謂也。［二篇主意。］怠者不能修、而忌者畏人修。吾嘗試之矣。嘗試語於衆曰、某良士、某良士。其應者、必其人之與也。不然、則其所疏遠不與同其利者也。不然、則其畏也。不若是、強者必怒於言、懦者必怒於色矣。又嘗語於衆曰、某

○強者必說於言　怠・忌故悅其毀。
○說　並同悅。
○有作　作、爲也。
○可幾而理矣　幾、庶幾、願辭也。理、治也。漢書、東方朔傳、五帝三王之道、可幾而見也。下語蓋本此。林西仲曰、讀結語三句、不但欲君相得聽言之法、併爲君相定觀人之法也。故曰、國家可幾而理、豈誣也哉。

非良士、某非良士。其不應者、必其人之與也。不然則其所疎遠不與同其利者也。不然則其畏也。不若是、強者必說於言、懦者必說於色矣。是故事修而謗興、德高而毀來。嗚呼士之處此世、而望名譽之光、道德之行、難矣。將有作於上者、得吾說而存之、其國家可幾而理矣。此篇曲盡人情、巧處妙處、在假託它人之言辭、摸寫世俗之情狀。熟於此、必能作論。【第三段、發揮題意、言毀原于怠與忌。是一篇主意。】

顧廻瀾評　此文下字皆有法度。重・周・輕・約・詳・廉・怠・忌、此八字乃字母。一篇議論、皆從此八字衍出。此格最奇。末只以一忌字、原出毀者之情、見毀言之不足信。

補註 文章軌範 卷之二 〔王字集〕

放膽文

辨難攻擊之文、雖厲聲色、雖露鋒鋩、然氣力雄健、光燄長遠、讀之令人意強而神爽。初學熟此、必雄於文。千萬人場屋中、有司亦當刮目。

爭臣論　　韓文公

陽城、字亢宗、定州北平人。性好學。貧不能得書。乃求爲集賢寫書吏、竊官書讀之、晝夜不出六年。乃無所不通。第進士後、去隱中條山。李泌入相。薦爲著作郎。後德宗賚束帛召爲諫議大夫。城未至、人皆想望風采。謂能以死奉職。既入拜官。久猶未有建白。文公故作此論譏切之。」唐書、陽城傳、帝欲相裴延齡。城顯語曰、延齡爲相、吾當取白麻壞之、哭于庭。帝不相延齡、城之力也」。本集注、公作此論時、城居位五年矣。後三年而能排擊延齡。或謂城蓋有待。抑公有以激之歟。

此篇主意、言陽子不盡爭臣之職、不可謂有道之士。但可謂善人。

〔場屋〕謂省試場。通鑑、唐武宗紀、胡三省注、唐人謂貢院爲場屋。至今猶然。

〔刮目〕刮、摩切也。吳志、呂蒙傳、士別三日、卽更刮目相待。

○爭臣 爭、與諍同。諫諍也。孝經、爭臣章、天子有爭臣七人、雖亡道不失其國。

○諫議大夫 舊唐書、職官志、正五品上、掌侍從贊相規諫諷諭。

○有道之士 論語、學而篇、就有道而正焉。

○學廣而聞多 論語、爲政篇、多聞闕疑、多見闕殆。學廣者多見也。聞多者多聞也。
〇不求聞於人、聞、謂名達。出師表、不求聞達於諸侯。
〇行古人之道、穀梁傳、定公十年、與之行古人之道。
〇晉之鄙、左傳、隱公元年、注、鄙、邊邑也。
〇鄙人、戰國秦策、五羖大夫、荊之鄙人也。
〇薰炙也。孟子、盡心下篇、況於親炙之者乎。說苑、雜言篇、孔子曰、與善人居、如入蘭芷之室、久而不聞其香、則與之化矣。薰字蓋本于此。
〇爲諫議大夫、城爲諫議大夫、在德宗貞元四年。
〇人皆以爲華、爾雅、釋草、木謂之華、草謂之榮。〔無喜色〕論語、公冶長篇、令尹子文、三仕爲令尹、無喜色。
〇恆其德貞、恆、不移易也。易經、恆卦、六五爻、恆其德、貞、婦人吉、夫子凶。

或問諫議大夫陽城於愈、可以爲有道之士乎哉。（乎哉二字連下、乃疑辭。）學廣而聞多、不求聞於人也。行古人之道、居於晉之鄙。晉之鄙人、薰其德而善良者、幾千人。（薰字、從孟子炙字變化來。）大臣聞而薦之天子、以爲諫議大夫。人皆以爲華。陽子不色喜。（孟子、公孫丑上篇、不膚撓、不目逃。韓非子、顯學篇、不色撓、不目逃。不色喜、字法所本。）居於位五年矣。（此句便含不諫意。榮字、變爲華字。無喜色三字、變爲不色喜。）視其德、如在草野。彼豈以富貴、移易其心哉。（先下此數句、下章要用恆其德貞、夫子凶、以貶之。）愈應之曰、是易所謂恆其德貞、而夫子凶者也。（用前言結變。）惡得爲有道之士乎哉。（直貶。）在易蠱之上九云、不事象傳云、婦人貞吉、從一而終也。夫子制義、從婦凶也。
○蹇蹇　易經、孔疏、能涉險難而往濟蹇。故曰王臣蹇蹇也。
○匪躬之故　蹇之六二、以陰臣應陽君。故爲王、不爲躬也。孔疏、盡忠於君、匪以私身之故而不往濟君。故曰匪躬之故。
○曠官　曠、空也。書經、皐陶謨、無曠庶官。正字通、官不稱職、曰曠官。
○志不可則云云　蠱之上九象曰、志可則也。蹇之六二象曰、終無尤也。
○在位不爲不久　應居於位五年。
○天子待之　應天子以爲諫議大夫。
○而未嘗一言及於政　應視其德如在草野。
○若越人視秦人之肥瘠　秦越、猶胡秦。言不相干涉也。李陵、別蘇武詩、一別如秦胡。又李陵與蘇武詩、邈若胡與秦。

王侯、高尚其事。蹇之六二則曰、王臣蹇蹇、匪躬之故。夫不以所居之時不一、而所蹈之德不同也。若蠱之上九、居無用之地、而致匪躬之節、以蹇之六二、在王臣之位、而高不事之心、（此一段六句、是雙關文法、韓文公專喜用之、可以爲法。）則冒進之患生、（應無用匪躬一句。）曠官之刺興。（應王臣不事一句。）志不可則、而尤不終無也。（蠱上九象曰、志可則也。蹇六二象曰、終無尤也。）今陽子在位、（二字句。）不爲不久矣。聞天下之得失、（六字句。）不爲不熟矣。天子待之、（四字句。）不爲不加矣。（此三句、上異下同。學孟子文法。）而未嘗一言及於政。視政之得失、若越人視秦人之肥

○忽焉　恍惚也。遺忘貌。
○且吾聞之　應問其官則諫議也。
○有官守者云云　孟子、公孫丑下篇。朱注、官守、以官爲守者。言責、以言爲責者。
○今陽子以爲得其言乎哉　一句疑怪詰問而下直貶之。
○無一可者　司馬相如、子虛賦、二者無一可而先生行之。
○陽子將爲祿仕乎　應問其祿則曰下大夫之秩。
○古之人有云　孟子、萬章下篇。
○辭尊而居卑、辭富而居貧　孟子無二而字。
○抱關擊柝　孟子、萬章下篇、趙岐注、監門之職也。柝、行夜所擊木也。說文、關以木橫持門戶也。
○委吏　趙岐注、主委積

瘠、忽焉不加喜戚於其心。問其官、則曰、諫議也。二字。問其祿、則曰、下大夫之秩也。五字。問其政、則曰、我不知也。三字。此三句、上同下異。學孟子文法。有道之士、固如是乎哉。貶得婉。

且吾聞之、第二段。有官守者、不得其職則去。有言責者、不得其言則去。此兩句、是孟子說。今陽子以爲得其言乎哉。得其言而不言、與不得其言而不去、無一可者也。陽子將爲祿仕乎。第三段、問得婉。

古之人有云、仕不爲貧、而有時乎爲貧。謂祿仕者也。宜乎辭尊而居卑、辭富而居貧。若抱關擊柝者可也。此一段、亦孟子說。看他添字減字、變換前言、使不陳腐。

蓋孔子嘗爲委吏矣、嘗爲乘田矣。亦不敢曠其職。必曰、會計當而已矣。必曰、牛羊遂而已矣。此一段、亦孟子說、看他添字減字、變換前言、便不陳腐。若陽子之秩祿、不爲卑且貧、章章明矣。而如此、其可乎哉。貶得婉。【第一段、貶陽子恆其德、非有道之士。】

或曰、否、非若此也。第四段。夫陽子惡訕上者、惡爲人臣、招音翹其君之過、而以爲名者。故雖諫且議、使人不得而知焉。書曰、爾有嘉謀嘉猷、則入告爾后于內、爾乃順之於外、曰、斯謀斯猷、惟我后之德。夫陽子之用心、亦若此者。愈應之曰、若陽子之用心如此、玆所謂惑

倉庾之吏也。
○乘田　趙岐注、主六畜之芻牧也。
○牛羊遂而已矣　孟子、萬章下篇、牛羊茁壯長而已矣。茁、音札、生長貌。
○如此其可乎哉　應問其政、則我不知也。
○惡訕上者　訕、謗毀也。論語、陽貨篇、惡居下流而訕上者。
○招其君之過　周語、國武子好盡言、以招人過。韋昭注、招、擧也。
○而以爲名者　應不求聞於人。
○書曰云云　周書、君陳篇。鄭注云、嘉、善也。猷、道也。爾雅疏、猷者以道而謀也。
○隱於蓬蒿之下　蒿、蓬蘽之屬。莊子、逍遙遊篇、翱翔蓬蒿之閒。
○擢在此位　應天子以爲諫議大夫。
○官以諫爲名　漢書、蓋寬饒傳、官以諫爲名、不敢不言。

○使四方後代知　應使人不得而知。
○骨鯁之臣　說文、鯁、魚骨也。後漢書、來歙傳、骨鯁喩正直也。正字通、世以蹇諤爲骨鯁。謂直言難受、如魚骨之哽咽也。
○不僭賞　僭、差也。左傳、襄公二十六年、賞不僭而刑不濫。林西仲云、指擢居諫位言。
○從諫如流　如流、喩速。左傳、成公八年、從善如流、宜哉。
○巖穴之士　謂遁世之士。戰國秦策、顯巖穴之士。史記、伯夷傳、巖穴之士、趨舍有時。
○束帶　著禮服束大帶也。論語、公冶長篇、束帶立於朝。
○結髮　史記、李廣傳、結髮與匈奴大小七十餘戰。
○致吾君於堯舜　孟子、萬章上篇、若使是君爲堯舜之君哉。
○熙鴻號於無窮　熙、廣

者矣。【茲、一本作滋。益也。孟子、公孫丑上篇、若是則弟子惑滋甚。按滋字、當在惑字上。】入則諫其君、出則不使人知者、大臣宰相之事、非陽子之所宜行也。夫陽子本以布衣、隱於蓬蒿之下。主上嘉其行誼、擢在此位。官以諫爲名。誠宜有以奉其職、使四方後代、知朝廷有直言骨鯁之臣、天子有不僭賞、從諫如流之美。庶巖穴之士、聞而慕之、束帶結髮、願進於闕下、而伸其辭說、致吾君於堯舜、熙鴻號於無窮也。若書所謂、則大臣宰相之事、非陽子之所宜行也。【緊要重複、提綴得醒、學史記・檀弓文法。】且陽子之心、將使君人者、惡也。鴻、大也。鴻號、天子大名。漢書、司馬相如傳、前世之所以承保鴻名。
○啓之 開惡聞過之心也。
○過 責也。
○不敢獨善其身 孟子、盡心上篇、窮則獨善其身、達則兼善天下。
○孜孜 勤勉而不已貌。與孶孶同。說文、汲汲也。書經、益稷篇、思日孜孜。孟子、盡心上篇、雞鳴而起、孶孶爲善者、舜之徒也。
○矻矻 極勞貌、又健作貌。漢書、王褒傳、勞筋苦骨、終日矻矻。
○禹過家門不入 孟子、滕文公上篇、禹三過其門而不入。
○孔席不暇暖、墨突不得黔 突、竈窗也。黔、黑也。班固、答賓戲、聖哲之治、棲棲皇皇、孔席不煖、墨突不黔。淮南子、脩務訓、孔子無黔突、墨子無暖席。

聞其過乎。是啓之也。【第二段、辨陽子不招君過之非。】

或曰、（第五段。）陽子不求聞、而人聞之、不求用、而君用之、不得已而仕、守其道而不變。何子過之深也。愈曰、自古聖人賢士、皆非有心求於聞用也。閔其時之不平、人之不乂、得其道、不敢獨善其身、而必以兼濟天下也。孜孜矻矻、死而後已。故禹過家門不入。孔席不暇暖。而墨突不得黔。彼二聖一賢者、（有權衡。）豈不知自安佚之爲樂哉。畏天命而悲人窮也。夫天授人以賢聖才能、豈使自有餘而已。誠欲以補其不足者也。

耳目之於レ身也、耳司レ聞而目司レ見、聽二其是非一、視二其險易一、然後身得レ安焉。聖賢時人之耳目、時人聖賢之身也。且陽子之不賢、則將下役二于賢一以奉中其上上矣。若果賢、則固畏二天命一而閔二人窮一也。惡得下以自暇逸上乎哉。【第三段、貶二陽子不一レ得レ已而仕。】或曰、吾聞君子不レ欲レ加二諸人一、而惡下訐以爲レ直者上。若二吾子之論一、直則直矣。無下乃傷二于德一而費中于辭上乎。

前五段、攻二擊陽子一、自是說二他無一レ逃避處。末一段、假二或人之辭一以攻レ己、其言甚峻、此文法最高。

好二盡言一以招二人過一、國武子之所三以見二殺於齊一也。吾子其亦聞乎。愈曰、人來攻擊者甚急、看二他分解得好一。君子居二其位一、則思レ死二其

○誠畏二天命一而悲二人窮一也 畏二天命一、應レ閔二時之不平一。悲二人窮一、應二人之不乂一。

○耳司レ聞而目司レ見 左傳、昭公九年、膳宰屠蒯酌以飮レ工。曰、女爲二君耳一、將レ司レ聽也(中略)又飮二外嬖嬖叔一。曰、女爲二君目一、將レ司レ明也。

○將下役二於賢一以奉中其上上 孟子、離婁上篇、小賢役二大賢一來。

○不レ欲レ加二諸人一 論語、公冶長篇、子貢曰、我不レ欲二人之加一レ諸我一也、吾亦欲レ無レ加二諸人一。

○惡二訐以爲レ直者一 訐、音桀。攻二發人之陰私一也。論語、陽貨篇。孔子之語。

○國武子 左傳、成公十七年、齊慶克通二于聲孟子一。與二婦人一蒙レ衣乘レ輦而入二于閎(巷門)一。鮑牽見レ之、以告二國武子一。武子召二慶

克而謂之。慶克久不出。而告夫人曰、國子謫我。夫人怒(中略)國佐從諸侯圍鄭。以難請而歸、遂如盧師、殺慶克、以穀叛。云云。十八年經、齊殺其大夫國佐。傳、齊爲慶氏之難故、甲申晦、齊侯使士華免以戈殺國佐于內宮之朝。師逃于夫人之宮。

○傳曰周語、單襄公見國武子。其言盡。襄公曰、立于淫亂之閒、而好盡言、以招人過、怨之本也。惟善人能受盡言。

○陽子將不得爲善人乎　莊子、天下篇、前層層譏墨翟、末乃曰、雖然墨子眞天下之好也。將求之不得也。雖枯槁不舍也、才士也夫。此篇結語、與東坡范增論皆原于莊周。

官。上一句、說陽子。未得位、則思脩其辭、以明其道。下一句、說自身。【明道二字、該得作論之旨。】我將以明道也。非以爲直而加人也。且國武子、不能得善人、而好盡言於亂國。是以見殺。傳曰、惟善人能受盡言。謂其聞而能改之也。韓文公所以敢攻擊陽子者、亦靠得陽子是一箇善人、必能受盡言、必不怒不怨。子告我曰、陽子可以爲有道之士也。今雖不能及已、陽子將不得爲善人乎哉。到底不肯以有道許陽子。畢竟陽子是箇好人、如何泯沒得好處。○此末句、結得絕妙。蘇東坡作范增論、攻得他無逃避處、結句乃云、雖然增高帝之所畏也。增不去、項羽不亡。增亦人傑也哉。正是學韓子。【第四段、設或問、辨己之所以盡言。】

○進士李賀上、有二進士二字一非レ是。

○李賀　舊唐書、李賀字長吉。宗室鄭王之後。

○有レ名　謂下已有二名在一辟學中上也。

○勸二賀學二進士一　國史補、韓愈引二致後進一、爲レ求二科第一、多有下投レ書請レ益者上。時人謂二之韓門弟子一。愈後官貴、不二復爲一也。

○與レ賀爭レ名者　方崧卿曰、康駢劇談錄謂、公此文因二元稹一而發。非也。爭レ名者蓋當時同試者。

諱辯

韓文公

呂東萊曰、洪（洪興祖作二年譜一）云、李賀父晉肅、邊上從事。賀年七歲、以二長短之製一名動二京師一。一日學二進士一、或謗三賀不レ避二家諱一。文公特著二諱辯之一篇一。又曰、張昭（字子布、仕二吳主孫權一、封レ侯）論二舊君諱一云、周穆王諱滿、至二定王時一、有二王孫滿者一。厲王諱胡、至二莊王之子一名胡。其比甚多。退之諱辯取二此意一。此篇主意、論二諱法一、辯二毀者惑一。

愈與二進士李賀書一、勸三賀學二進士一。賀學二進士一有レ名。與レ賀爭レ名者、毀レ之曰、賀父名晉肅、賀不レ學二進士一爲レ是。勸二之學一者爲レ非。聽者不レ察、和而唱レ之、同然一辭。皇甫湜曰、子與レ賀、且レ得レ罪。【第一段、立案。】

愈曰、然。律曰、二名不二偏諱一。釋レ之者曰、謂レ若(ヘバ)言レ徵不レ稱レ在、言レ在不レ稱レ徵、是也。【孔子母、名徵在。】律曰、不レ諱二

○賀父名晉肅　容齋續筆、唐人避家諱甚嚴、固有出於禮律之外者。李賀應進士擧、忌之者斥其父名晉肅。以晉與進字同音、賀遂不敢試。韓文公作諱辯、論之至切、不能解衆惑也。

○皇甫湜　字持正。睦州新安人。擢進士第、爲陸渾尉、仕至工部郎中。與李翺・張籍齊名。

○律曰二名不偏諱　此曲禮文、引以入律也。鄭注云、謂二名不一一諱也。不一一諱者、言不偏諱其一、謂二字皆在所宜諱、而但偏擧其一、則不復諱耳。段玉裁改偏爲徧、義頗滯澁。今不從。

○釋之者曰　禮記、曲禮鄭玄注。下同。

○不諱嫌名　嫌名、謂其音與名相近。左傳、襄公十年、正義、漢末有汝南應劭、作舊名諱議云、昔者周穆王名滿、晉厲公名州滿、又有王孫滿是

嫌名。釋之者曰、謂若禹與雨、丘與蓲之類是也。今賀父名晉肅、賀擧進士、爲犯二名律乎、爲犯嫌名律乎。（此二句、設疑問之、不直說破不犯諱、此章法。）父名晉、（一本晉下有肅字。）子不得擧進士、若父名仁、子不得爲人乎。（妙甚。）夫諱始於何時。作法制、以敎天下者、非周公・孔子歟。周公作詩不諱。孔子不偏諱二名。春秋不譏不諱嫌名。康王釗之孫、實爲昭王。曾參之父名晳、曾子不諱昔。周之時有騏期、漢之時有杜度。此其子宜如何諱、將諱其嫌、遂諱其姓乎。將不諱其嫌者乎。（此二句、又設疑問之。不直說破。）

同名不諱。
○禹與雨、丘與蓲。鄭注、嫌名謂音聲相近。若禹與雨、丘與蓲也。言禹之子、不諱雨。孔子之子、不諱蓲也。蓲、草名、烏蓲也。
○周公作詩不諱　文王名昌、武王名發。若詩曰克昌其後、又曰駿發爾私。
○孔子不偏諱二名　攷異云、若論語曰宋不足徵、又曰某在斯。
○春秋不譏不諱嫌名　攷異云、若衛桓公名完。
○康王釗之孫實爲昭王　史記、周本紀、康王卒、子昭王瑕立、昭王卒於江上、立昭王子滿、是爲穆王。然則昭王者、康王釗之子、非孫也。此言孫者誤。
○曾參之父名晳　曾參之父名點、此言名晳亦誤。
○曾子不諱昔　若論語、泰伯篇、曰昔者吾友。
○杜度　漢章帝時爲齊
甚妙。〔一本嫌下無者字。〕漢諱武帝名、徹爲通。不聞又諱車轍之轍、爲某字也。諱呂后名、雉爲野雞。不聞又諱治天下之治、爲某字也。今上章及詔、不聞諱滸勢秉機也。滸、近太祖廟諱。勢、近太宗廟諱。秉、近代宗廟諱。機近玄宗廟諱。〔攷異云、太祖名虎、太宗名世民。代宗名昞。玄宗名隆基。〕惟宦官宮妾、乃不敢言諭及機。以爲觸犯。此一轉最高。罵得時人諱嫌名者、太毒。士君子立言行事、宜何所法守也。今考之於經、質之於律、稽之以國家之典、賀擧進士、爲可邪、爲不可邪。〔又設疑問、第二段、辯明。〕凡事父母、得如曾參、可以無譏矣。作人得如周公・孔子、亦可以止矣。今世之士、不務行曾參・

周公・孔子之行、而諱親之名、則務勝於曾參・周公・孔子、亦見其惑也。夫周公・孔子・曾參、卒不可勝。勝周公・孔子・曾參、乃比於宦官宮妾、則是宦官宮妾之孝於其親、賢於周公・孔子・曾參者邪。〔第三段、斷案。〕

謝疊山評　一篇辯明、理強氣直、意高辭嚴、最不可及者、有道理可以折服人矣。全不直說破、盡是設疑、佯爲兩可之辭、待智者自擇。此別是一樣文法。此辯文法、從孟子來。

沈德潛評　先引律、次引經、次引國家之典、層層詰辯、一結筆墨夭矯、如神龍卷舒於絳霄。

桐葉封弟辯

柳　柳州

相、工草書。伊藤東涯云、如麒期・杜度、姓與名、其音相近。爲子者、欲諱其嫌名、則亦須諱姓。此理之所無、嫌名不諱之一證。

〇漢諱武帝名徹、爲通　謂如以徹侯爲通侯、蒯徹爲蒯通也。

〇雉爲野雞　史記、封禪書、野雞夜雊。如淳曰、野雞、雉也。呂后名雉。故曰野雞。顏氏家訓、風操篇曰、凡避諱者、皆須得其同訓以代換之。桓公名白、博有五皓之稱。厲王名長、琴有修短之目。不聞謂布帛之帛爲布皓、呼腎腸爲腎修也。

〇論及機　代宗名豫、豫、音近論。玄宗名隆基、基、音近機。

〇宜何所法守　法守、謂以法度自守。孟子、離婁上篇、上無道揆也、下無法守也。

〇今考之於經、質之於律　中庸、第二十九章、考諸三王而不謬(中略)質諸鬼神而無疑。

○事父母得如曾參可以無譏矣。曾子、名參。孔子門人、以孝聞。孟子、離婁上篇、事親若曾子者可也。

○古之傳者有言　此依說苑君道篇。原注引史記誤。史記、晉世家、成王與叔虞戲、削桐葉爲珪、以與叔虞曰、以此封若。史佚因請擇日立之。成王曰、吾與之戲耳。史佚曰、天子無戲言。於是遂封叔虞於唐。此則桐葉封弟、史佚成之明矣。若曰周公入賀、史不之見。特於劉向說苑君道篇云云。

柳柳州、柳宗元、字子厚。河東人。少聰警絕衆、尤精西漢詩騷。下筆構思、與古爲侔。精裁密緻、璨若珠貝。當時流輩、咸推之。貞元九年進士。貞元十九年、爲監察御史。順宗卽位、王叔文・韋執誼用事。尤奇待宗元、與監察呂溫密引禁中、與之圖事。轉尚書禮部員外郞。叔文欲大用之。會居位不久、叔文敗、與同輩七人俱貶。宗元爲邵州刺史。在道再貶永州司馬。元和十年、例移爲柳州刺史。十四年十月五日卒。時年四十七。有河東集四十五卷。昌黎爲作墓誌銘。在本書第六卷。

此篇主意、言周公聖人也。輔成王宜歸之大中之道。故聖道大中四字、一篇眼目。

古之傳者有言、(史記、晉世家。)成王以桐葉與小弱弟、(小弱弟、叔虞也。)戲曰、以封汝。周公入賀。王曰、戲也。周公曰、天子不可戲。乃封小弱弟於唐。(【第一段】敍事。)

吾意不然。王之弟當封耶、周公宜以時言於王。不待其戲而賀以成之也。不當封耶、周公乃

○不中　中、平聲、不中、不中正也。與下文大中應。讀爲去聲者、非。

○設　假設之辭。

○婦寺　婦女宦寺也。詩經、大雅瞻卬篇、時維婦寺。

○必不逢其失　孟子、告子下篇、逢君之惡、其罪大。趙注、逢、迎也。

○爲之辭　辭、辯也。謂曲爲辭說、以文過。孟子、公孫丑下篇、又從而爲之辭。

○束縛之、馳驟之　束縛、伏牛字。馳驟、伏馬字。漢書、賈誼傳、束縛之、係緤之。

○急則敗矣　史記、淮南王傳、急則走越耳。

成其不中之戲、以地以人、與小弱弟者、爲之主。其得爲聖乎。此是正理正論。且周公以王之言不可苟焉而已、必從而成之耶。二節。設有不幸王以桐葉戲婦寺、亦將擧而從之乎。凡王者之德、在行之何若。三節。設未得其當、雖十易之、不爲病。要於其當、不可使易也。而況以其戲乎。若戲而必行之、是周公敎王遂過也。四節。此一轉尤妙。吾意周公輔成王、五節。宜以道從容優樂、要之歸大中而已。必不逢其失、而爲之辭。又不當束縛之、馳驟之、使若牛馬然。急則敗矣。此一段是正理。且

○家人父子　史記、高祖紀、如家人父子。漢書、惠帝紀、顏注、家人言庶人之家。
○小丈夫　謂度量狹小之男子。孟子、公孫丑下篇、予豈若是小丈夫然哉。
○缺缺　小智貌。與缺缺同。老子、其政察察、而其民缺缺。
○或曰　指史記、晉世家。此言傳聞異辭不可信也。如此、益見專以屬周公者不可也。
○史佚成之　見史記、晉世家、禮記、曾子問篇、鄭注、史佚成王時賢史也。
○論史書　本集、史下有官字。
○正月　元和八年六月、昌黎爲史館修撰、此正月、蓋翌九年也。
○十八丈　韓公排行、當

家人父子、尚不能以此自克。六節。況號爲君臣者耶。是特小丈夫缺缺者之事。七節。非周公所宜用。故不可信。〔第二段、辯明。〕或曰、封唐叔、史佚成之。

此一轉尤高。〔第三段、餘波。〕

謝疊山評　七節轉換、義理明瑩、意味悠長、字字經思、句句著意。無一字懈怠。子厚之文得意者。

沈德潛評　一層進一層、一語緊一語。筆端有鋒、無堅不破。

與韓愈論史書　柳柳州

此篇主意、以直道駁退之謬惑。故直字道字、一篇骨子。呂東萊曰、是一篇攻擊辯詰、體頗似退之爭臣論口吻。

正月二十一日。某頓首。十八丈退之侍者。〔以上第十八。故稱十八丈。丈猶言丈人。漢書、蘇武傳、注、丈人、尊老之稱也。路史曰、古尊者不敢以字稱之、而曰幾丈。

○與劉秀才書　附載篇末。宜參看。劉、名軻、字希仁。唐六典、凡貢擧人有博識高才强學待問無失俊選者、爲秀才。通二經已上者、爲明經。明閑事務、精熟一經者爲進士。容齋隨筆曰、秀才之名、自宋魏以後實爲貢擧科目之最。

○書藁　史記、屈原傳、懷王使屈原造爲憲令。屈平屬草藁未定。索隱曰、草藁、謂創制憲令之本。

○榮一韓退之耶　韓書云、宰相知其無他才能不足用、哀其老窮齟齬無所合、不欲令四海內有戚戚者、猥言之上、苟加一職榮之耳。

○近密地　三國志、魏武帝紀、注、朝乏權臣議出密近。

十六字、原書節略。

前獲書、言史事。云、具與劉秀才書。及今見書藁、私心甚不喜。與退之往年言史事、甚大謬。〔第一段、揭大意。〕若書中言、退之不宜一日在館下。安有探宰相意、以爲苟以史筆榮一韓退之耶。若果爾、退之豈宜虛受宰相榮己、而冒居館下近密地、食奉養、役使掌故、利紙筆爲私書、取以供子弟費。古之志於道者、不宜若是。〔第二段、駁受虛榮。〕且退之以爲紀錄者有刑禍、避不肯就。尤非也。史以名爲褒貶。猶且恐懼不敢爲。設使退之爲御史中丞大夫、其褒貶成敗

○取　取俸也。
○役使掌故　漢書音義、掌故、大夫官屬、掌故事也。又鼂錯傳、注、掌故百石吏、主故事。
○紀錄者有刑禍　韓書云、夫爲史者、不有人禍、則有天刑。豈可不畏懼而輕爲之哉。
○御史中丞大夫　六典、御史大夫一人、掌邦國刑憲典章之政令、以肅正朝列。中丞二人、御史大夫屬官、正五品上、掌糾擧百僚推鞠獄訟。
○揚揚　自得貌。史記、晏嬰傳、意氣揚揚。
○入臺府　臺者、御史臺・司天臺之類。後漢書、袁紹傳、坐君三臺。注、晉書、漢官尚書爲中臺、御史爲憲臺、謁者爲外臺。是謂三臺。府者、折衝府・都督府之類。
○呼唱　喝道也。卽騶唱。周禮、隷僕掌蹕宮中之事。注、蹕、謂止行者。
○政事堂　春明退朝錄、

人、愈益顯。其宜恐懼尤大也。則又將揚揚入臺府、美食安坐、行呼唱於朝廷而已耶。在御史猶爾。設使退之爲宰相、生殺出入升黜天下士、其敵益衆。則又將揚揚入政事堂、美食安坐、行呼唱於內庭外衢而已耶。則何以異不爲史而榮其號、利其祿者也。又言、不有人禍則有天刑。若以罪夫前古之爲史者。然亦甚惑。凡居其位、思直其道。道苟直、雖死不可回也。如回之、莫若亟去其位。【賴山陽云、如回之莫若亟去其位。百忙中插此一句、通體筋節皆動。】孔子之困於魯・衛・陳・宋・蔡・齊・楚者、其時唐時政事堂、在門下省。
○孔子猶不遇而死也　韓書云、孔子聖人作春秋、辱於魯・衞・陳・宋・齊・楚、卒不遇而死。
○范曄　曄字蔚宗。刪衆家後漢書、爲一家之作。宋文帝、元嘉二十二年謀反族誅。見宋書。
○其族亦誅　本集、誅作赤。古人謂空盡無物曰赤、如赤地千里。文選、解嘲、注、赤謂誅滅也。海錄碎事、赤族、言盡殺無遺類也。
○司馬遷觸天子喜怒　漢書、李陵傳、武帝聞陵降怒甚。羣臣皆罪陵。司馬遷盛言、陵有國士之風。雖古名將不過也。上以遷誣罔爲陵游說、下遷腐刑。此謂遷觸天子喜怒也。喜字帶說耳。猶緩急・輕重也。按、司馬遷以李陵之故、下蠶室。刑餘憤激作史記。非作史記刑也。昌黎誤前後、可怪也。

暗、諸侯不能以也。其不遇而死、不以作春秋故也。當其時、雖不作春秋、孔子猶不遇而死也。若周公・史佚、雖紀言書事、猶遇且顯也。又不得以春秋爲孔子累。范曄悖亂、雖不爲史、其族亦誅。司馬遷觸天子喜怒、班固不檢下。崔浩沽其直、以鬬暴虜。皆非中道。左丘明以疾盲。出於不幸。子夏不爲史亦盲。不可以是爲戒。其餘皆不出此。是退之宜守中道、不忘其直、無以他事自恐。退之之恐、惟在不直不得中道。刑禍非所恐也。」〔第三段、駁人禍天刑。〕凡言二百年

○班固不檢下　後漢書、班固傳、固不教學諸子。諸子多不遵法度。吏人苦之。初洛陽令种兢嘗行。固奴干其車騎。吏推呼之。奴醉罵。兢大怒、畏竇憲不敢發、心銜之。及竇氏賓客皆逮考、兢因此捕繫固、遂死獄中。
○崔浩沾共直　魏武帝、說高允與司徒崔浩、成國紀三十卷。浩刊所撰國史於石、欲以彰直筆之跡。衆怒、譖之武帝。帝以爲揚國惡、族誅浩。事見魏書、崔浩及高允傳。
○鬪暴虜　暴虜、謂魏主太武。魏、拓跋氏、故曰虜。鬪、觸犯也。
○左丘明以疾盲　史記、自序傳、左丘失明、厥有國語。
○子夏不爲史亦盲　禮記、檀弓篇、子夏喪其子而喪其明。
○其餘皆不出此　此句指齊太史陳壽等。
○凡言二百年　韓書云、

文武士多。【本集諸本、士作事。】有誠如此者。今退之曰、我一人也。何能明。則同職者、又所云若是、後來繼今者、又所云若是人人皆曰我一人、則卒誰能紀傳之耶。如退之但以所聞知、孜孜不敢怠。同職者、及後來繼今者、亦各以所聞知、孜孜不敢怠。則庶幾不墜、使卒有明也。不然、徒信人口語每每異辭、日以滋久、則所云磊磊軒天地者、未必不沈沒。且亂雜無可考。非有志者所忍恣也。果有志、豈當待人督責迫蹙、然後爲官守耶。【第四段、駁一人難能。】又凡鬼神事、渺茫荒惑、無可准。明者所不道。退之之智、而猶懼如此。【第五段、駁鬼神。】今學如退之、辭如退之、好言論如退之、慷慨自謂正直行行焉如退之、猶所云若是、則唐之史述、其卒無可託乎。明天子賢宰相、得史才如此、而又不果。甚可痛哉。退之宜更思。可為速為。果卒以為恐懼不敢、則一日可引去。又何以云行且謀也。今當為而不為。又誘館中他人及後生者。此大惑已。【大惑、與起首大謬照應。是一篇主意。】不勉己、而欲勉人、難矣哉。【第六段、總收全篇。】

【韓昌黎答劉秀才論史書。六月九日、韓愈白。秀才辱問見愛、敎勉以所宜務。敢不拜賜。愚以為、凡史氏褒貶大法、春秋已備之矣。後之作者、在據事跡實

唐有天下二百年矣。聖君賢相相踵。其餘文武之士立功名、跨越前後者、不可勝數云云。
○不墜　史事不墜也。
○口語　漢書、司馬遷傳、僕以口語遇遭此禍。
○磊磊軒天地　文選、吳都賦、注、磊磊、壯大貌。文選、射雉賦、注、軒、飛也。蓋謂高顯。韓書云、夫聖唐鉅跡、及賢士大夫事、皆磊磊軒天地、決不沈沒。
○督責迫蹙　韓書云、非必督責迫蹙令就功役也。
○凡鬼神事　韓書云、若有鬼神、將不福人。
○准　準據也。言鬼神之事、幽遠不可知、雖時有為禍福、無可以為準則者也。
○好言論　本集言、作議。謂好議論人物事政。
○行行焉　論語、先進篇、子路行行如也。鄭玄曰、行行、剛強之貌。
○引去　漢書、賈誼傳、夫

固自引而遠去。

○行且謀 韓書云、賤不敢逆盛指、行且謀引去。

○又誘館中他人及後生者 韓書云、今館中非無人、將必有作者勤而纂之。後生可畏。安知不在足下。亦宜勉之。故篇末、有勉人之言。

錄、則善惡自見。然此尚非淺陋偸惰者所能就。況褒貶邪。孔子聖人、作春秋、辱於魯・衞・陳・宋・齊・楚、卒不遇而死。齊太史氏、兄弟幾盡。左丘明紀春秋時事、以失明。司馬遷作史記刑誅、班固庾死。陳壽起又廢、卒亦無所至。王隱謗退死家、習鑿齒無一足、崔浩・范曄赤誅、魏收夭絕、宋孝王誅死。足下所稱吳兢、亦不聞身貴而令其後有聞也。夫爲史者、不有人禍、則有天刑。豈可不畏懼而輕爲之哉。唐有天下、二百年矣。聖君賢相相踵。其餘文武之士、立功名跨越前後者、不可勝數。豈一人卒卒能紀而傳之邪。僕年志已就衰退。不可自敦率。宰相知其無他才能、不足用、哀其老窮齟齬無所合、不欲令四海內有戚戚者、猥言之上、苟加一職榮之耳。非必督責迫蹙令就功役也。賤不敢逆盛指、行且謀引去。且傳聞不同、善惡隨人所見。甚者附黨憎愛不同。巧造語言、鑿空構立善惡事迹、於今何所承受取信、而可草草作傳記令傳萬世乎。若無鬼神、豈可不自心慙愧。若有鬼神、將不福人。僕雖騃、亦粗知自愛。實不敢率爾爲也。夫聖唐鉅跡、及賢士大夫事、皆磊磊軒天地。決不沈沒。今館中非無人。將必有作者勤而纂之。後生可畏。安知不在足下。亦宜勉之。愈再拜。

謝疊山評 辯難攻擊之文、要人心服。子厚此書、文公不復辯。亦理勝也。

晉文公問守原議 柳柳州

○寺人　寺、侍同。內小臣、卽宦者也。周禮、天官、寺人掌王之內人。注、寺之言侍也。取親近待御之義。

○媟近　謂左右宦寺之臣。卽寺人也。說文、媟、嬻也。媟、音雪。按、媟・暬・褻三字古通用、親近之稱也。

○滋　益也。

左傳、僖公二十五年、晉侯問原守於寺人勃鞮。對曰、昔趙衰以壺飧從徑、餒而弗食。故使處原。鞮、音低、寺人名。趙衰、晉大夫。衰、初危反。按、宦官之禍、唐爲甚焉。其勢始於明皇、盛於肅宗、成於德宗。柳州深有慨於此。此篇則借題譏諷、慮禍之意極深矣。

此篇主意、言晉文信用寺人、羞當時陷後代。蓋借晉文論當時用宦官之弊也。

晉文公既受原於王、（原邑、乃周襄王所賜。）難其守、問寺人勃鞮、（宦官。）以畀趙衰。（賢臣。）〔第一段、說事因。〕余謂、守原、政之大者也。（一節。）所以承天子、樹霸功、致命諸侯、不宜謀及媟近、以忝王命。〔此段主意。〕而晉君擇大任、（二節。）不公議於朝、而私議於宮、不博謀於卿相。而獨謀於寺人。雖或衰之賢、足以守國之政、不爲敗、而賊賢失政〔四字、已胚胎末段陷後代之意。〕之端、由是滋

○外疏　斥也。漢書、霍光傳、盡外我家。

○內豎　內廷之小臣也。周禮、內豎、掌內外之通合凡小事。

○獲原啓疆　左傳、僖公二十六年、晉侯朝王、王（周襄王）與之（文公）溫原之田。晉於是始啓南陽。

○景監得以相衞鞅　史記、商君傳、鞅西入秦、因孝公寵臣景監以求見孝公。語數日不厭。以鞅爲左庶長。秦本紀、注、監、奄人也。

○弘・石得以殺望之　漢書、蕭望之傳、宦官弘恭・石顯等、知望之素高節不詘辱、建白非頗詘望

矣。況當其時、不乏謀議之臣乎。三節。狐偃爲謀臣、先軫將中軍、〔問原守、在僖公二十五年。至二十八年二月、先軫始將中軍。此句誤。〕晉君疏而不咨、外而不求。乃卒定於內豎。其可以爲法乎。〔第二段、專說着當時。故忝・疏・外等字、着當時也。〕且晉君將襲齊桓之業、以翼天子。乃大志也。四節。然而齊桓任管仲以興、進豎刁〔刁、音朝。〕以敗。則獲原啓疆、適其始政、僖公二十五年。所以觀視諸侯也。而乃背其所以興、跡其所以敗。然而能霸諸侯者、五節。以土則大、以力則彊、以義則天子之册也。晉文公、受周襄王册命、爲侯伯。誠畏之矣。魯僖公二十八年。烏能得其心服哉。〔第三段、更引齊桓、對照晉文、論晉文傚齊

之於牢獄、塞其怏怏心、則聖朝無以施恩厚。上乃可其奏、望之竟飲鴆自殺。

○問雖失問　志在得賢也。

○舉非失舉　志在薦賢也。

○況問與舉、又兩失之者　謂問不在於得賢、舉亦不在薦賢也。

○許世子止　左傳、昭公十九年、許悼公疾、飲太子止所進藥而卒。春秋書曰、許世子止弑其君買。

○晉趙盾　盾、徒本反、左傳、宣公二年、趙穿弑靈公。春秋書曰、晉趙盾弑其君夷皐。蓋以秦漢之禍、歸罪於文公、此與不自弑而仍書弑以罪其事相類比。附論之、老吏之手也。韓汝霖曰、唐自德宗懲艾泚賊、故以左右神策天威等軍、委宦者主之、置護軍中尉中護軍、分提禁兵、威柄下

桓用小臣之失而能霸者、由諸侯畏服。以補前段之意。

其後六節。景監、秦孝公時宦官。得以相衛鞅、商鞅。弘・石、弘恭・石顯、二人漢宣帝宦官。得以殺望之。蕭望之。誤之者、晉文公也。【賴山陽云、誤之者晉文公也一句、如斷鐵。】嗚呼七節。得賢臣以守大邑、此指文公。則問雖失問、舉非失舉也。【則問以下、本集・八家文、作則問非失舉也。蓋失問也。】然猶羞當時、陷後代如此。此指秦漢。【第四段、專說陷後代。】況問與舉、又兩失之者。其何以救之哉。余故著晉君之罪、以附春秋許世子止・晉趙盾之義。【第五段、說作此議之由、以總括前數段、遂諷及時事。末句、言責備君子以懲後人。】

謝疊山評　字字經思、句句有法。無一字一句懈怠。此柳文最得意者也。

胡秋宇評　此篇極峻潔、極警拔、但欠舒緩耳。

遷、政在二宦人一。其視二晉文一問二原守於寺人一尤甚。公此議雖レ曰レ論二晉文之失一、其意實憫二當時宦者之禍一。逮二憲宗元和十五年一、而陳弘志之亂作。公之先見、至レ是驗矣。

○朋黨之說、自レ古有レ之。雨山墨談曰、逸周書云、昔有果氏、好以レ新易レ故。新故不レ和、內爭二朋黨一、陰事二外權一。有果氏以亡。朋黨字當レ始二於此一。又見二淮南子、覽冥訓・史記、蘇秦傳・漢書、蕭望之傳一。○辯其。辯下、諸本無二其字一。

朋黨論　　歐陽公

在二諫院一進レ之。仁宗時、杜衍・富弼・韓琦・范仲淹、位二執政一。歐陽修・余靖・王素・蔡襄、爲二諫官一。欲下盡革二弊政一共致中太平上。陳執中・章得象・王拱辰・魚周詢等不レ悅。謀レ傾二陷君子一、首擊二去館職名士十三人一。杜・富・韓・范不レ安。相繼去レ國。小人創二朋黨之說一、欲二盡去一善類。藍元震進二朋黨論一。歐陽公憂レ之、既上レ疏論二杜・富・韓・范皆公忠愛國一、又上二朋黨論一、以破二邪說一。仁宗因而感悟。此篇主意、在レ幸二人君辯一君子小人一。

歐陽公、宋史、歐陽修、字永叔。廬陵人。幼敏悟過レ人。擧二進士一、試二南宮一第一、擢二甲科一、調二西京推官一。始從二尹洙一游、爲二古文一、議二論當世事一、迭相師友。與二梅堯臣一游、爲二歌詩一相倡和。遂以二文章一名二冠天下一。累官至二兵部尚書一、知二青州一、改二宣徽南院使一、判二太原府一。辭不レ拜。徙二蔡州一。熙寧四年、以二太子少師一致仕、五年卒。贈二太子大師一、諡曰二文忠一。有二新唐書・新五代史・詩文義・居士集一。

臣聞、朋黨之說、自レ古有レ之。惟幸三人君辯二其君子小人一而已。（此三句、是一篇主意。）大凡君子與二君子一、以レ同

○雖其兄弟親戚、不能相保。漢書、嚴助傳、夫婦相守、父子相保。

○名節　名譽節操也。漢書、樓護傳、論議常依名節。

道爲朋、小人與小人以同利爲朋。此自然之理也。然臣謂小人無朋。惟君子則有之。此轉最好。其故何哉。小人所好者利祿也。所貪者貨財也。當其同利之時、暫相黨引以爲朋者僞也。初說小人無朋、又生僞朋二字。尤妙。及其見利、則爭先、或利盡、則交疏。甚者反相賊害、雖其兄弟親戚、不能相保。故臣謂小人無朋。其暫爲朋者僞也。君子則不然。所守者道義、所行者忠信、所惜者名節。以之修身、則同道而相益、以之事國、則同心而共濟、終始如一。此君子之朋也。故爲人君者、但當退小人之僞朋、用君子之眞朋、則天下治矣。【第一段、理論。】堯之時、小人共工・驩兜等四人爲一朋、君子八元・八凱十六人爲一朋。（蒼舒・隤敳・檮戭・太臨・尨降・庭堅・仲容・叔達、謂之八凱。伯奮・仲堪・叔獻・季仲・伯虎・仲熊・叔豹・季貍、謂之八元。）舜佐堯、退四凶小人之朋、而進元凱君子之朋、堯之時、天下大治。【此一節、敍堯之退小人、進君子。】及舜自爲天子、而皐・夔・稷・契二十二人、竝列于朝、更相稱美、更相推讓、凡二十二人爲一朋。而舜皆用之、天下亦大治。【此一節、敍舜進君子。】書曰、紂有臣億萬、惟億萬心。周有臣三千、惟一心。紂之時、億萬人各異心、可謂不爲

○小人共工云云　見左傳、文公十八年。凱、作愷。杜注、元、善也。愷、和也。四凶、謂共工・驩兜・鯀・三苗。左傳、作渾沌・窮奇・檮杌・饕餮。注、渾沌、驩兜。窮奇、共工。檮杌、鯀。饕餮、三苗。

○二十二人　書經、舜典、帝曰、咨汝二十有二人、欽哉、惟時亮天功。蔡傳、二十二人、四岳・九官・十二牧也。

○書曰　書經、泰誓篇。

○後漢獻帝時　後漢書、黨錮傳、稱桓靈之閒。沈德潛曰、漢桓帝時、黨部二百餘人下獄。後又禁錮之。靈帝時、殺李膺・范滂等百餘人。至獻帝、獄已解矣。文中偶誤引。

○及黃巾賊起　後漢書、黨錮傳、中平元年、黃巾賊起、中常侍呂彊、言於帝曰、黨錮久積、人情多怨苦。久不赦宥、輕化與張角合謀爲變滋大。悔之無救。帝懼其言、乃大赦黨人、誅徙之家、皆歸故郡。其後黃巾遂盛、朝野崩離、綱紀文章蕩然矣。

朋、矣。〔應小人無朋。〕然紂以此亡國。周武王之臣三千人、爲一大朋。〔應君子有朋。〕而周用以興。後漢獻帝時、盡收天下名士、囚禁之、目爲黨人。〔漢之黨錮、有三君・八俊・八顧・八及・八廚、有張儉・范滂・李膺・郭泰等、爲之魁。〕及黃巾賊起、〔後漢靈帝時、鉅鹿張角以妖術教授、衆十萬、一時俱起。皆著黃巾。時人謂之黃巾賊。〕漢室大亂、後方悔悟、〔桓・靈・獻三朝。〕盡解黨人而釋之。然已無救矣。唐之晚年、漸起朋黨之論、〔前世李德裕之黨、多君子、牛僧儒之黨、多小人。謂之牛李黨。〕及昭宗時、盡殺朝之名士、或投之黃河。〔或、八家文、作咸。〕曰、此輩淸流、可投濁流。〔黃河常濁、拾遺記、黃河一千年一淸。〕而唐遂亡矣。〔朱全忠時、盡殺黨人于白馬驛。第二段、實論。〕夫前世之主、能使人人異心不爲朋、莫如紂。能禁

○治亂興亡、吳楚材云、總繳治亂興亡四字、歸到人君身上、直與篇首惟幸人君句相應。

絕善人之朋、莫如漢獻帝。能誅戮淸流之朋、莫如唐昭宗之世。然皆亂亡其國。天子看到此二句、豈不感悟。更相稱美推讓、而不自疑、莫如舜之二十二人、舜亦不疑而皆用之。然而後世不誚舜爲二十二人朋黨所欺、而稱舜爲聰明之聖者、以其能辯君子與小人也。周武之世、擧其國之臣三千人、共爲一朋。自古爲朋之多且大、莫如周。然周由此而興者、善人雖多而不厭也。嗟呼夫治亂興亡之迹、爲人君者、可以鑒矣。只二句結、絕妙。【第三段、總收。】

○朋黨二字　楊愼曰、君子有朋而無黨。小人有黨而無朋。易曰、朋至斯孚。語曰、有朋自遠方來。朋者、君子之善類也。語曰、君子不黨。又曰、羣而不黨。黨者小人之凶類也。後世朋黨二字連稱、以困君子。名實皆紊矣（升菴外集）

○前漢元帝二年。弘恭・石顯奏、蕭望之・周堪・劉更生朋黨、請召致廷尉。上初立不省廷尉爲獄也。可其奏。後赦望之、欲倚以爲相。恭・顯復誣望之不悔過、懷怨望、非頗屈望之於牢獄（屈下、元板・韓本、無望字、今據漢書補）塞其怏怏心、則聖朝無以施恩厚。遂飮鴆自殺。○後漢桓帝九年、宦官敎張成弟子牢脩告李膺等、養大學游士、交結諸郡生徒、共爲部黨、誹訕朝廷、疑亂風俗。逮捕下黃門監北寺獄。所引二百餘人、禁錮終身。又儒學有行義者、宦官皆指爲朋人、死徙廢禁、又六七百人。○後漢書、黨錮傳、竇武・陳蕃・劉淑、爲三君。君者、言一世之所宗也。李膺・荀昱・杜密・王暢・劉祐・魏朗・超典・朱寓、爲八俊。俊者、言人之英也。郭林宗・宗慈・巴肅・夏馥・范滂・尹勳・蔡衍・羊陟爲八顧。顧者、言能以德行引人者也。張儉・岑晊・劉表・陳翔・孔昱・范康・檀敷・翟超、爲八及。及者、言其能使人追宗者也。度尙・張邈・劉儒・胡母班・泰周・蕃嚮・王章・王孝、爲八廚。廚者、言能以財救人者也（中略）而儉爲之魁。○唐昭宗天祐二年。貶裴樞・崔遠・獨孤損・陸扆・王溥・趙崇・王贊等。其餘皆指爲浮薄貶逐無虛日。搢紳一空。

呂東萊評　議論出人意表。大凡作文妙處、直臻神解。至朋黨論、風骨俱全。

顧廻瀾評　歐廬陵朋黨論、法至嚴而語至易。至嚴所以別君子小人。至易所以見忠誠剛正。歐公之文、前儒所未有也。

縱囚論

歐陽公

通鑑、唐紀、太宗貞觀六年、十二月辛未。帝親錄繫囚、見應死者閔之、縱使歸家、期以來秋來就死。仍敕天下死囚皆縱遣、使至期來詣京師。七年九月、去歲所縱天下死囚凡三百九十人、無人督帥、皆如期自詣朝堂、無一人亡匿者。上皆赦之。按後漢書、獨行傳、戴封遷中山相時、諸縣囚四百餘人、辭狀已定、當行刑。封哀之、皆遣歸家、與剋期日、皆無違者。詔書褒美焉。又見虞延傳・鍾離意傳。太宗事、蓋倣之也。

此篇主意、言縱囚爲求名。而其求名、從非人情非常法見出。沈德潛曰、怨女三千放出宮、死囚四百來歸獄（白樂天、七德舞樂府之句）此太宗盛德。而歐公以爲不近人情者、緣不可爲常。恐後世藉口以行其好名之學也。

信義行於君子、而刑戮加於小人。〔加、本集作施。〕刑入于死者、乃罪大惡極。此又小人之尤甚者也。寧以義死、不苟幸生。而視死如歸、此又君子

○視死如歸　大戴禮、曾子制言篇、君子視死如歸。

○錄 漢書、雋不疑傳、錄囚徒。顏注、省錄之、知其情狀有寃滯與不也。

○難能 指信義。

○是君子之所難、而小人之所易也 所難、不求僥倖也。所易、求僥倖也。三國魏志、聖人以爲難、而徐公之所易也。

○然安知夫縱之去也 此原太宗意。言恐非恩德。

○又安知夫被縱而去也 此原囚者意。言恐非信義。

之尤難者也。方唐太宗之六年、錄大辟囚三百餘人縱使還家、約以自歸以就死。是以君子之難能、責其小人之尤者、以必能也。其囚及期、而卒自歸無後者。是君子之所難、而小人之所易也。此豈近於人情哉。〔第一段、論不近人情。〕頼山陽云、情字、是一篇命根。

或曰、罪大惡極、誠小人矣。及施恩德以臨之、可使變而爲君子。蓋恩德入人之深、而移人之速、有如是者矣。曰、太宗之爲此、所以求此名也。〔此一句、一篇主意。〕然安知夫縱之去也、不意其必來以冀免、所以縱之乎。又安知夫被縱

○賊　林西仲曰、賊、猶盜賊探人之物而取之也。

○不然　言不求名。

○不通之論　不通用之論也。指或辨解。

而去也、不意其自歸而必獲免、所以復來乎」。夫意其必來而縱之、是上賊下之情也。意其必免而復來、是下賊上之心也。吾見上下交相賊、以成此名也。烏有所謂施恩德與夫知信義者哉」。不然、太宗施德於天下、於茲六年矣。不能使小人不爲極惡大罪、而一日之恩、能使視死如歸、而存仁義。此又不通之論也」。

【第二段、設問答、論所以求名。是主意。

然則何爲而可。曰、縱而來歸、殺之無赦、而又縱之、而又來、則可知爲恩德之致爾。然此必無之事也」。若夫縱而來歸、而赦

○不逆情以干譽、收上文豈近人情哉語。

〔趙盾弑其君夷皐〕見左傳、宣公二年。夷皐、靈公也。

之、可偶一為之爾。若屢為之、則殺人者皆不死。是可為天下常法乎。不可為常者、其聖人之法乎。是以堯舜三王之治、必本於人情。不立異以為高。不逆情以干譽。

〔第三段、假設處置、歸到非常法。非常法。故不近人情也。故說堯舜三王本人情從常法、反應首段收之。賴山陽云、結處壁立千仞。

謝疊山評　文有氣力、有光燄。熟讀之、可發人才氣、善於立論。

春秋論

歐陽公

春秋書趙盾弑其君夷皐。左傳謂、趙穿弑靈公。趙盾為正卿、亡不越境、入不討賊。故董狐書曰、趙盾弑其君。○左傳、宣公二年、仲尼曰、董狐、古之良史也。書法不隱。趙宣子、古之良大夫也。為法受惡。惜也越境乃免。

歐公春秋論三篇、此其下篇也。主意、言春秋書法謹嚴、善惡是非分明、不使人難辨。

弑逆大惡也。〔大惡二字、一篇眼目。〕其爲罪也莫贖、其於人也不容。其在法也無赦。法施於人、雖小必謹。〔謹、本集・八家文、作愼。〕況擧大法而加大惡乎。既輒加之、又輒赦之、則自侮其法、而人不畏。春秋用法、不如是之輕易也。〔揭主意。〕三子說春秋、〔左丘明・公羊高・穀梁赤。〔春秋正義、初孔子授春秋于卜商、又授之公羊高・穀梁赤。又各爲之傳、則今公羊・穀梁二傳是也。書趙盾以不討賊、故加之大惡。而以盾非實弑、則又復見乎經、以明盾之無罪。是輒加之而輒赦之爾。以盾爲無弑心乎、二案。其可輕以大惡加之。以盾不討

○其爲罪也莫贖　禮記、檀弓曰、臣弑其君、凡在官者、殺無赦。子弑其父、凡在官者、殺無赦。殺其人、壞其室、洿其宮而豬焉。蓋君踰月而后擧爵。
○不容　人不容也。

○自侮其法、而人不畏　孟子、離婁上篇、人必自侮、然後人侮之。

○又復見乎經　宣公六年、經、春、晉趙盾衞孫免侵陳。公羊傳曰、趙盾弑君、此其復見何。親弑君者趙穿也。親弑君者趙穿、則曷加之趙盾。不討賊也。
○是輒加之而輒赦之爾　此駁三傳用法之輕易非聖意。

○頑然 無知覺貌。
○何爲遽赦使同無罪之人 謂盾後見經文。
○進退 進、指第一案、退、指第二案。
○二者 穿・盾也。
○不較 較、音孝、與校通。比較也。
○就使 假說之辭。
○首罪 穿也。
○無辜者 盾也。

賊、情可責、而宜加之乎、三案。則其後頑然未嘗討賊。既不改過以自贖。何爲遽赦使同無罪之人。其於進退、皆不可。此非春秋意也。趙穿弑君、大惡也。盾不討賊、不能爲君復讐、而失刑於下。二者輕重、不較可知。就使盾爲可責、然穿焉得免也。今免首罪爲善人、使無辜者受大惡。此決知其不然也。春秋之法、使爲惡者不得幸免、疑似者有所辨明。此所謂是非之公也。據三子之說、初靈公欲殺盾。盾走而免。穿盾族也。遂弑公。而盾不討。其迹涉於與

○不得曰爲法受惡　駁左傳載孔子之言。

○逆詐　論語、憲問篇、不逆詐、不億不信。朱注、逆、未至而迎之也。
○矯激　矯僞過激也。

弑矣。此疑似難明之事、聖人尤當求情責實而明白之。使盾果有弑心乎、則自然罪在盾矣。不得曰爲法受惡、而稱其賢也。使果無弑心乎、則當爲之辨明、必先正穿之惡、使罪有所歸、然後責盾縱賊。則穿之大惡、不可幸而免。盾疑似之迹獲辨、而不討之責、亦不得辭。如此則是非善惡明矣。今爲惡者獲免、而疑似之人、陷于大惡。此決知其不然也。若曰盾不討賊、有幸弑之心、與自弑同。故寧捨穿、而罪盾、此乃逆詐用情之吏、矯激之爲爾。非孔

○令舊史如此、指罪盾免穿。
○稱美指爲法受惡。

子忠恕、春秋以王道治人之法也。孔子患舊史是非錯亂、而善惡不明。所以修春秋。就令舊史如此、其肯從而不正之乎。其肯從而稱美、又教人以越境逃惡乎。此可知其繆傳也。〔明春秋本意。〕問者曰、然則夷皐孰弒之。曰、孔子所書是矣。趙盾弒其君也。〔第一段、論盾。〕

今有一人焉、父病、躬進藥而不嘗。又有一人焉、父病、而不躬進藥。而二父皆死。又有一人焉、操刃以殺其父。使吏治之、是三人者、其罪同乎。曰、雖庸吏猶知其不可同也。躬藥而不嘗者、有愛父之心、

○不習於禮　禮記、曲禮篇、君有疾飲藥、臣先嘗之。親有疾飲藥、子先嘗之。

○使善治獄者蔽之　蔽、定罪也。小爾雅、蔽、斷也。周禮、大司寇、以邦成弊之、司農注、弊之斷其獄訟也。蔽・弊通。

○許世子止　春秋、昭公十九年、經、夏五月戊辰。許世子止弑其君買。左傳曰、夏許悼公瘧。五月戊辰。飲太子止之藥卒。太子奔晉。書曰弑其君。君子曰、盡心力以事君、舍藥物可也。杜注、藥物有毒、當由醫、非凡人所知。譏止不舍藥物所以加弑君之名。

○非不嘗藥　言實知其毒而進之。

而不習於禮。是可哀也。無罪之人爾。不躬進藥者、誠不孝矣。雖無愛親之心、然未有弑父之意。使善治獄者蔽之、猶當與操刃殊科。況以躬藥之孝、反與操刃者同其罪乎。此庸吏之所不爲也。然則許世子止實不嘗藥、則孔子決不書曰弑君。孔子書弑君、則止決非不嘗藥。〔第二段、結穴。〕

難者曰、聖人借止以垂教爾。對曰、不然。夫所謂借止垂教者、不過欲人之知嘗藥爾。聖人一言、明以告人、則萬世法也。何必加孝子以大惡之名。又嘗藥之事、卒不見於〇許悼公曷爲書葬左傳、昭公十九年、經、冬葬許悼公。
〇呉敗許師。昭公二十三年、經、呉敗頓胡沈蔡陳許之師于雞父。
〇許男始見於經。定公四年、經、公會許男于召陵、侵楚。
〇不名謂不知爲誰。
〇略矣云云謂討止罪而略之、亦不可知。

文、使後世但知止爲弑君、而莫知藥之當嘗也。教未可垂、而已陷人於大惡矣。聖人垂教、不如是之迂也。果曰罪止、不如是之刻也。難者曰、曷爲盾復見于經、許悼公曷爲書葬。曰、弑君之臣、不見經、此自三子說爾。果聖人法乎。悼公之葬、且安知其不討賊而書葬也。自止以弑見經後四年、呉敗許師、又十有八年、當魯定公之四年、許男始見於經、而不名。許之書於經者略矣。止之事跡、不可得而知也。難者曰、三子之說、非其臆出也。其得於所

○傳聞何可盡信　孟子、盡心下篇、盡信書不如無書。

○尹氏卒　公羊、隱公三年、經、夏四月辛卯、尹氏卒。穀梁經同。公羊傳曰、尹氏者何也。天子之大夫也。其稱尹氏何。貶。曷爲貶。譏世卿。世卿非禮也。外大夫不卒。此何以卒。天王崩、諸侯之主也。穀梁傳、尹氏者何也。天子之大夫也。外大夫不卒。此何以卒之也。於天子之崩、爲魯主。故隱而卒之。左氏、經、夏四月辛卯。君氏卒。左傳、夏君氏卒。聲子也。不赴於諸侯、不反哭於寢、不祔於姑。故不曰薨。不稱夫人。故不言葬。不書姓。爲公故曰君氏。

〔胡瑗〕字翼之。宋大儒、學者稱安定先生。

〔孫明復〕名復、學春秋、著春秋尊王發微十二篇。

傳如是。然則所傳者、皆不可信乎。曰、傳聞何可盡信。公羊・穀梁以尹氏卒、爲正卿、左氏以尹氏卒、爲隱母、一以爲男子、一以爲婦人。得於所傳者、蓋如此。是可盡信乎。〔第三段、設難問、合論盾・止。盡餘意。〕

李方叔評　歐公作春秋論、最得春秋之法。蓋公學春秋於胡瑗・孫明復、故褒貶謹嚴、雖司馬子長、無以復加。不幸五十二年之間、皆夷狄亂華。君臣之際、無赫奕可道之功業也。

白志宏評　讀歐陽公之文、端嚴而不刻、溫厚而不泛。太平之氣、鬱然見於毫楮間。

沈德潛評　前半論趙盾實弑君、後半論許世子非不嘗藥、申解首篇趙盾・許世子二事。筆鋒所到、斬盡葛藤、誅亂賊于既死。此文有焉。

〔抑揚〕先抑後揚也。漢晉人以音調言。蔡邕、琴賦、左手抑揚、右手裵回。又云、繁絃既抑、雅韻乃揚。是也。後世專以文勢言。柳子厚抑之欲其奥、揚之欲其明。是也。

〔頓挫〕先揚後抑也。以其不可名揚抑、而名頓挫。其實無二義也。唐彪曰、文章無一氣直行之理。一氣直行、則不但無飛動之致、而且難生發。故必用一二語頓之、以作氣勢。(此頓字須作振頓之頓字看。)或以一二語挫之、以作止勢、而後可施開拓轉折之意。此文章所以貴乎頓挫也。若以頓作住字解、則誤矣。後漢書、鄭孔荀傳贊、北海天逸、音情頓挫。注、頓挫、猶抑揚也。

〔程文〕程程式之義。陔餘叢考、以擧子之作、爲程文。自唐五代已然。

〔侯・王〕一本作放膽。

補註 文章軌範 卷之三 〔將字集〕

小心文

議論精明而斷制、文勢圓活而婉曲。有抑揚、有頓挫、有擒縱。場屋程文、論當用此樣文法。先暗記侯・王兩集、下筆無滯礙、便當讀此。

管仲論　　蘇老泉

此篇主意、言管仲不擧賢自代、故齊國大亂。故賢者字眼。茅鹿門曰、通篇只罪管仲不能臨沒薦賢。

蘇老泉、蘇洵、字明允。眉州眉山人。年二十七、始發憤爲學。歲餘擧進士、又擧茂才異等、皆不中。悉焚常所爲文、閉戸益讀書。遂通六經百家之說、下筆頃刻數千言。至和・嘉祐閒、與其二子軾・轍皆至京。既翰林學士歐陽修、上其所著書二十二篇。既出、士大夫爭傳之、一時學者競效蘇氏爲文。爲霸州文安縣主簿、與陳州項城令姚闢同修禮書。卒年五十八。贈光祿寺丞。有蘇老泉先生集二十卷、附錄二卷・諡法三卷。庭立紀聞曰、東坡嘗自號老泉。以蘇氏先塋有老人泉也。則後人以稱老蘇誤矣。

管仲相二威公一、霸二諸侯一、攘二戎狄一。終二其身一、齊國富強、諸侯不二敢叛一。管仲死、豎刁・易牙・開方用。威公薨二於亂一。五公子爭レ立。其禍蔓延、訖二簡公一、齊無二寧歲一。公子武孟・公子元・公子潘・公子商人・公子雍・公子昭。昭立是爲二孝公一。故曰二五公子一。【第一段、前敍。】夫功之成、非レ成二於成之日一。蓋必有レ所二由起一。禍之作、不レ作二於作之日一。亦必有レ所二由兆一。文有二斷制一。故齊之治也、吾不レ曰二管仲一、而曰二鮑叔一。鮑叔薦二管仲一、威公用レ之。及二其亂一也、吾不レ曰二豎刁・易牙・開方一、而曰二管仲一。何則豎刁・易牙・開方三子、彼固亂二人國一者。顧其用レ之者、威公也。夫有二舜一、而後知レ放二四凶一、有二仲尼一、而後

○管仲相二威公一　管子、內言篇、桓公用二管仲一、合二諸侯一、伐二山戎一、攘二白狄之地一、遂至二西河一。故中國諸侯莫レ不二賓服一。」威公、本集作二桓公一。胡秋宇曰、宋避二欽宗諱一、改二桓爲一レ威。然老泉死、在二靖康之前一。不レ應レ預知二廟諱一。必傳寫者、追改レ之耳。

○五公子　事見二左傳、僖公十七年一。

○簡公　自二桓公一十一傳而至二簡公一、爲二陳恆所一レ弑。史記齊世家、立二悼公子壬一、是爲二簡公一。年表以二簡公一爲二景公之子一。

○夫功之成云云　語本二于易經文言傳一。云二其所一レ由來者漸矣。

○曰二鮑叔一　此說二治之所一由起、應二功字一。是客。鮑叔薦二管仲一事、見二左傳、莊公九年・史記管仲傳一。

○曰二管仲一　此說二亂之所一由兆、應二禍字一。是主。

○放二四凶一　書經、舜典篇、流二共工于幽州一、放二驩兜

知去少正卯。〔言不患有四凶・少正卯、而患無舜・仲尼。〕彼威公何人也、顧其使威公得用三子者、管仲也。仲之疾也、公問之相。當是時也、吾意以、仲且擧天下之賢者以對。而其言乃不過曰豎刁・易牙・開方三子、非人情、不可近而已。嗚呼、仲以爲威公果能不用三子矣乎。仲與威公處幾年矣。亦知威公之爲人矣乎。威公聲不絶乎耳、色不絶於目。而非三子者、則無以遂其欲。彼其初之所以不用者、徒以有仲焉耳。一日無仲、則三子者可以彈冠而相慶矣。仲以爲將死之言、

于崇山、竄三苗于三危、殛鯀于羽山。四罪而天下咸服。」又見左傳文公十八年。

○去少正卯　荀子、宥坐篇、孔子爲魯攝相、朝七日、而誅少正卯。又見史記、魯世家・家語、始誅篇。

○彼威公何人也　此言威公非有舜・仲尼之知、不待言矣。以伏下威公聲不絶於耳云云句。

○吾意以　呂本、無意字。注云、時本有意字。沈本、亦無意字。按語忙、無之尤妙。

○且　呂覽、注、且、將也。

○非人情不可近而已　史記、齊世家、管仲病。桓公問曰、羣臣誰可相者。管仲曰、知臣莫如君。公曰、易牙如何。對曰、殺子以適君、非人情、不可。公曰、開方如何。對曰、倍親以適君、非人情、難近。公曰、豎刁如何。對曰、自宮以適君、非人情、難親。

○嗚呼　此嘆仲之失言。

○仲以爲威公果能不用三子矣乎、就桓公爲人言。應威公何人也句。
○彈冠　荀子、不苟篇、新浴者振其衣、新沐者彈其冠。漢書、王吉傳、世稱王陽在位、貢公彈冠。注、彈冠者、言且入仕也。
○縶　陟立切、繫也。
○齊國不患有三子、而患無仲　應其初之不用者以有仲爲句。
○五伯莫盛於威・文　伯、必駕切、同霸。五伯、齊桓・晉文・秦穆・宋襄・楚莊也。伯、後人恐與侯伯字溷、故借霸字別之。孟子、告子下篇、五霸桓公爲盛。
○文公之才不過威公　是抑。
○靈公之虐　左傳、宣公二年、晉靈公不君。厚斂以雕牆。從臺上彈人、而視其避丸也。宰夫胹熊膰不熟。殺之。
○文公死、諸侯不敢叛晉　是揚。
○老成人　舊賢臣也。詩

可以縶威公之手足耶。夫齊國不患有三子、而患無仲。有仲、則三子者、三匹夫耳。不然、天下豈少三子之徒哉。雖威公幸而聽仲、誅此三人、而其餘者、仲能悉數而去之耶。嗚呼、仲可謂不知本者矣。【本字、承前文禍之所由兆字。因威公之問、擧天下之賢者、以自代、則仲雖死、而齊國未爲無仲也。夫何患三子者。不言可也」。此一段、是代管仲爲謀。文章最高處。既攻擊管仲、須是思量吾身生管仲之時、居管仲之位、爲管仲之事、當如何處置。必有一策。東坡作晁錯論・范增論、皆用此法。【第二段、論仲宜擧賢自代、豫防齊國之亂。而自亂說入、是逆入法。

五伯莫盛於威・文。文公之才、不過威公。其臣又皆不及仲。狐偃・趙衰・先軫・陽處父。靈公之虐、

（文公孫。）不レ如二孝公之寛厚一。（威公子。）文公死、諸侯不二敢叛一レ晉。晉襲二文公之餘威一、猶得レ爲二諸侯之盟主一百餘年。何者、其君雖二不肖一、而尚有二老成人一焉。「威公之薨也、一敗塗レ地。無レ惑也。彼獨恃二一管仲一、而仲則死矣」。「夫天下未三嘗無二賢者一。蓋有下有レ臣而無レ君者上矣。威公在焉、而曰四天下不三復有二管仲一者、吾不レ信也」。【第三段、引レ客形レ主、明二管仲之罪一。】仲之書、有レ記下其將レ死、論二鮑叔・賓胥無之爲一レ人、且各疏中其短上。（此事見二管子一。）是其心以爲、是數子者、皆不レ足二以托一レ國、而又逆知二其將一レ死。則其書誕謾不レ足レ信也」。【第四

經、大雅蕩篇、雖レ無二老成人一、尚有二典刑一。

○一敗塗レ地　史記、高祖紀、今置レ將不レ善、壹敗塗レ地。索隱曰、言三一朝破敗、使二肝腦塗一レ地。

○無レ惑也　言レ不レ容レ疑、惑、疑怪也。孟子、告子上篇、無レ或二乎王之不一レ智也。或與レ惑同。

○而曰四天下不三復有二管仲一者、吾不レ信也　不下擧二天下之賢者一以自代上、仲不レ得レ辭二其責一也。

○仲之書云云　管子、戒篇、管子寢レ疾。桓公往問レ之。曰、仲父之疾甚矣。若不レ可レ諱、政將二安移一レ之。管仲對曰、鮑叔之爲レ人也、好直而不レ能下以レ國屈中。賓胥無之爲レ人也、好善而不レ能下以レ國詘上（中略）無巳者隰朋其可乎云云。」仲僅論二是數子一。若レ謂下當時無レ賢者、不上レ足レ指數、則既是一概之論。此則使二其書果足一レ信。仲固不レ得レ辭二其責一也。

○其書誕謾　通鑑外紀、引傳子曰、管仲之書、過半便是後之好事者所加。乃說管仲死後事。四庫全書簡明目錄云、舊本、周管仲撰。然多言管子後事。蓋後人附益者多。故其中往往有鄙語。

○蕭何且死　史記、蕭相國世家、及何病、孝惠自臨視、因問曰、君卽百歲後、誰可代君者。對曰、知臣莫如主。孝惠曰、曹參何如。何頓首曰、帝得之矣。

○彼管仲者何以死哉　未擧賢者、未足償大臣之責、則不宜有死。

段、自寒釁隙。古文關鍵曰、此段脫隰朋一事。按、管仲臨死薦隰朋。桓公不用之。事見韓非子、十過篇・莊子、徐無鬼篇。又詳于管子、戒篇。

吾觀史鰌、以不能進蘧伯玉而退彌子瑕。故有身後之諫。蕭何且死。擧曹參以自代。大臣之用心、固宜如此也。〔先得此二事爲證、然後立論。〕一國以一人興、以一人亡。賢者不悲其身之死、而憂其國之衰。故必復有賢者而後可以死。彼管仲者何以死哉。〔第五段、引典故反照、以責管仲不用賢者而死、收主意。〕

〔而又逆知其將死　文體明辨、引管仲論、此句上、有獨隰朋可用之五字。古文關鍵注、此句上疑有脫誤。所謂逆知其將死者、必指隰朋而言也。管子對桓公之問、盛稱隰朋。而憂其將死、喟然嘆曰、天之生朋、以爲夷吾舌也。其身死、舌焉得生哉。管子卒十月、而隰朋亦卒。老泉之意、必謂仲論數子皆不足托國。惟以隰朋爲可。而又逆知其將死。是終無一人也。人之死生豈可逆料。爲大臣者、但薦所當薦。不可以此阻人君用人之心。身舌之說、正所謂誕謾不足信者。若非指隰朋而言、則逆知其將死、又云誰也。

〔史鰍大戴禮、保傅篇、衞靈公之時、蘧伯玉賢而不用。彌子瑕不肖而任事。史鰌(鰌通鰍)患之。數言蘧伯玉賢、而不聽。病且死、謂其子曰、我即死治喪北堂。吾生不能進蘧伯玉、而退彌子瑕。是不能正君者、死不當成禮。而置屍於北堂、於我足矣。靈公往弔問其故。其子以父言聞。靈公造然失容曰、吾失矣。立召蘧伯玉、而貴之。召彌子瑕而退之。徙喪於堂、成禮而去。衞國以治。

樓迂齋評

老泉諸論中、惟此論最純正。開闔抑揚之妙、責管仲最深切。意在言外。

賴山陽評

欲說正意、而故引證故事爲游衍勢。是老泉家法。東坡最善爲之。(按此法、先秦已有之。莊子、逍遙游篇、適莽蒼者三飡而反。腹猶果然。適百里者宿舂糧、適千里者三月聚糧。之二蟲又何知。又曰、鷦鷯巢於深林、不過一枝、偃鼠飲河、不過滿腹。歸休乎君、予無所用天下爲。韓非子、五蠹篇、十仞之城、樓季不能踰者、峭也。千仞之山、跛牂易牧者、夷也。故明主峭其法、而嚴其刑也。顯學篇、夫嚴家無悍虜、而慈母有敗子、吾以此知威勢之可以禁暴、而德厚之不足以止亂也。是先引證譬喩・典故・詩書等、而後入正意者、其例甚多、不可枚擧也)

○高祖、權書、作高帝。是也。作高祖者、後世追改耳。
○挾數用術、古文關鍵、注、平凡六出奇計。且自謂吾多陰謀。其術數可知。
○足、一本作指。
○揣摩、史記、蘇秦傳、期年以出揣摩。注、高誘曰、揣、定也。摩、合也。說文、揣、量也。稱量忖度之義。初委翻。
○劫制項羽、關鍵、注、良說漢王、燒絕棧道、示天下無還心、以固項羽意。又、以齊反書遺羽。羽以故擊齊。漢王得以經略關東。其劫制項羽、皆此類也。
○木强、不和柔貌。漢書、周昌傳贊、注、言其强質如木石然。
○智明於大、應後世子孫之計。
○暗於小、小、指陳・張之

高祖論

蘇老泉

此篇主意、言高帝之智、明于大。故能爲身後規畫處置。卽爲惠帝存呂氏一也。斬樊噲削呂氏黨二也。遺周勃備呂氏禍三也。然要之三事皆爲呂氏規畫也。

漢高祖、挾數用術、以制一時之利害、不如陳平。揣摩天下之勢、擧足搖目、以劫制項羽、不如張良。微（無）也。此二人、則天下不歸漢。而高帝乃木强（上聲）之人而止耳。然天下已定、後世子孫之計、陳平・張良智之所不及、則高帝常先爲之規畫處置、使夫後世之所爲、曉然如目見其事、而爲之者。蓋高帝之智、明於大而暗智。應不如陳平・張良。
○語呂后 見史記、高祖紀。
○太尉 漢書、百官表、太尉、秦官、金印紫綬、主武事。
○臣 韓本作吾。末句臣亦同。
○知有呂氏之禍也 此帝之智明於大、不知勃之遺憂、此帝智暗於小也。
○勢不可也 時未可去。
○昔者武王沒 比高帝。
○成王幼 比惠帝。
○三監 周武王勝殷殺紂、立紂子武庚、而使管叔・蔡叔・霍叔監其國。武王崩、成王幼。三叔與武庚叛。三監乃謂三叔也。書經、大誥篇、正義、漢書、地理志云、周既滅殷分其地畿內、爲三國。詩邶・鄘・衛是也。邶以封紂子武庚、鄘管叔尹之、衛霍叔尹之、以監殷民。謂之三監。
○帝意百歲後 應武王

於小。至於此而後見也。此一段如論之冒頭。【第一段、論高帝智明于大、能爲死後之計。是大意。

帝嘗語呂后曰、周勃厚重少文。然安劉氏必勃也。可令爲太尉。方是時、劉氏安矣。勃又將誰安耶。故臣之意曰、高帝之以太尉屬勃也、知有呂氏之禍也。此一問、可見老泉讀書有眼力、作文有筆力。衆人讀漢書、然安劉氏必勃可令爲太尉二句、只說高帝知勃重厚、可當大事。誰能思量劉氏既安矣、勃又將誰安耶。高帝之以太尉屬勃也、知有呂氏之禍也四句。老泉學識未易及也。

雖然、其不去呂后何也。勢不可也。昔者武王沒、成王幼、而三監叛。帝意百歲後、將相大臣、及諸侯王、有如武庚祿父、而無有以制之也。獨計以爲、家有主母、而豪奴悍婢、不敢與弱

沒。
○將相大臣　應三監叛。
○主母　正妻也。又妾稱妻之語。史記、蘇秦傳、妾欲言酒之有藥、則恐其逐主母也。
○呂氏佐帝定天下　史記、呂后紀、呂后爲人剛毅、佐高祖定天下。所誅大臣、多呂后力。
○欲斬之而無疑　爲後世子孫之計、莫如削呂氏黨。此帝之智明於大處。
○拔城陷陣　就噲之功而論、尤不宜遽斬之。
○方亞父嗾項莊時　亞父、范增也。釋文、嗾、素口翻。說文、嗾、使犬聲、从口、族聲。左傳、宣公二年、公嗾夫獒焉。
○微噲譙羽　按、史記、樊噲傳、亞父(范增)謀欲殺沛公、令項莊拔劍舞坐中、欲擊沛公。項伯常屏蔽之。樊噲聞事急、直撞入營、因責讓項羽。羽默然。沛公如廁、間走歸霸

子抗。呂氏佐帝定天下、爲諸將大臣素所畏服。獨此可以鎭壓其邪心、以待嗣子之壯。故不去呂后者、爲惠帝計也。（又揣摩高帝不去呂后之意、作一段議論。皆是駕空憑虛、自出新意。無中生有、文法最高。○此一段、如論之原題。）呂后既不可去。故削其黨以損其權、使雖有變、而天下不搖。是故以樊噲之功、一旦遂欲斬之而無疑。嗚呼、彼獨於噲不仁耶。且噲與帝偕起、拔城陷陣、功爲不少。方亞父嗾項莊時、微噲譙羽、（本集・八家文、譙下有讓字。讓、以辭相責也。）則漢之爲漢、未可知也。一旦人有惡噲欲滅戚氏者。時噲出伐燕。立命平勃、卽軍中斬之。夫

上軍。是日微噲犇入營誚讓項羽、沛公事幾殆。索隱、誚、責也、亦或作譙。蒼頡篇、譙、訶也。
○惡 謂毀讒言其惡也。
○誠僞未必也 就事實而論、亦不宜遽斬之。
○不以一女子斬天下功臣 一女子、謂戚姬。就帝爲人而論、亦必不遽斬之。
○彼其娶於呂氏 彼其以下欲斬噲而無疑、高帝逆知呂氏之禍、而噲娶於呂氏、若一旦合謀事不可爲。不如削其黨以損其權。此所以欲斬噲而不疑。要皆爲後世子孫之計也。高帝之規畫處置、以中後世之所爲。其智明於大于此見之矣。
○堇毒草、烏喙也。林西仲曰、坊本、堇字作毒字、誤。
○其毒可以治病 應鎮壓其邪心、以待嗣子之壯。

噲之罪、未形也。惡之者誠僞、未必也。且帝之不以一女子、斬天下之功臣、亦明矣。彼其娶於呂氏。呂氏之族、若產祿輩、皆庸才不足卹。獨噲豪傑、【卹、本集・八家文、作恤。傑、作健。】諸將所不能制。後世之患、無大於此者矣。【本以下高帝病中、命平勃斬樊噲事、有所見。遂作高祖論。前面不說破畢。逐節出新意。立奇論、直到此方入事。】

夫高帝之視呂后、猶醫者之視堇也。使其毒可以治病、而不至於殺人而已。噲死、則呂氏之毒、將不至於殺人。高帝以爲、是足以死而無憂矣。彼平勃者、遺其憂者也。噲之死於惠帝之六年、天也。使其尚在、則呂祿不

○不至於殺人而已　使惠帝得立。
○彼平勃者遺其憂者　也謂平勃不知帝意而活噲。
○噲之死於惠帝之六年　史記、樊噲傳、孝惠六年、樊噲卒。謚爲武侯。
○呂祿不可給云云　見漢書、高后紀。給、音貸、欺誑也。
○太尉不得入北軍矣　漢書、高后紀、太尉勃與丞相平謀、乃使酈寄給說呂祿、使祿歸將印、而以兵授太尉勃。故勃得入北軍也。太尉不得入北軍、則高帝以太尉屬之意荒矣。
○噲於高帝最親　史記、樊噲傳、噲以呂后女弟呂須爲婦。生子伉。故其比諸將最親。
○皆南面稱孤　韓信王楚、黥布王淮南、盧綰王燕。
○皆相繼以逆誅　見史記、高祖紀・淮陰侯・黥布・

可給。太尉不得入北軍矣。」此一段、如論之講題。【第二段、實論高帝之大智規畫。或謂噲於高帝最親。使之尚在、未必與產祿叛。夫韓信・黥布・盧綰、皆南面稱孤。而綰又最爲親幸。然及高祖之未亡也、皆相繼以逆誅。誰謂百歲之後、椎埋屠狗之人、見其親戚得爲帝王、而不欣然從之耶。臣故曰、彼平勃者、遺其憂者也。此一段、如論之結尾。【第三段、自塞釁隙、是餘波。

此篇以高帝命平勃、即軍中斬樊噲一事、立一篇議論。斬樊噲、如一篇題目、命周勃爲太尉一事、如論之原題。高帝不去呂后者、正爲惠帝計。斬樊噲可以去呂氏之黨、制呂氏之變。論之主意。

【故不去呂后者　此高帝之智、明於大也。能改齋漫錄云、按、唐李德裕、羊祜、留賈充論云、漢高不去呂后、亦近于是。漢高嬖戚姬、愛如意。思其久安之計、至盧綰列傳。

于悲歌不樂。豈不知除去呂后、必無後禍。況呂后年長、有過稀復進見。漢高弃之、如去塵垢。實以惠帝闇弱必不能自攬乾綱、其將相皆平生故人、俱起豐沛、非呂后剛强、不能臨制。所以存之爲社稷也。乃知老蘇本此。

【卽軍中斬之】史記、樊噲傳、盧綰反。高帝使噲擊燕。是時高帝病甚。人有惡噲黨於呂氏。卽上一日宮車晏駕、則噲欲以兵盡誅戚氏趙王如意之屬。高帝聞之大怒。乃使陳平載絳侯代將、而卽軍中斬噲。陳平畏呂后、執噲詣長安。至則高祖已崩。呂后釋噲。

【綰又最爲親幸】史記、盧綰傳、盧綰者、豐人也。與高祖同里。盧綰親與高祖太上皇相愛。及生男、同日生。出入臥內。衣被食飮賞賜、羣臣莫敢望。雖蕭・曹等、特以事見禮。至其親幸、莫及盧綰。

【椎埋屠狗】史記、酷吏傳、王溫舒者陽陵人也。少時椎埋爲事。注、椎埋、椎殺人而埋之。或謂發冢。史記、樊噲傳、樊噲者沛人也。以屠狗爲事。正義曰、時人食狗、亦與羊豕同。故噲專屠以賣之。

謝疊山評　此論因高祖命平勃卽軍中斬樊噲事、有所見、遂作一段文字。知有呂氏之禍、而用周勃、不去呂后二事、皆是窮思極慮、刻骨作文。非淺學所到。必熟讀暗記、方知其好。

○公私二字　藤森弘庵曰、首段先揭賞罰是非公私道位八字立案。公私二字、是關鍵。

高季迪評

人所壯噲者、不過以其擁盾提劍、脫戲下之急耳。余竊以噲有可賢者。初沛公入咸陽也、見秦宮室帷帳寶貨婦女、欲留之。因噲諫、還屯霸上。此眞有帝王施爲氣象。及高帝既老、托疾絕羣臣。噲排闥數語有大臣風。非灌絳諸人比也。而或者乃以帝嘗欲殺噲、恐百歲後從呂氏叛也。嗟夫、噲起屠狗至封侯、亦足矣。況其賢如是乎。論者誠刻矣哉。

春秋論

蘇老泉

此篇主意、言夫子以賞罰之權與魯。文雖雄、而論則僻也。賴山陽曰、揣摩聖人之意、強詞奪理。六經論中最用意之文、而最背理之論也。沈歸愚以醇正稱之何也。吳初月曰、此篇其詞則美矣。其論則未篤也。魯、諸侯之國也。而曰以天子之權與之。是與其僭也。子曰、魯之郊禘非禮也。周公其衰矣。魯之僭不以周公之後寬之也。後儒以夫子作春秋爲假南面之權。既失其旨、而復有黜周王魯之說。其益不達於理乎。

賞罰者、天下之公也。是非者、一人之私也。位之所在、則聖人以其權爲天下之公、而天下以懲以勸。道之所在、則聖人以其權爲一人之私、而天下以榮以辱。周之衰也、位不在夫子、而道在焉。夫子以其權是非天下、可也。而春秋賞人之功、赦人之罪、去人之族、絕人之國、貶人之爵。諸侯而或書其名、大夫而或書其字。不惟其法惟其意。不徒曰此是此非、而賞罰加焉。則夫子固曰、我可以賞罰人矣。説難。賞罰人者、天子諸侯事也。夫子病天下之諸侯大夫僭天子諸侯之事、而作春秋。而已則

○春秋賞人之功、賞功、如書齊桓召陵之盟（僖公四年）晉文城濮之戰（僖公二十八年）之類。

○赦人之罪、如齊侯滅項、而書師滅項。晉文召王而書天王狩於河陽（僖公二十七年）之類。

○去族、如翬帥師伐宋、（隱公十年）豹、及諸侯之大夫盟于宋（襄公二十七年）之類。

○絕國、如黑肱以濫來奔（公羊、昭公三十一年）之類。

○貶爵、如齊侯伐山戎而書人（莊公三十年）之類。

○書名、如衞侯燬滅邢（僖公二十五年）之類。

○書字、如紀子帛盟于密（隱公二年）季子來歸、齊仲孫來（閔公元年）之類是也

○庸何、經傳釋詞、庸與何同意。故亦稱庸何。左傳、文公十八年・昭公元年及魯語、竝曰、庸何傷。
○塗之人、塗與途同。荀子注、塗、道路也。
○何足以爲夫子、何足以爲春秋、言如所言、則夫子聖人、春秋聖經、理不可通。此二句、承上而起難。

爲之、其何以責天下。位、公也。道、私也。私不勝公、則道不勝位。位之權、得以賞罰。而道之權、不過於是非。道在我矣。而不得爲有位者之事。則天下皆曰、位之不可僭也如此。不然、天下其誰不曰道在我。則是道者、位之賊也。曰、夫子豈誠賞罰之耶。徒曰賞罰之耳。庸何傷。一解。

一曰、我非君也、非吏也。執塗之人而告之曰、某爲善、某爲惡可也。繼之曰、某爲善、吾賞之、某爲惡、吾誅之、則人有不笑我者乎。二難。夫子之賞罰、何以異此。然則何足以爲夫子。何足

〇孔氏猶レ言二孔家一也。氏、一本作レ子。
〇曰魯賞レ之也・曰魯罰レ之也 説到レ此、上兩句之難、乃迎而解。先説二出夫子主意一、下乃設レ問申二明之一。
〇何以知レ之 上略二曰字一、語勢急迫也。
〇繫辭 易經、正義、繫辭者、聖人繫二屬此辭於爻卦之下一。
〇孝經 漢書、藝文志、孝經、孔子爲二曾子一陳二孝道一也。何休、公羊傳序、孔子有レ云、吾志在二春秋一、行在二孝經一。

「以爲二春秋一。」〔第一段、言夫子無レ位、宜レ執二是非之私權一。而執二有位者賞罰之公權一何也。是難問。〕曰、夫子之作二春秋一也、非レ曰二孔氏之書一也。又非レ曰二我作一レ之也。賞罰之權、不レ得二以自與一也。曰、此魯之書也、魯作レ之也。〔二解。〕有レ善而賞レ之。曰、魯賞レ之也。有レ惡而罰レ之。曰、魯罰レ之也」。〔一篇主意正在此。〕何以知レ之。曰、夫子繫レ易、謂二之繫辭一。言レ孝、謂二之孝經一。皆自名レ之。則夫子私レ之也。而春秋者、魯之所二以名一レ史、而夫子託焉。則夫子公レ之也。公レ之以二魯史之名一。而賞罰之權、固在レ魯矣。春秋之賞罰、自レ魯而及二於天下一、天子之權也」。魯之賞罰、不レ出レ境。

○武王之崩也　史記、魯周公世家、武王既崩。成王少、在强葆之中。周公恐天下聞武王崩而畔。周公乃踐阼、代成王、攝行政。禮記、明堂位篇、武王崩、成王幼弱。周公踐天子之位、以治天下。六年、朝諸侯於明堂、制禮作樂、頒度量、而天下大服。

○東遷　史記、周本紀、犬戎遂殺幽王。於是諸侯乃共立幽王太子宜臼。是爲平王、以奉周祀。平王立、東遷于洛邑、辟戎寇。平王之時、周室衰微、諸侯强幷弱。齊・楚・秦・晉始大、政由方伯。

而以天子之權與之、何也。三難。曰、天子之權、在周。夫子不得已、而以與魯也。武王之崩也、天子之位、當在成王。而成王幼。周公以爲天下不可以無賞罰。故不得已、而攝天子之位、以賞罰天下、以存周室。周之東遷也、天子之權、當在平王。平王昏亂。故夫子亦曰、天下不可以無賞罰。而魯周公之國也。居魯之地、宜如周公不得已、而假天子之權、以賞罰天下、以尊周室。故以天子之權與之也。三解。然則假天子之權、宜如何。曰、如齊桓・晉文、可也。夫子欲

○陽爲尊周 如齊桓實欲伐秦而責楚包茅不入(僖公四年)文侯實欲求諸侯而出定襄王(僖公二十五年)是也。

〔講論〕一本作議論。

〔識得〕一本作論得。

魯如齊桓・晉文、而不遂以天子之權與齊・晉、何也。齊桓・晉文、陽爲尊周、而實欲富彊其國。故夫子與其事、而不與其心。周公心存王室。雖其子孫不能繼、而夫子思周公、而許其假天子之權、以賞罰天下、其意曰、有周公之心、而後可以行桓・文之事。〔賴山陽云、有周公之心、然後可以行桓・文之事。名言名言。〕此其所以不與齊・晉而與魯也。〔又生一段講論。〕夫子亦知魯君之才、不足以行周公之事矣。顧其心以爲、今之天下無周公。故至此。是故以天子之權、與其子孫、所以見思周公之意也。〔此一段、直是識得痛快、感。〕

○周公之法　左傳、昭公二年、晉侯使韓宣子來聘。觀書於太史氏、見易象與魯春秋曰、周禮盡在魯矣。吾乃今知周公之德與周之所以王也。杜預、左傳序、仲尼因魯史策書成文、考其眞僞、而志其典禮、上以遵周公之遺制、下以明將來之法。

○詳內而略外　內、魯國、外、列國也。公羊傳、隱公十年、春秋錄內而略外。公羊傳、成公十五年、春秋內其國而外諸夏、內諸夏而外夷狄。

○禮樂征伐云云　論語、季氏篇、天下有道、則禮樂征伐、自天子出。天下無道、則禮樂征伐、自諸侯出。

○田恆云云　論語、憲問篇、陳成子弑簡公。孔子沐浴而朝、告於哀公曰、陳恆弑其君。請討之。又見左傳、哀公十四年。

○請討是征伐自諸侯

動人。

吾觀春秋之法、皆周公之法。而又詳內而略外。此其意欲魯法周公之所爲、且先自治、而後治人也明矣。夫子嘆禮樂征伐自諸侯出。而田恆弑其君、則沐浴而請討。然則天子之權、夫子固明以與魯矣。【第二段、論夫子以賞罰之權與魯。是辨解一篇主意在處。】

子貢之徒、不達夫子之意。續經而書孔丘卒。夫子既告老矣。大夫告老、而卒不書。而夫子獨書。夫子作春秋、以公天下。而豈私一孔丘哉。嗚呼、夫子以爲魯國之書。而子貢之徒、以爲孔氏之書也歟。遷・固之史、有是非、而無賞

罰一。彼亦史臣之體、宜レ爾也。結尾。後之效二孔子一作二
春秋一者、吾惑焉。呂氏春秋・吳越春秋。〔惑一字、既含二亂・僭・散三字一。〕春秋有二天子
之權一。天下有レ君、則春秋不レ當レ作。天下無レ君、則
天子之權、吾不レ知二其誰與一。天下之人、烏有下如二
周公之後之可レ與者上。與レ之、而不レ得二其人一則亂。
不レ與レ人、而自與則僭。不レ與レ人、不二自與一、而無レ所
レ與則散。嗚呼、後之春秋、亂邪僭邪散邪。〔第三段、論二門人
與二後世皆不一レ知二夫子之意一、以反二映前段一。是餘波。以二疑問一結、有二不レ盡之妙一。〕

謝疊山評　此文有二法度一、有二氣力一、有二精神一、有二光燄一、謹嚴而華藻者也。讀二得孟子一熟、方有二此文章一。

茅鹿門評　此文自二謝枋得氏錄一レ之以爲二名筆一、而世之學者遂相傳、以爲二千年絕論一。予竊謂老蘇於レ論二六經一處、竝以二強詞一軋二正理一。故往

出也。故知二夫子與一天子之權於魯一也。
○明以與レ魯　謂レ不三獨春秋一。
○書二孔丘卒一　左傳、哀公十六年、夏四月己丑、孔丘卒。杜預注云、仲尼既告レ老去レ位。猶書レ卒者、魯之君臣宗二其賢德一、殊而異レ之。又曰、孔子卒。孔子作二春秋一、終二於獲麟之一句一。公羊・穀梁是也。弟子欲レ記二聖師之卒一。故採二魯史記一、以續二夫子之經一、而終二於此一。丘明因隨而作レ傳、終二於哀公一。從レ此已下無二復經一矣。
○子貢　姓端木、名賜。見二史記、仲尼弟子列傳一。
○遷・固之史　史記、司馬遷所レ作。漢書、班固所レ撰也。
○效二孔子一作二春秋一　東涯曰、註、呂氏春秋・吳越春秋、誤矣。此二書、雖レ假二春秋一、而只紀二事實一、而非二褒貶之體一。老泉所レ斥、指二文中子續經（指二元經一）之屬一。

老泉史論曰、後之人其務希遷・固實錄可也。愼無若王通・陸長源輩、囂囂然冗且僭則善矣。是也。按文中子中說、擬論語、續書擬尚書、殆無春秋之目。則引以充之。擬非其倫。老蘇史論、以王通・陸長源並稱。蓋一時未考之失。不足据矣。漢書、陸賈記錄時功、作楚漢春秋九篇。晉書、司馬彪作九州春秋、起於世祖終孝獻、凡八十篇。孫盛著晉陽秋。習鑿齒著晉春秋。北史、崔鴻、爲十六國春秋、勒成百卷。老泉所斥、蓋此之類。
○烏一本作惡。
○散散漫無歸著之意。

往支離旁午。特其行文嫋娜百折、似屬烟波耳。

顧廻瀾評 愚謂、孔子非思周公而與魯以天子之權。蓋當是時、諸侯之國、並各有史。孔子魯大夫也。故得以遍觀魯之史、因其編年紀事之文、而繫之以賞罰功罪之權、以補王政之缺、垂教萬世耳。使孔子而晉大夫、謂晉之乘可也。

范增論　蘇東坡

此篇主意、惜不見幾而作。蓋項羽疑增之本、在弑義帝之幾、在殺卿子冠軍。故曰當去於殺卿子冠軍之時。

蘇東坡、蘇軾、字子瞻。眉山人。洵之長子。生十年、父洵游學四方。母程氏親授以書。聞古今成敗、能語其要。比冠博通經史、屬文日數千言。後除大理評事・簽書鳳翔府判官。時王荊公創行新法。上書諫奏。荊公怒嗾御史、誣奏其過。窮治無所得。御史李定等、媒孽所爲詩、以爲訕謗、逮赴臺獄、欲置之死。神宗獨憐之、以黃州團練副使安置。築室於東坡、自號東坡居士。還起居舍人。又知杭州及潁州。紹聖初、以軾所作詞、爲譏斥先朝、貶寧遠軍節度副使、惠州安置。又貶瓊州別駕、居昌化。建中靖國元年卒于常州。年六十六。後

○骸骨　人臣委レ身事レ君。身非二我有一。故於レ乞レ退、謂レ乞二骸骨一。聽レ之曰レ賜。
○歸二卒伍一　謂レ歸二休民間一也。
○疽　正字通、癰之深者曰レ疽。疽深而惡。癰淺而大。
○勸二羽殺二沛公一　見二史記、項羽紀一。
○易　易經、繫辭下傳。
○詩曰　詩經小雅頍弁篇。相、今本作レ如。毛傳、霰、暴雪也。

贈二大師一、諡二文忠一。有二易傳・書傳・論語說・東坡集一。

漢用二陳平計一、間二疎楚君臣一。項羽疑二范增與一レ漢有レ私、稍奪二其權一。〔一疑字、起二下文四個疑字一。〕增大怒曰、天下事大定矣。君王自爲レ之。願賜二骸骨一歸二卒伍一。歸未レ至二彭城一。疽發レ背死。〔第一段、前敘。〕蘇子曰、增之去善矣。不レ去、羽必殺レ增。獨恨二其不一レ早耳。然則當下以二何事一去上。增勸三羽殺二沛公一。羽不レ聽、終以レ此失二天下一。當二於是去一耶。曰、否。增之欲レ殺二沛公一、人臣之分也。羽之不レ殺、猶有二君人之度一也。增曷爲以レ此去哉。易曰、知レ幾其神乎。詩曰、相二彼雨雪一、先集

○羽殺卿子冠軍　史記、項羽紀、諸別將皆屬宋義。號爲卿子冠軍。又曰、羽晨朝義。卽其帳中斬義頭。注、文穎曰、卿子、時人相褒尊之辭、猶言公子也。上將故言冠軍。
○陳涉之得民也　見史記、陳涉世家。
○項氏之興也　見史記、項羽紀。
○以弑義帝　見史記、項羽紀。容齋隨筆、衆所尊戴曰義。義帝是也。又丹鉛錄云、項羽立楚王孫心爲帝。以從民望。不曰楚帝、而曰義帝。猶義父・義子之稱。其放弑之謀、不待如約之言而後萌矣。
○兆　幾也。
○物必先腐　荀子、勸學篇、肉腐生蟲、魚枯生蠹。

維霰。增之去、當於羽殺卿子冠軍時也。【第二段、揭主意。】陳涉之得民也、以項燕・扶蘇。項氏之興也、以立楚懷王孫心。而諸侯叛之也、以弑義帝。義帝命宋義爲上將、號曰卿子冠軍。後爲項羽所殺。陳涉初起兵、假楚將項燕・秦太子扶蘇爲名。二人已死矣。陳涉詐稱其尙在、感動人心。楚懷王入秦、無罪而亡。楚人憐之。南公曰、楚雖三戶、亡秦必楚。范增勸項梁、求楚懷王孫名心者、立以爲楚懷王。項羽陽尊懷王爲義帝。後陰使人弑義帝江中。且義帝之立、增爲謀主矣。義帝之存亡、豈獨爲楚之盛衰。亦增之所與同禍福也。未有義帝亡、而增獨能久存者也。羽之殺卿子冠軍也、是弑義帝之兆也。其弑義帝、則疑增之本也。豈必待陳平哉。物必先腐也、而後蟲生之。人必

○間　左傳、隱公三年、石錯曰、遠間親、新間舊。
○獨遣沛公入關　史記、高祖紀、項羽怨秦破項梁、願與沛公西入關。懷王與諸老將皆謂、項羽不可遣。獨沛公素寬大長者。義帝卒不許羽、而遣沛公。
○稠人　稠、衆多也。史記、灌夫傳、稠人廣衆。
○擢以爲上將　史記、項羽紀、懷王見宋義、與計事而悅之、因以爲上將軍。
○矯殺　矯、託也。漢書注、託懷王命而殺之也。

先疑也、而後讒入之。陳平雖智、安能間無疑之主哉」。〔第三段、論羽之殺卿子冠軍、弒義帝之兆、弒義帝、疑増之本。本已成、所以信漢計。蓋解前段主意也。〕吾嘗論、義帝天下之賢主也、獨遣沛公入關、〔本集八家文闕下有而字。〕不遣項羽。識卿子冠軍於稠人之中、而擢以爲上將。不賢而能如是乎。羽既矯殺卿子冠軍。義帝必不能堪。非羽弒帝、則帝殺羽。不待智者而後知也。増始勸項梁立義帝、諸侯以此服從。中道而弒之、非増之意也。夫豈獨非其意、將必力爭而不聽也。不用其言、而弒其所立。羽之疑増、必自是始矣」。〔第四段、惜増不見幾而規畫收主意。

方羽殺卿子冠軍、增與羽比肩而事義帝。君臣之分未定也。爲增計者、力能誅羽則誅之、不能則去之。豈不毅然大丈夫也哉。此一段、最妙。乃無中生有、死中求活。增年已七十、合則留、不合則去。不以此時明去就之分、而欲依羽以成功名、陋矣。雖然、增高帝之所畏也。增不去、項羽不亡。嗚呼、增亦人傑也哉。結尾、不貶盡范增、反許之爲人傑。正如韓文公爭臣論、攻擊不遺餘力、結句乃曰陽子將不得爲善人乎。如此方是公論。若斷人之過、攻人之惡、沒人之善、皆非老手。【第五段、問一活路、爲掉尾。】

謝疊山評　此是東坡海外文字。一句一字、增減不得。句句有法、字字盡心。後生只熟讀暗記此一篇、義理融明、音律諧和、下筆作論、必驚世絕俗。此論最好處、在方羽殺卿子冠軍時、增與羽比肩事義帝一段。當與鼂錯論並觀。

○方羽殺卿子冠軍　應增之去、當於羽殺卿子冠軍時。

○比肩而事義帝　史記、項羽紀、懷王召宋義、置以爲上將軍。項羽爲魯公爲次將、范增爲末將。

○毅然　說文、毅、有決也。

○增年已七十　史記、項羽紀、居鄛人范增、年七十。素好奇計。

○陋　玉篇云、陋、醜猥也。荀子、修身篇、少見曰陋。

○高帝之所畏　史記、高祖紀、高帝曰、項羽有一范增而不能用。此其所以爲我擒也。

○增亦人傑也哉　容齋隨筆曰、世謂范增爲人傑。予以爲不然。夷考平生、蓋出戰國從橫之餘、見利而不知義者也。始勸項氏立懷王、及羽奪王之地、遷王於郴、已而殺之、增不能引君臣大誼爭之以死。懷王與諸將約、先入關中者王之。沛公既先定關中、則當如約。増乃勸羽殺之、又徙之蜀漢。羽之伐趙、殺上將宋義、増爲末將坐而視之。坑秦降卒、燒秦宮室、増皆親見之、未嘗聞一言也。至於滎陽之役、身遭反間、然後發怒而去。嗚呼疎矣哉。東坡公論此事偉甚、猶未盡也。

○鼂 一作晁。

○患 說文云、憂也。玉篇、禍也。

又評 凡作史評、斷古人是非得失、存亡成敗、如明官判斷大公案、須要說得人心服。若只能折人、亦非高手。須要思量我若生此人之時、居此人之位、遇此人之事、當如何應變、當如何全身。必有至當不易之說。如弈棊然。敗棊有勝著、勝棊有敗著。得失在一著之間。棊師傍觀、必能覆棊、歷說勝者亦可敗、敗者亦可勝、乃爲良工。東坡作史評、皆得此說。人不能知、能知此者、必長於作論。

樓迂齋評 項羽殺宋義、便是要迫義帝。弑義帝、便是要去范増。蓋宋義、是義帝所愛。義帝、是范増所立。三人生死去就、最相關涉。推原得出。筆力老健、無一個閑字。

此東坡海外文字。故有老氣。

鼂錯論　蘇東坡

此篇主意、言錯自發難、使他人任其責。故取禍。

天下之患、最不可爲者、名爲治平無事、而其實有不測之憂。暗說景帝時、諸侯强大、削亦反、不削亦反。○此如破題。坐觀其變、

○不為之所、不使得其所宜也。左傳、隱公元年、不如早為之所。

○循循、循循與逡巡同。卻退也。見顧亭林、金石文字記。

而不為之所、則恐至於不可救。起而強為之、則天下狃於治平之安、而不吾信。此如破題。惟仁人君子豪傑之士、為能出身、為天下犯大難、以求成大功。此固非勉強朞月之間、而苟以求名之所能也。暗說鼂錯削七國事。天下治平。暗說景帝時。無故而發大難之端。暗說削七國。吾發之、吾能收之、然後有辭於天下。暗說七國反。事至、而循循焉欲去之使他人任其責。暗說鼂錯欲使天子自將、而己居守。則天下之禍、必集於我。此袁盎所以進斬鼂錯之說。【第一段、虛論、言仁人豪傑之救大患、自發大難、自收之、有辭于天下。若自發大難、使人任其責、必禍其身。】

昔者、鼂錯盡忠、為漢謀弱山東之諸侯。山東

○以誅錯爲名　按史記、鼂錯傳、錯數上書孝文時、言削諸侯事。孝文不聽。景帝卽位。錯常數請閒、言事輒聽。寵幸傾九卿。遷爲御史大夫。請諸侯之罪過、削其地收其枝郡。吳楚七國果反。以誅錯爲名。及竇嬰・袁盎進說、上令鼂錯衣朝衣斬東市。錯已死。謁者僕射鄧公曰、吳王爲反數十年矣。發怒削地、以誅錯爲名、其意非在錯也。
○鑿龍門、決大河　見書經、禹貢篇・史記、夏本紀。
○七國　吳楚七國、謂吳・楚・趙・膠西・濟南・菑川・膠東。
○驟削之　史記、孝景紀贊、鼂錯刻削諸侯。遂使七國俱起、合從而西鄉。以諸侯太盛、而錯爲之不以漸也。

諸侯竝起、以誅錯爲名。而天子不之察、以錯爲說。天下悲錯之以忠而受禍、不知錯有以取之也。〔茅坤云、於錯之不自將而爲居守處、尋一破綻、作議論。卻好。〕古之立大事者、不惟有超世之才、亦必有堅忍不拔之志。昔禹之治水、鑿龍門、決大河、而放之海。方其功之未成也、蓋亦有潰冒衝突可畏之患。唯能前知其當然、事至不懼。而徐爲之圖。是以得至於成功。〔用大禹治水事。必是學司馬相如難蜀父老文。〕夫以七國之強、而驟削之。其爲變、豈足怪哉。錯不於此時捐其身、爲天下當大難之衝、而制吳楚之命。乃爲自

○欲使天子自將而已居守。漢書、鼂錯傳、上與錯議出軍事。錯欲令上自將兵、而身居守。

○袁盎之說　漢書、袁盎傳、上問曰、計安出。盎對曰、吳楚相遺書、言、高皇帝王子弟、各有分地。今賊臣鼂錯擅適諸侯、削奪之地。以故反。方今計、獨有斬錯發使、赦吳楚七國、復其故地、則兵可毋血刃而俱罷。於是上默然。良久曰、顧誠何如、吾不愛一人謝天下。乃使中尉召錯、紿載行市。錯衣朝衣、斬東市。

○淬礪　淬、燒劍而入水也。礪、磨也。

全之計。（景帝之怒錯、錯之受禍。果是因此。非假設之辭。）欲使天子自將、而己居守。（主意在此。）且夫發七國之難者誰乎。己欲求其名、安所逃其患。以自將之至危、與居守之至安。己爲難首、擇其至安、而遺天子以其至危。此忠臣義士、所以憤怨而不平者也。（此一段判斷錯之罪。至公至平、錯聞之、亦必心服。）當此之時、雖無袁盎、錯亦未免於禍。何者、己欲居守、而使人主自將。以情而言、天子固已難之矣。而重違其議。是以袁盎之說、得行於其間。使吳楚反、錯以身任其危、日夜淬礪、東向而待之、使不至於累其君、則

○雖有百盎 百盎、本集、作百袁盎。韓非子、外儲說篇、雖有十田成氏、其如君何。五蠹篇、雖有十黃帝、不能治也。史記、張儀傳、雖有百秦、將奈齊何。蘇明允、辯姦論、使晉無惠帝、僅得中主、雖王衍百千、何從而亂天下乎。

○欲求非常之功 史記、司馬相如傳、世必有非常之人、然後有非常之事。有非常之事、然後有非常之功。

天子將恃之以爲無恐。雖有百盎、可得而閒哉。此一段、最妙。乃是無中生有、死中求活。方成議論。凡作史評、判斷古今之功罪、須要思量使我生此人之時、居此人之位、處此人之事、當如何處置。必有一長策、如弈棊然。雖敗局、未嘗無勝勢。雖勝局、未嘗無敗勢。善弈棊者、能知之。〔第二段、實說。言錯自發削七國之大難、及七國反、使天子親征任其責、而己居守、是以招袁盎之讒、禍其身。〕嗟夫、世之君子、欲求非常之功、則無務爲自全之計。使錯自將而討吳楚、未必無功。此是高見遠識、深謀至論。惟其欲自固其身、而天子不悅。奸臣得以乘其隙。錯之所以自全者、〔以自全二字、代使他人任其責六字、變化甚妙。〕乃其所以自禍歟。結句最妙。〔第三段、處論自全卻自禍、約說前段、以結全篇。〕

謝疊山評　此論先立冒頭、然後入事。又是一格。老於世故、明於人情、有憂深思遠之智、有排難解紛之勇。不特文章之工也。

留侯論

蘇東坡

此篇主意、言留侯受老人敎、能忍人之所不能忍。故能輔漢高、成遠大之業。故忍字眼目。

古之所謂豪傑之士、必有過人之節。人情有所不能忍者。匹夫見辱、拔劍而起、挺身而鬭。此不足爲勇也。能忍、不能忍、是一篇主意。天下有大勇者、大勇、即能忍也。卒然臨之而不驚。無故加之而不怒。此其所挾持者甚大、而其志甚遠也。好句法。第一段、冒頭、論豪傑之士、能忍人之所不能忍。是虛論。夫子房受書於圯上之老人也、其事甚怪。當看漢書張良傳、知此本末。然亦安知其非秦之世有隱

○匹夫見辱　孟子、梁惠王下篇、夫撫劍疾視曰、彼惡敢當我哉。此匹夫之勇、敵一人者也。

○挺　引也。率先而進也。

○卒然　匆遽貌。

○加之　猶謂駕上。論語、里仁篇、不使不仁者加乎其身。注、加、陵也。

○受書於圯上之老人　見史記、留侯世家。注、徐廣云、圯、橋也。東楚謂之圯、音怡。

○以為鬼物　史記、留侯世家贊、太史公曰、學者多言無鬼神。然言有物。至如留侯所見老父予書、亦可怪矣。索隱曰、物、謂精怪及藥物也。

○刀鋸鼎鑊　皆刑具也。漢書、刑法志、注、鼎大而無足曰鑊、以鬻人也。又稱中刑用刀鋸。注、刀、割刑。鋸、刖刑也。

○夷　誅滅也。

○賁・育　孟賁・夏育、古勇者也。史記、袁盎傳、雖賁・育之勇、不及陛下。史記、范雎傳、成荊・孟賁・王慶忌・夏育之勇焉而死。

○逞於一擊之閒　按、史記、留侯世家、秦滅韓。良悉以家財求客刺秦王、為韓報仇。以大父・父五世相韓故。後得力士、為鐵椎重百二十斤。秦皇帝東游。良與客、狙擊秦皇帝博浪沙中、誤中副車。秦皇帝大怒、大索天下、求賊甚急。良乃更名姓、亡匿下邳。

君子者、出而試之。觀其所以微見其意者、皆聖賢相與警戒之義、而世不察、〔本集、世下有人字。〕以為鬼物。亦已過矣。且其意不在書。當韓之亡、秦之方盛也、以刀鋸鼎鑊待天下之士。其平居無事、夷滅者、不可勝數。雖有賁・育、無所復施。〔復、一本作獲。〕夫持法太急者、其鋒不可犯。而其勢未可乘。子房不忍忿忿之心、以匹夫之力、而逞於一擊之閒。當此之時、子房之不死者、其閒不能容髮。蓋亦危矣。此時子房尚不能忍。此事見子房傳。得力士、提鐵鎚重三百斤、以擊秦始皇於博浪沙中、誤中副車。始皇怒、大索天下、十日竟不獲。千金之子、不死於盜賊。何者、

○千金之子、不死於盜賊。史記貨殖傳、千金之子不死於市。此非空言也。
○伊尹・太公之謀　謂輔賢主亡敵國。伊尹爲阿衡而相湯伐桀。太公爲尙父而佐武伐紂。
○荊軻・聶政　荊軻刺秦始皇。聶政刺韓相俠累。竝見史記刺客傳。
○鮮腆　詩經邶風新臺篇、籧篨不鮮。又曰、籧篨不殄。鄭箋曰、鮮善也。殄當作腆、善也。鮮腆、蓋本此。廣雅云、腆厚也。鮮腆謂自好厚、尊大之義耳。
○孺子　幼弱之稱。正字通、凡卑幼者、稱孺子。〔不忍〕一本無此二字。
○句踐之困於會稽　事見國語越語・左傳・吳越春秋・史記越世家等。
○臣妾　易經遯卦、畜臣妾吉。書經費誓篇、臣妾逋逃。鄭注、臣妾廝役之屬也。

其身可愛、而盜賊之不足以死也。子房以蓋世之才、不爲伊尹・太公之謀、而特出於荊軻・聶政之計、（兩刺客。）以僥倖於不死。此圯上老人所爲深惜者也。是故倨傲鮮腆、而深折之。彼其能有所忍也、然後可以就大事。故曰、孺子可教也。（此是老父墮履橋下、命子房取履、又命之納履、與子房期以五更相會於橋上、子房後至、怒罵一段事。老父正以折子房少年剛强不忍之氣、使之能容忍。）

楚莊王伐鄭。鄭伯肉袒牽羊以迎。莊王曰、其君能下人、必能信用其民矣。遂舍之。（宣公十二年。）句踐之困於會稽而歸、臣妾於吳者三年、而不勌。且夫有報人之志、而不能下人、

○忍二小忿一而就二大謀一。論語、衛靈公篇、小不レ忍、則亂二大謀一。

○油然浩然貌。從容之意。孟子、公孫丑上篇、由由然與レ此偕、而不二自失一焉。由、同レ油。
○秦皇之所レ不レ能レ驚 應二卒然臨レ之而不一レ驚。
○項籍之所レ不レ能レ怒 應二無レ故加レ之而不一レ怒。

者、是匹夫之剛也。夫老人者、以爲子房才有レ餘、而憂二其度量之不一レ足。故深折二其少年剛鋭之氣一、使下之忍二小忿一而就中大謀上。何則非レ有二平生之素一、卒然相二遇於草野之閒一、（暗說二圯上相遇一）而命以二僕妾之役一、（暗說下取レ履事上）油然而不レ怪者、此固秦皇之所レ不レ能レ驚、而項籍之所レ不レ能レ怒也。【第二段、說下老人教二子房以一レ能忍上、是實論。是主意。】觀下夫高祖之所二以勝一、項籍之所二以敗一者上、在下能忍與レ不レ能レ忍之閒上而已矣。【呂東萊云、萬派飛流、注在二一壑一。】項籍唯不レ能レ忍。是以百戰百勝、而輕二用其鋒一。高祖忍レ之、養二其全鋒一、而待二其弊一。此子房教レ之也。（因子

○高祖發怒　韓信平齊、請爲假王。漢王大怒。張良・陳平躡漢王足、因附耳語。漢王悟、立信爲齊王。事詳史記、留侯世家、及淮陰侯傳。
○辭色　辭、一本作詞。
○魁梧奇偉　魁梧、壯大貌。史記、留侯世家贊、余以爲其人計魁梧奇偉。至見其圖、狀貌如婦人好女。
○稱　去聲、副也。

房能忍、又敎得高帝能忍。所以得天下。此一段議論尤高。〔沈德潛曰、老人敎子房以能忍、是正義。子房又敎高祖能忍。是餘意。作文必如此推論。〕當淮陰破齊而欲自王、高祖發怒、見於辭色。由是觀之、猶有剛强不能忍之氣。非子房其誰全之。〔引證。〕太史公疑子房、以爲魁梧奇偉。而其狀貌乃如婦人女子、〔反應起手匹夫拔劍之狀、精采動人。〕不稱其志氣。嗚呼、此其所以爲子房歟。〔第三段、就事迹及狀貌、說子房能忍之效驗、收結。賴山陽云、引太史公語、翻案生色。一結悠然、畫龍點睛。〕

謝疊山評

主意謂、子房本大勇之人、惟年少氣剛、不能涵養忍耐、以就大功名。如用力士提鐵鎚、擊秦始皇之類、皆不能忍。老父之圯上、始命之取履納履、與之期五更相會、數怒罵之。正所以折其不能忍之氣、敎之以能忍也。

黃東發評

東坡之文、如長江大河、一瀉千里。至其渾浩流轉、曲折變化之妙、則無復可以名狀。蓋能文之士、莫之能尙也。而尤長于

○按之當死　按、按罪也。斷罪曰當。言使罪法相當也。史記、張釋之傳、廷尉奏當。一人犯蹕當罰。注、當、謂處其罪也。
○始皇赦而用之　史記、蒙恬傳、趙高者、諸趙疏遠屬也。秦王擧以爲中車府令。高有大罪。令蒙毅法治之。毅不敢阿法、當高罪死、除其官籍。帝以高敦於事也、赦之、復其官爵。
○扶蘇好直諫　史記、秦始皇紀、三十五年、始皇長子扶蘇諫曰、天下初定、遠方黔首未集。諸生皆誦法孔子。今上皆重法繩之、臣恐天下不安。唯上察之。始皇怒、使扶蘇北監蒙恬軍於上郡。
○始皇東遊會稽云云　史記、蒙恬傳、始皇三十七年、冬、行出遊會稽。竝海上、北走琅邪。道病、使蒙毅還禱山川。未反、始皇至沙丘崩。祕之。羣臣莫知。是時丞相李斯・少

陳述敍事、留侯一論、其立意超卓如此。

秦始皇扶蘇論

蘇東坡

此篇載東坡志林。本集、題作始皇論。主意、言秦用智術與法律、不用聖人忠恕平易之道。故斯・高逞姦於其間、致亡滅。

秦始皇時、【本集・志林、時上有帝字。】趙高有罪。蒙毅按之、當死。始皇赦而用之。長子扶蘇好直諫。上怒、使北監蒙恬兵於上郡。始皇東遊會稽、竝【蒲浪反。沿也。】海走【音奏。】琅琊。次子胡亥・李斯・蒙毅・趙高從。道病、使蒙毅還禱山川。未及還、上崩。李斯・趙高矯詔、立胡亥。殺扶蘇・蒙恬・蒙毅、卒以亡秦。【第一段、前敍。】

子胡亥・中車府令趙高常從。

○矯詔立胡亥　事見史記、李斯・蒙恬傳。

○蒙恬將三十萬人云云　史記、蒙恬傳、秦已并天下。乃使蒙恬將三十萬衆、北逐戎狄、威振匈奴。而親任蒙毅、出則參乘、入則御前。恬任外事、而毅常爲內謀。

○帷幄　在前曰帷、悉周曰幄。謂戎幕也。

○睥睨　邪視也。謂窺覦非望。史記、灌夫傳、辟倪兩宮閒。辟倪・睥睨同。

○閹尹　宦官之長也。漢書、敍傳、閹尹之呰注、謂宮人爲閹者、謂其精氣奄閉不泄也。一曰、主奄閉門者。尹、正也。

○裂肝　應毒藥。

○碎首　應猛獸。

○書契　太古之文字也。易經、繫辭下傳、上古結繩而治。後世聖人易之以書契。百官以治、萬民以察。

蘇子曰、始皇制天下輕重之勢、使內外相形、以禁奸備亂。可謂密矣。【以上虛說。以下實說。】蒙恬將三十萬人、威震北方、扶蘇監其軍。而蒙毅侍帷幄爲謀臣。雖有大奸賊、敢睥睨其閒哉。不幸道病、禱祠山川、尚有人也。而遣蒙毅。故高・斯得成其謀。始皇之遺毅、毅見始皇病、太子未立、而去左右。皆不可以言智。雖然、天之亡人國、其禍敗必出於智之所不及。聖人爲天下、不恃智以防亂。恃其無致亂之道耳。始皇致亂之道、在用趙高。夫閹尹之禍、如毒藥猛獸。未

○東漢呂强　後漢書、宦者傳、呂强爲人清忠奉公。靈帝時例封宦者、以强爲都鄕侯。强固辭、因言中常侍曹節等、佞邪徼寵、宜止封賞。時帝多畜私藏、每郡國貢獻、先輸中府、名爲導行費。强上疏力諫。
○後唐張承業　五代史、後唐張承業傳、承業僖宗時宦者也。後事莊宗、爲河東監軍。成莊宗之業者、承業之功爲多。後聞莊宗已諾諸將即帝位、承業力疾苦諫、願復唐之社稷。莊宗不聽。竟不食而卒。
○甘心　左傳、莊公九年、管召讎也。請受而甘心焉。注、甘心、言欲快意。漢書、郊祀志、世主莫不甘心焉。注、甘心、言食嗜之心不能已也。
○漢桓・靈、唐肅・代　謂桓・靈時宦官、如侯覽・曹節、肅・代時如李輔國・程元振輩。並見後漢書、宦者

有不裂肝碎首也。〔一本首下、有者字。〕自有書契以來、惟東漢呂强・後唐張承業、二人號稱善良。豈可望一二於千萬、以取必亡之禍哉。然世主皆甘心而不悔。如漢桓・靈、唐肅・代、猶不足深怪。始皇・漢宣皆英主、亦沈於趙高・恭・顯之禍。彼自以爲聰明人傑也。奴僕薰腐之餘、何能爲。及其亡國亂朝、乃與庸主不異。吾故表而出之、以戒後世人主如始皇・漢宣者。〔第二段、言始皇恃智術。故趙高逞其姦。是由不知聖人之治道也。〕

或曰、李斯佐始皇定天下、不可謂不智。扶蘇始皇子、秦人戴之久矣。陳勝假其

名。猶足以亂天下。而蒙恬持重兵在外。使二人不卽受誅、而復請之、則斯·高無遺類矣。以斯之智、而不慮此、何哉。蘇子曰、嗚呼、秦之失道有自來矣。豈獨斯·高之罪。自商鞅變法、以誅死爲輕典、以參夷爲常法、人臣狼顧脅息、以得死爲幸。何暇復請。方其法之行也、求無不獲、禁無不止。鞅自以爲軼堯舜而駕湯武矣。及其出亡而無所舍、然後知爲法之弊。夫豈獨鞅悔之、秦亦悔之矣。形容商鞅之慘刻、秦法之酷烈、可謂盡矣。荊軻之變、持兵者、熟視始皇環柱而走、而莫之救

傳·唐書、宦者傳。
〇趙高　史記、秦始皇紀、趙高故嘗敎胡亥書、及獄律令法事。胡亥私幸之。
〇恭·顯之禍　漢書、佞幸傳、宣帝時、弘恭爲中書令、石顯爲僕射。元帝卽位數年、恭死、顯代爲中書令。是時元帝被疾不親政事。方隆好於音樂。以顯久典事、中人無黨、精專可信任、遂委以政事、無小大因顯白決。貴幸傾朝、百僚皆敬事顯。蕭望之·周堪·劉更生與顯忤。望之自殺。堪·更生廢錮。京房·賈捐之弃市、張猛自殺於公車。陳咸抵辠、髡爲城旦。及鄭令蘇建得顯私書、奏之、後以它事論死。自是公卿以下畏顯、重足一迹。元帝紀敍曰、閹尹之呰、穢我明德。如淳曰、任弘恭·石顯、使爲政、以病其治也。此則恭顯之禍、在元帝時、而坡公以爲宣帝

時偶未之考耳。
○薰腐　謂宮刑。漢書、序贊、嗚呼、史遷薰胥以刑。晉灼曰、薰、從人得罪、相坐之刑也。師古曰、薰、謂相薰蒸。亦漸及之義耳。漢書、景帝紀、死罪欲腐者許之。如淳曰、腐、宮刑也。丈夫割勢不能復生子。如腐木不生實。
○陳勝假其名　史記、陳涉世家、乃詐稱公子扶蘇・項燕、從民欲也。
○重兵　猶言強兵也。
○誅死　本集作殊死。殊、斷也。殊死、謂死刑。
○以參夷爲常法　參、與三同。夷、誅滅也。漢書、刑法志、秦用商鞅相連坐之法、造參夷之誅。師古曰、參夷、夷三族。
○狼顧　疑也。狼善顧後、故顧慮不寧、曰狼顧。戰國策、秦雖欲深入、則狼顧、恐韓魏之議其後也。
○脅息　怯也。脇下曰脅。漢書、嚴延年傳、豪强脅息。師古曰、脅、斂也。屛氣

者、以法重故也。李斯之立胡亥、不復忌二人者、知威令之素行、而臣子不敢復請也。答前一段問。二人之不敢復請、亦知始皇之鷙悍而不可回也。豈料其僞也哉。周公曰、平易近民、民必歸之。孔子曰、有一言而可以終身行之、其恕矣乎。夫以忠恕爲心、而以平易爲政、則上易知、下易達。雖有賣國之奸、無所投其隙。倉卒之變、無自發焉。其令行禁止、蓋有不及商鞅者矣。而聖人終不以此易彼。

蘇東坡作史評、必有一段說、萬世不可磨滅之理。使吾身生其人之時、居其人之位、遇其人之事、當如何處置。此作論妙法、從老泉傳來。今人作場屋程文論、當以此爲法。凡議論好事、須要一段反說。凡議論不

而息。高唐賦、股戰脅息。注、脅息、縮氣也。
○軼・轢　軼、音逸、過也。轢、淩也。
○及其出亡而無所舍　史記、商君傳、商君亡、至關下、欲舍客舍。舍人不知其是商君也。曰、商君之法、舍人無驗者坐之。商君喟然嘆曰、嗟乎、爲法之敝、一至此哉。
○荊軻之變　史記、刺客傳、荊軻逐秦王。秦王環柱而走。羣臣皆愕、卒起不意、盡失其度。而秦法羣臣侍殿上者、不得持尺寸之兵。諸郎中執兵、皆陳殿下、非有詔召不得上。方急時不及召下兵。以故荊軻乃逐秦王。
○二人　扶蘇・蒙恬也。
○鷙悍　鷙、猛也。正字通、凡鳥獸之猛者曰鷙。說文、悍、勇也。倉頡篇、悍、桀也。
○周公曰　見史記、魯世家。
○孔子曰　見論語、衞靈

好事、須要一段正說。文勢亦圓活、義理亦精微。意味亦悠長。

鞅立信於徙木、立威於棄灰。刑其親戚師傅、無惻容。積威信之極、以至始皇。秦人視其君、如雷電鬼神不可測識。古者公族有罪、三宥而後致刑。今至使人矯殺其太子而不忌、太子亦不敢請。則威信之過也。夫以法毒天下者、未有不反中其身及其子孫。皆是至當之言。漢武・始皇皆果於殺者也。故其子如扶蘇之仁、則寧死而不請。如戾太子之悍、則寧反而不訴。知訴之必不察也。戾太子豈欲反者哉。計出於無聊也。故爲二君之子者、公篇。平易忠恕、聖人致治之道也。是一篇主意。
○上易知下易達　上易知則矯詔之計、無所施於其間。下易達則扶蘇蒙恬、亦不難於訴其情。
○賣國之姦　指斯・高。謂賣國自取利。
○不以此易彼　此、謂平易之政。彼、謂重法威令。
○刑其親戚師傅　史記、商鞅傳、太子犯法。鞅刑其傅公子虔、黥其師公孫賈。公子虔復犯約。遂劓之。
○三宥而後致刑　禮記、文王世子篇、公族無宮刑。獄成讞於公。公曰、宥之。有司又曰、在辟。公又曰、宥之。有司又曰、在辟。及三宥、不對走出、致刑於甸人。
○無聊　不安也。
○又表而出之　之、指始皇・漢武之事。

有死與反而已。李斯之智、蓋足以知扶蘇之必不反也。答前段設問。〔上文曰、知不敢復請也。此曰、知必不反也。照應反覆釋疑問。〕吾又表而出之、以戒後世人主之果於殺者。〔第三段、言始皇貴法律。故李斯因以殺扶蘇。是由不知聖人之治道也。〕

〔徙木弃灰　史記、商君傳、令既具、未布。恐民之不信己。乃立三丈之木於國都市南門、募民有能徙置北門者、予十金。民怪之、莫敢徙。復曰、能徙者、予五十金。有一人徙之。輒予五十金、以明不欺。卒下令。令行於民。史記、李斯列傳、商君之法、刑弃灰於道者。按、韓非子、内儲說篇曰、殷法刑弃灰。此則弃灰之刑、先見殷時也。呂覽、愼小篇、吳起欲諭信於民、置表於南門之外、令於邑中曰、有人能僨表者、仕長大夫。此與徙木之事、亦極相似。蓋鞅亦傚其故意也。

〔扶蘇之仁　史記、李斯傳、使者至發書。扶蘇泣入内舍、欲自殺。蒙恬止扶蘇曰、安知其非詐。請復請而後死、未暮也。扶蘇爲人仁、謂蒙恬曰、父而賜子死。尙安復請。即自殺。

〔戾太子之悍　漢書、武五子傳、孝武皇帝六男、衞皇后生戾太子。元狩五年、立爲皇太子。武帝末、衞后寵衰、江充用事。充與太子及衞氏爲隙。會巫蠱事起。

充因此爲姦、至太子宮、掘蠱、得桐木人。時上疾、避暑甘泉宮。太子急、遂令曰、江充反。廼斬充。因發令與丞相劉屈氂等戰。長安中擾亂。

謝疊山評　此論、主意有兩說。斯・高矯詔立胡亥、殺扶蘇・蒙恬・蒙毅。其禍不在於蒙毅之去左右、而在於始皇之用趙高。後世人主用宦官者、當以爲戒。一說李斯・趙高、敢於矯詔、殺扶蘇・蒙恬、而不憂二人之復請者、其禍不在於斯・高之亂、而在於商鞅之變法、始皇之好殺。後世人主之果於殺者、當以爲戒。前一段、說始皇罪在用趙高、附入漢宣任恭顯事。後一段、說始皇之果於殺、其禍反及其子孫、附入漢武殺戾太子事。此文法尤妙。

洪容齋評　秦之亡、起於扶蘇之死。此論歸咎秦嚴法。固是。但以父子之親、加以蒙恬擁重兵、至斂手就戮而不一請。豈非天欲亡人國、其禍敗必出於智之所不及歟。然其論秦人峻法、可爲永鑒云。

沈德潛評　文作兩大段看。前一段、說秦之亂在用趙高。後一段、說扶蘇・蒙恬之不敢請、在於商鞅變法後之積威。前一段中搭入漢宣、後一段中入搭漢武。而兩大段只是一事、仍只作一片看去。志林十三首、皆南海作。爲公極得意文字。幾於天雨粟、鬼夜哭。

賴山陽評　東坡少時之文、有過流宕而乏勁拔者。至海外文字、如健鶻擊空、老氣橫秋。

○春秋書公會戎于潛　公羊、隱公二年經、公會戎于潛。何休曰、凡書會者、惡其虛內務、恃外好也。古者諸侯非朝時、不得踰竟。所傳聞之世、外離會不書。書內離會者、春秋王魯、明當先自詳、正躬自厚、而薄責於人。故略外也。王者不治夷狄。錄戎者、來者勿拒、去者勿追。何休、東漢人。作春秋公羊傳解詁。

○凡春秋之書公書侯　天下至嚴、用法至詳之證。

王者不治夷狄論

蘇東坡

此篇主意、言以不治治之。故治字一篇眼目。

夷狄不可以中國之治治也。譬若禽獸然。求其大治、必至於大亂。（句有氣力。）先王知其然。是故以不治治之。治之以不治者、乃所以深治之也。（春秋上加故字看。）春秋書公會戎于潛。何休曰、王者不治夷狄。錄戎、來者不拒、去者不追也。（此是冒頭。第一段、論王者以不治治夷狄。）

夫天下之至嚴、而用法之至詳者、莫如春秋。凡春秋之書公、書侯、書字、書名、其

○擧　亦皆也。
○與國　和好相與之國也。孟子、告子下篇、我能爲君約與國、戰必克。史記、項羽紀、田假爲與國之王。如淳曰、相與交善、爲與國。黨與也。
○書州書國　公羊傳、莊公十年、荊者何。州名也。州不若國。國不若氏。氏不若人。人不若名。名不若字。字不若子。
○純　專也。

君得爲諸侯、其臣得爲大夫者、擧皆齊・晉也。不然則齊・晉之與國也。其書州、書國、書氏、書人、其君不得爲諸侯、其臣不得爲大夫者、擧皆秦・楚也。不然則秦・楚之與國也。夫齊・晉之君、所以治其國家、擁衛天子、而愛養百姓者、豈能盡如古法哉。蓋亦出於詐力、而參之以仁義。是齊・晉亦未能純爲中國也。秦・楚者、亦非皆貪冒無恥、肆行而不顧也。蓋亦有秉道行義之君焉。是秦・楚亦未至於純爲夷狄也。

齊・晉之君、不能純爲中國、而春秋之所與者

○有善則汲汲而書之、古文關鍵、注、如書齊桓召陵之盟・晉文城濮之戰之類。
○有過則多方而開赦之、又云、如齊桓滅項、則書師滅項、晉文召王、則曰王狩之類。
○有善則累而後進 又云、如荊之入蔡伐鄭、則以州稱、至來聘、則曰荊人焉。
○有惡則略而不錄 楚多簒弑、而春秋至文公元年、始書楚世子商臣弑其君頵、餘皆不書之類。
○不足以寄其褒貶 應有善則累而進、有惡則略而不錄。

常在焉。有善則汲汲而書之、惟恐其不得聞於後世。有過則多方而開赦之、惟恐其不得爲君子。秦・楚之君、未至於純爲夷狄、而春秋之所不與者常在焉。有善則累而後進、有惡則略而不錄。以爲不足錄也。是非獨私於齊・晉、而偏疾於秦・楚也。以見中國之不可以一日背、夷狄之不可以一日向也。其不純者、不足以寄其褒貶、則其純者可知矣。〔言齊・晉不純中國、猶褒之、秦・楚不純夷狄、猶貶之、則純中國則大褒之、純夷狄則大貶之。〕故曰、天下之至嚴、而用法之至詳者、莫如春秋。此是原題。〔第二段、論春秋筆法嚴詳、與中國、不與夷狄、起下段疑案。〕夫

○故曰、王者不治夷狄、此所謂以不治治之。

○將深責其禮、應求其大治、必至於大亂。

戎者、豈特如秦・楚之流入於戎狄而已哉。然而春秋書之曰、公會戎于潛。公無所貶、而戎爲可會、是獨何歟。夫戎之不能以會禮會公、亦明矣。此學者之所深研而求其說也。〔研、一本作疑。〕故曰、王者不治夷狄、錄戎、來者不拒、去者不追也。夫以戎之不可以化誨懷服也、彼其不悍然執兵、以與我從事於邊鄙、固亦幸矣。又況知有所謂會者、而欲行之。是豈不足以深嘉其意乎。不然、將深責其禮、彼將有所不堪、而發其暴怒、則其禍大矣。仲尼深憂之。故因〇曰、若是足矣　一句斷仲尼意。

〇循循然　徐舒有次第也。論語、子罕篇、夫子循循然善誘人。注、循循、次序貌也。

其來而書之以會、曰、若是足矣。是將以不治深治之也。此是講題。〔第三段、入題、一疑一解、以發揮以不治治之之主意。〕由是觀之、春秋之疾戎狄者、非疾純夷狄也。疾其以中國而流入於戎狄者也。此是結尾。〔第四段、言春秋之法嚴詳者、爲中國流入夷狄者、而非爲純夷狄、以解第二段、疑案、至此總收全篇。〕

謝疊山評　此是東坡應制科程文、六論中之一。有冒頭、有原題、有講題、有結尾。當熟讀、當暗記。始知其巧。

荀卿論　　蘇東坡

此篇主意、言以孔子平易正直憂天下、破荀卿高談異論誤後世。

嘗讀孔子世家、觀其言語文章、循循然莫不

○言必稱先王　禮記、曲禮篇、言必則古昔、稱先王。
○非遠也　謂易行也。
○非深也　謂易知也。
○匹夫匹婦之所共知　中庸、第十二章、夫婦之愚、可以與知焉。及其至也、雖聖人亦有所不知焉。夫婦之不肖、可以能行焉。及其至也、雖聖人亦有所不能焉。
○說　同悅。
○顏淵嘿然而不見其所能　論語、爲政篇、吾與回言、終日不違如愚。嘿、同默。

有規矩。不敢放言高論、言必稱先王。然後知聖人憂天下之深也。茫乎不知其畔岸、而非遠也。浩乎不知其津涯、而非深也。其所言者、匹夫匹婦之所共知、而所行者、聖人有所不能盡也。嗚呼、是亦足矣。使後世有能盡吾說者、雖爲聖人無難、而不能者、不失爲寡過而已矣。子路之勇、子貢之辨、冉有之智、此三者、皆天下之所謂難能而可貴者也。然三子者、每不爲夫子之所說。顏淵嘿然、而不見其所能。若無以異於衆人者。而夫子亟稱之。且夫

○有不足行其說者矣　沈德潛云、暗指荀卿。
○有竊其說而爲不義者矣　又云、暗指李斯。
○要在於不可易也　應莫不有規矩、言必稱先王。
○李斯事荀卿　史記、李斯傳、乃從荀卿學帝王之術。學已成。度楚王不足事。而六國皆弱、無可爲建功者。欲西入秦。辭於荀卿。
○焚滅其書　史記、始皇紀、三十四年、丞相李斯曰、臣請、天下敢有藏詩書百家語者、悉詣守尉、雜燒之。

學聖人者、豈必其言之云哉。亦觀其意之所嚮而已。夫子以爲後世必有不足行其說者矣。必有竊其說而爲不義者矣。〔一篇主意在此二段。〕是故其言平易正直、而不敢爲非常可喜之論。【結放言高論一句。】要在於不可易也。【第一段、論孔子慮後世不立異論。】

昔者、嘗怪、李斯事荀卿、既而焚滅其書、盡變古先聖王之法、於其師之道、不啻若寇讐。及今觀荀卿之書、然後知李斯之所以事秦者、皆出於荀卿、而不足怪也。荀卿者、喜爲異說、而不讓。敢爲高論、而不顧者也。其言愚人之所驚、小

○喜　與レ憙同。好也。
○世・獨　楊愼曰、世與レ獨兩字、下得極妙、見下荀卿爲二異端一處上。
○子思・孟軻也　見二荀子、非十二子篇一。
○人性惡　見二荀子、性惡篇一。
○剛愎　戾而自用也。愎、廣韻、戾也。左傳、宣公十二年、剛愎不仁、未二肯用一レ命。
○烹滅　漢書、刑法志、秦大辟、有二鑿顚抽脅鑊烹之刑一。

人之所レ喜也一。子思・孟軻、世之所レ謂賢人君子、也。荀卿獨曰、亂二天下一者、子思・孟軻也一。天下之人、如レ此其衆也。仁人義士、如レ此其多也。荀卿獨曰、人性惡、桀紂性也、堯舜僞也。由レ是觀レ之、意其爲レ人、必也剛愎不遜、而自許太過。彼李斯者、又特甚者耳一。今夫小人之爲二不善一、猶必有レ所二顧忌一。是以夏商之亡、桀紂之殘暴、而先王之法度、禮樂刑政、猶未レ至二於絶滅一而不レ可レ考者、是桀紂猶有レ所レ存、而不二敢盡廢一也。彼李斯者、獨能奮然而不レ顧。焚二燒夫子之六經一、烹二

○歷詆　歷、盡也。謂徧及之也。詆、毀也。
○不知荀卿云云　林西仲云、李斯誤認師說妄行。荀卿亦未料及。
○快一時之論　應放言高論。
○其父殺人　比荀卿。
○其子必且行劫　比李斯。劫、剽掠也。
○荀卿明王道　漢書、刑法志、世方爭於功利、而馳說者、以孫吳爲宗。唯荀卿明於王道。
○天下　韓本・宋板・東坡集、竝天下下、有果字。

滅三代之諸侯、破壞周公之井田。此三句、斷李斯之罪、可見李斯之罪大。此亦必有所恃者矣。彼見其師歷詆天下之賢人、以自是其愚、以爲古先聖王皆無足法者。不知荀卿特以快一時之論、而不自知其禍之至於此也。其父殺人報仇、其子必且行劫。荀卿明王道、述禮樂、而李斯以其學亂天下。其高談異論、有以激之也。第二段、言荀卿立異論激李斯之禍。孔孟之論未嘗異也。而天下卒無有及者。苟天下無有及者、則尚安以求異爲哉。第三段、混說主客、結全篇。林西仲曰、荀卿欲人不可及。故求異。仍以孔子結束最緊。

謝疊山評

孔子立言、平易正直、而不敢爲非常可喜之論。故其道歷萬世、而不可易。荀卿喜爲異說而不讓、敢爲高論而不顧歷詆天下之賢聖、以自是其愚。李斯學其師、無忌憚、有甚於荀卿者。

補註 文章軌範 卷之四 〔相字集〕

小心文

此集文章、古得道理、强以清明正大之心、發英華果鋭之氣、筆勢無敵、光焔燭天。學者熟之、作經義、作策、必擅大名於天下。

原道

韓　昌黎

此篇主意、在明聖道根源。欲明聖道根源、不得不先闢老佛。故第一・第二段、闢老佛、至第三段、始論原道主意。而主意歸仁義道德四字。故仁義道德四字一篇眼目。陳懋仁、續文章緣起曰、原、唐韓愈作、義始於大易原始要終之訓。推其本原之義、以示人也。齋藤拙堂曰、韓原道諸篇、直繼孟子。柳無此種作。優劣正在此。

博愛之謂仁、五字句。行而宜之之謂義。七字句。由是而之焉之謂道。八字句。足乎己無待於外之

〔英華〕英猶華、意義同。詩經、鄭風、有女同車篇、顏如舜英。

〔燭〕玉篇、照也。

○博愛之謂仁　國語、周語、博愛於人爲仁。論語、學而篇、汎愛衆而親仁。

○行而宜之之謂義　中庸、第二十章、義者宜也。禮記、祭義篇、義者宜此者也。

○由是而之焉之謂道　由是、是、指仁義也。孟子、離婁下篇、舜由仁義行。易經、説卦傳、立人之道、曰仁與義。

○足乎己無待於外之謂德　禮記、鄉飲酒義篇、德也者得於身也。

〇仁與義爲定名　仁義在人爲一定不可易之名。則見離仁與義、而言道者過矣。

〇故道有君子小人　易經、泰卦上象傳、君子道長、小人道消也。

〇德有凶有吉　左傳、文公十八年、孝敬忠信爲吉德、盜賊藏姦爲凶德。

〇老子之小仁義　老子、十八章、大道廢有仁義。

〇坐井而觀天　尸子、井中視星、所視不過數星。莊子、秋水篇、是直用管窺天、不亦小乎。

〇煦煦　謂口氣溫人也。正字通、煦煦、小惠貌。同煦嫗。禮記、樂記篇、煦嫗覆育萬物。注、氣曰煦、體曰嫗。莊子、太宗師篇、相煦以濕。

〇孑孑　單獨之義。漢書、功臣表、注、孑然、獨立貌。釋名、孑、小稱也。

〇其所謂道、道其所道　老子、第一章、道可道、非常道。

謂德。十字句。〇開端四句、四樣句法、此文章家巧處。【中庸、第一章、天命之謂性、率性之謂道、修道之謂教、道者不可須臾離也。可離非道也。此篇起首句法、本于此。林西仲云、四句是原道綱領。】仁與義爲定名、道與德爲虛位。上句長、此兩句短。便頓挫成文。故道有君子有小人。而德有凶有吉。此所以謂之虛位。老子之小仁義、非毀之也、其見者小也。當看莊子。坐井而觀天、曰天小者、非天小也。彼以煦煦爲仁、孑孑爲義。其小之也則宜。此語出老莊之書。其所謂道、道其所道。非吾所謂道也。其所謂德、德其所德。非吾所謂德也。凡吾所謂道德云者、合仁與義言之也。天下之公言也。老子所謂道德云者、去仁與義言之也。一

人之私言也。此一篇、斷盡聖人之道與老子之道不同處。更以莊子、胠篋・馬蹄篇觀之。周道衰、孔子沒、火于秦。三字句。黃老于漢、四字句。佛于晉・宋・魏・隋・齊・梁之閒。十字句。其言仁義道德者、不入于楊、則入于墨。不入于墨、則入于老。不入于老、則入于佛。入于彼、必出于此。孟子說歸楊歸儒。今變歸字爲入。○文公去陳言、自撰新語。只是把古人文章變化。入者主之、出者奴之。入者附之、出者汙之。入于楊墨佛老者、必出于聖人之學。主異端者、必以聖人之道爲奴。附異端者、必以聖人之道爲汙。噫、後之人、其欲聞仁義道德之說、孰從而聽之。

老者曰、孔子、吾師之弟子也。佛者曰、孔子、吾師之弟子也。爲孔子者、習聞其說、樂其誕、而

○其所謂德、德其所德 老子、第三十八章、上德不德、是以有德。

○老子所謂道德云者 史記、老子傳、老子乃著書上下篇、言道德之意、五千餘言。莊子、駢拇篇、且夫屬其性乎仁義者、雖通如曾史、非吾所謂臧也。（中略）吾所謂臧者、非仁義之謂也。臧於其德而已矣。

○火于秦 史記、秦始皇紀、李斯請、史官非秦紀、皆燒之。非博士官所職、天下敢有藏詩書百家語者、悉詣守尉雜燒之。

○黃老于漢 封演、聞見記、道教本自黃帝。至老君、祖述其言。故稱爲黃老之學。漢時、曹參薦蓋公、能言黃老、文帝・景帝皆宗之。自是相傳、至東漢張道陵、創興道教、奉元始天尊太上老君、爲教祖。後與佛教並行。

○晉・宋・魏・隋・齊・梁 本集作晉・魏・梁・隋。蔣注、南學

晉・梁、北擧二魏・隋一。
○其言二仁義道德一者　一本作下其言二道德仁義一者上。
○楊・墨　楊朱、主二爲我之說一、言詳二列子、力命・楊朱二篇一。墨翟主二兼愛之說一、著書七十一篇、今存二五十一篇一。
○主・奴・附・汙　韻叶。
○老者曰、孔子吾師之弟子也　孔子問二禮老聃一之言、見二大戴禮・史記一。
○佛者曰、孔子吾師之弟子也　困學紀聞曰、佛者曰、孔子吾師之弟子也。蓋用二佛書三聖弟子之說一、謂二老子・仲尼・顏子一也。緯文瑣語云、陳耀文、天中記、引二唐釋法琳、破邪論一云、佛遣二三弟子震旦一、敎化儒童菩薩、彼稱二孔丘一。光淨菩薩、彼稱二顏回一。摩訶迦葉、彼稱二老子一。
○爲二孔子一者　爲、學也。論語、陽貨篇、女爲二周南・召南一矣哉。
○誕　妄爲二大言一也。
○筆二之於其書一　如二莊子、

自小也。亦曰、吾師亦嘗師レ之云爾。不三惟擧二之於其口一、而又筆二之於其書一。噫、後之人、雖レ欲レ聞二仁義道德之說一、其孰從而求レ之。甚矣、人之好レ怪也。不レ求二其端一、不レ訊二其末一、〔端、始也。末、終也。〕惟怪之欲レ聞。

〔第一段、揭二聖人眞道德一、以闢二老佛僞道德一。卽一篇大意。〕

古之爲レ民者四。今之爲レ民者六。古之教者處二其一一。今之教者處二其三一。〔一、謂レ士、卽學レ儒者。三、謂二儒・老・佛一。〕農之家一、而食レ粟之家六。工之家一、而用レ器之家六。賈之家一、而資レ焉之家六。奈二之何一、民不二窮且盜一也。〔好句法。〕古之時、人之害多矣。有二聖人者立一、然後教レ之、以二相生相養之道一。

天運篇、孔子見老聃而語仁義。老聃曰、仁義憯然乃憤吾心。亂莫大焉(中略)孔子歸、三日不談之類也。

○古之爲民者四　穀梁傳、成公元年、古者四民。有士民、有商民、有農民、有工民。

○今之爲民者六　四民之外、加道士・僧侶。

○爲之君、爲之師　孟子、梁惠王下篇、書曰、天降下民、作之君、作之師。

○驅其蟲蛇禽獸　謂夏禹治水驅龍蛇。孟子、滕文公下篇、當堯之時、水逆行、氾濫於中國。蛇龍居之。民無所定。使禹治之。禹掘地而注之海、驅蛇龍而放之菹。(中略)險阻既遠、鳥獸之害人者消。然後人得平土而居之。

○木處而顚、土處而病也　孟子、滕文公下篇、下者爲巢、上者爲營窟。

○贍足也。

此一段、見得天地開、不可無聖人之道、聖人之道、有功於人、非佛老可及。

爲之君、爲之師、驅其蟲蛇禽獸、而處其中土。寒然後爲之衣、饑然後爲之食、木處而顚、土處而病也。然後爲之宮室、爲之工、以贍其器用、爲之賈、以通其有無、爲之醫藥、以濟其夭死、爲之葬埋祭祀、以長其恩愛、爲之禮、以次其先後、爲之樂、以宣其湮鬱、爲之政、以率其怠勌、爲之刑、以鋤其强梗。相欺也、爲之符璽斗斛權衡、以信之、相奪也、爲之城郭甲兵、以守之。害至而爲之備、患生而爲之防。

此一段、連下十七个爲之字。變化九樣句法。起伏頓挫、如層峯疊巒、如驚濤巨浪。讀者快心暢意、不覺其

○湮鬱氣塞滯也。史記、賈誼傳、已矣國其莫我知。獨湮鬱其誰語。
○强梗方言、梗猛也。廣雅、梗强也。
○爲之符璽斗斛權衡以信之　莊子、胠篋篇、爲之斗斛以量之、爲之權衡以稱之、爲之符璽以信之。
○今其言曰　莊子、胠篋篇、聖人不死、大盜不止。掊斗折衡、而民不爭。
○君者出令者也　國語、楚語、王言以出令者也。
○作器皿　孟子、滕文公下篇注、皿所以覆器者也。

下字之重疊。此章法也。

今其言曰、聖人不死、大盜不止。剖斗折衡、而民不爭。嗚呼、其亦不思而已矣。文勢有頓挫。如古之無聖人、人之類滅久矣。此數句、從文暢序、同意可看。何也。頓挫。無羽毛鱗介以居寒熱也。無爪牙以爭食也。是故君者出令者也。第一句四字。臣者行君之令、而致之民者也。第二句十字。民者出粟米麻絲、作器皿、通貨財、以事其上者也。第三句、十七字、由短入長、此是章法。君不出令、則失其所以爲君。第一句七字。臣不行君之令、而致之民、則失其所以爲臣。七字。民不出粟米麻絲、作器皿、通貨財、以事其上、則誅。此是第三句、二字章法。

今其法曰、必棄而君臣、去而父子、禁而相生相養之道、以求其所謂淸淨寂滅者。嗚呼、其亦幸而出於三代之後、而不見黜於禹・湯・文・武・周公・孔子也。其亦不幸而不出於三代之前、不見正於禹・湯・文・武・周公・孔子也。帝之與王、其號雖殊、（原本、雖作各。）其所以爲聖一也。夏葛而冬裘、渴飮而饑食。其事雖殊、其所以爲智一也。今其言曰、曷不爲太古之無事。（佛老之言。）是亦責冬之裘者曰、曷不爲葛之之易也。責饑之食者曰、曷不爲飮之之易也。傳曰、古之

○必棄而君臣 而、汝也。詩經、大雅桑柔篇、鄭箋、而、猶汝也。

○淸淨寂滅 淸淨、謂老、寂滅、謂佛也。史記、老子傳云、李耳淸淨自正。涅槃經云、諸行無常、是生滅法、生滅滅巳、寂滅爲樂。

○帝之與王、其號雖殊 白虎通、號篇、德合天地者稱帝。穀梁傳、莊公三年、其曰王者、民之所歸往也。

○夏葛而冬裘 韓非子、五蠹篇、冬日麑裘、夏日葛衣。史記、太史公自序傳曰、夏日葛衣、冬日鹿裘。

○傳曰 指大學。

○天常　揚子法言、問道篇、吾見天常、注、天常、五常也。
○諸侯用夷禮則夷之　左傳、僖公二十七年、春杞桓公來朝、用夷禮、故曰子。公卑杞、杞不共也。
○夷而進於中國則中國之　穀梁傳、文公九年、楚子使萩來聘、楚無大夫、其曰萩、何也。以其來我褒之也。
○經曰　論語、八佾篇。
○詩曰云云　詩經、魯頌閟宮篇也。膺、擊也。荊、楚本號也。舒、國名。近楚者也。懲、艾也。僖公與齊桓舉義兵、北擊戎狄、南艾荊舒也。

欲明明德於天下者、先治其國。欲治其國者、先齊其家。欲齊其家者、先修其身。欲修其身者、先正其心。欲正其心者、先誠其意。援大學之言。然則古之所謂正心誠意者、將以有爲也。今也欲治其心、而外天下國家、滅其天常、子焉而不父其父、臣焉而不君其君、民焉而不事其事。極論佛老之禍天下。孔子之作春秋也、諸侯用夷禮則夷之、夷而進於中國則中國之。好句法。經曰、夷狄之有君、不如諸夏之亡。詩曰、戎狄是膺、荊舒是懲。今也舉夷狄之法、而加之先王之敎

○胥相也。詩經、小雅雨無正篇、淪胥以鋪。鄭箋、胥相也。言牽率相引、而徧得罪也。愈蓋以胥爲相率之義也。

○其爲道易明、其爲敎易行也　林西仲曰、二易字、與上文怪誕對看。言人倫日用之常、不必棄君臣父子昆弟夫婦之道也。

○順而祥　禮記、禮運篇、父子篤、兄弟睦、夫婦和、家之肥也。大臣法、小臣廉、官職相序、君臣相正、國之肥也。是謂大順祥、善也、福也。禮記、禮運篇、體其犬豕牛羊、實其簠簋籩豆鉶羹、祝以孝告、嘏以慈告。是謂大祥。書經、伊訓篇、作善降之百祥、作不善降之百殃。賈子、太政篇、祥者福之榮也。然則祥之一字、蓋隱然見不必崇信釋氏求福田利益之意。

○愛而公　言不必待釋氏平等利益之說也。

之上。幾何其不胥而爲夷也。好句法。【第二段、反覆闢老佛。主意言聖人貴生養、老佛不貴生養。生養卽仁義之實。】夫所謂先王之敎者何也。此一轉妙。博愛之謂仁、行而宜之之謂義、由是而之焉之謂道、足乎己無待於外之謂德。其文、詩・書・易・春秋。其法、禮・樂・刑・政。其民、士・農・工・賈。此三句短。其位、君臣・父子・師友・賓主・昆弟・夫婦。此一句長。其服、麻絲。其居、宮室。此二句短。其食、粟米蔬果魚肉。此一句又長。其爲道易明、其爲敎易行也。此一句、合二句爲一句。○連下九个其字、變化六樣句法。與前章爲之字相應。此是章法。是故以之爲己、則順而祥。以之爲人、則愛而公。以之爲心、則和而平。以之爲天下國家、無所處而不當。上三句、一樣句法。第四句便變化十三字一句。此章法也。是故生則得其情、死則盡其常。郊焉而天神假、字法。廟焉而人鬼享。字法。【詳・公・平・當・情・常・享、韻叶。享、一本作饗。】曰、斯道也、何道也。文有收拾、有關鎖。曰、斯吾之所謂道也。非向所謂老與佛之道也。堯以是傳之舜。舜以是傳之禹。禹以是傳之湯。湯以是傳之文武・周公。文武・周公傳之孔子。孔子傳之孟軻。軻之死、不得其傳焉。此兩句絶妙。○六句直下來、如良馬下峻嶺、如輕舟下長湍。若無一句攔截住、便不成文章。【宋儒道統之傳、本于此。】荀與揚也、擇焉而不精、語焉而不詳。文有頓挫。由周公而上、上而爲君。故其事行。由周

○和而平言不必待清淨寂滅之教也。

○盡其常、謂終得其天年也。

○郊焉而天神假、廟焉而人鬼享　郊、冬至祀天於南郊、夏至祀地於北郊。故謂祀天地爲郊。禮記、禮運篇、故禮行於郊、而百神受職焉。禮行於祖廟、而孝慈服焉。假音格、至也。詩經、商頌烈祖篇、來假來饗。書經、益稷篇、祖考來格。後漢書、章帝紀、作祖考來假。

○人鬼祖宗也。

○孔子傳之孟軻　按以孟子續孔子之後、蓋自史遷孟子傳始。而班固・馬融・趙岐竝皆以孔孟竝稱。蓋漢人相受、其言如此。公讀荀子、亦曰、孔子之徒沒、尊聖人者、孟氏而已矣。可見漢經師之説、唐時仍守而弗失矣。

○荀與揚也　荀卿、名況、趙人。嘗推儒墨道德之

行事興壞、序列著數萬言。漢揚雄、字子雲。撰法言十三卷。讀荀子曰、孟子醇乎醇者也、荀與揚大醇而小疵。亦此意。

○由周公而上云云　上者、指堯・舜・禹・湯・文武也。各得其時與位、而行其道。故易也。下者指孔孟也。不得其時與位。故雖行道難也。於是載之於經典。故其說長也。

○人其人　或云、人其人蓋民其人也。上人字卽民字。避太宗諱作人也。

○鰥寡孤獨廢疾者有養也　禮記、禮運篇矜寡孤獨廢疾者、皆有所養。周禮、小司徒、以辨其貴賤老幼廢疾。注云、廢疾謂癃病也。廢與癈通、痼疾不可復用者。吳乘權云、無老佛之害。故窮民皆得其所養。

〔禮運〕　禮記篇名。

公而下、下而爲臣。故其說長。程伊川云、周公沒、聖人之道不行。孟軻沒、聖人之道不傳。道不行、百世無善治。學不傳、千載無眞儒。其說本於此。然則如之何而可也。此一轉有萬鈞筆力。不如此斡轉、如何收拾結得。曰、不塞不流、不止不行。佛老之道不塞、聖人之道不流。佛老之道不止、聖人之道不行。句法最巧。人其人、句法。火其書、句法。廬其居、句法。明先王之道、以道之、此是句法。鰥寡孤獨廢疾者、有養也、此一句出禮運。其亦庶乎其可也。一篇皆大議論。結得尤有力。○結得似軟而實健。言有盡而意無窮。【第三段、始發揮原道主意。主意止于仁義道德四字。

石守道評　孔子之易・春秋、自聖人以來、未有也。韓吏部原道等篇、自諸子以來、未有也。

錢豐寰評　原道一篇、立言正大、發先儒所未發。唐書稱、其奧衍閎深、與孟軻・揚雄相表裏、而左右六經。知言哉。乃宋儒輩多爲指摘何歟。余竊謂、韓公崛起六經殘缺之後、奮然獨悟、一歸于正。此其事尤難、而功甚大、不當訾之深也。至其爲文神詭萬狀、出有入無、震蕩天地、則自孔孟後、稱大文章矣。

與孟簡尚書書　韓昌黎

此書多有巧心妙手、批不盡。須是面說。孟簡尚書、舊唐書、孟簡傳、簡字幾道、平昌人。簡明於內典。元和六年、詔與給事中劉伯芻・工部侍郎歸登・右補闕蕭俛等、同就醴泉佛寺、翻譯大乘本生心地觀經。簡最擅其理。公元和十四年、以言佛骨貶潮州。與潮州僧大顛遊。人遂云奉佛氏。其冬移袁州。明年孟簡移書言及。公作此書答之。主意言吾不信佛。來書曰吾信佛、傳者之妄也。

愈白、行官自南迴、過吉州、得吾兄二十四日手書數番。忻悚兼至。未審入秋來、眠食何似。伏惟萬福。〔以上三十八字、原本節錄。〕來示云、有人傳愈近少信奉釋氏。〔一本、氏下有者字。〕此傳之者妄也。潮州時、有

○行官、謂使人也。通鑑注、節鎭州府、皆有牙官・行官。牙官、供牙前驅使、行官、使之行役出四方。

○吉州、屬今江西廬陵道。元和十五年、貶太子賓客分司孟簡吉州司馬。

○數番、番、枚也。數番、猶言數枚也。唐書、藝文志、大明宮光順門外、東都明福門外、皆創集賢書院。學士通籍出入。既而太府月給蜀郡麻紙五千番。

○釋氏、魏書、釋老志、佛者本號釋迦、文者譯言能仁。謂德充道備堪濟萬物也。按、僧家稱釋氏、始于晉道安。見潛確類書。

○潮州、舊唐書、憲宗紀、

一老僧號大顚。頗聰明識道理。遠地無可與語者。故自山召至州郭、〔召至、一本作召諸。〕留十數日。實能外形骸、以理自勝、不爲事物侵亂。與之語、雖不盡解、要自胸中無滯礙。自以爲難得、因與來往。及祭神至海上、遂造其廬。及來袁州、留衣服爲別。乃人之情、非崇信其法、求福田利益也。〔此以下文、有氣力、有光燄。〕孔子云、丘之禱久矣。凡君子、行己立身、自有法度、聖賢事業、著在方册、可效可師。仰不愧天、俯不愧人、內不愧心、積善積惡、殃慶自各以其類至。何有去聖人之

元和十四年春正月丁亥、迎鳳翔法門寺佛骨、至京師、留禁中三日、乃送諸寺。王公士庶、奔走捨施如不及。刑部侍郎韓愈上疏極諫其弊。癸巳貶愈爲潮州刺史。

○有一老僧號大顚　東坡志林曰、韓退之喜大顚、如喜澄觀文暢之意。爾。非信佛法也。世乃妄撰退之與大顚書、其詞凡陋、退之家奴僕亦無此語。有一士人、又於其末妄題云、歐陽永叔謂、此文非退之莫能及。此又誣永叔也。按昌黎外集、載與大顚書三篇、文字淺陋、蓋後人僞託。

○外形骸　莊子、大宗師篇、脩行無有、而外其形骸。

○及祭神至海上　潮州祭神文、見韓集。

○及來袁州　舊唐書、韓愈傳、愈至潮陽上表。憲宗謂宰臣曰、昨得韓愈到潮州表、因思其所諫、

佛骨事、大是愛我、我豈不知。然愈爲人臣、不當言人主事佛乃年促也。我以是惡其容易。上欲復用愈。故先語及觀宰臣之奏對、而皇甫鎛惡愈猖直、恐其復用、率先對曰、愈終大狂疏、且可量移一郡、乃授袁州刺史。
○孔子云 論語、述而篇、子疾病。子路請禱。子曰、有諸。子路對曰、有之。誄曰、禱爾于上下神祇。子曰、丘之禱久矣。
○著在方册 册、與策同。中庸、第二十章、文武之政、布在方策。注、方、版也。策、簡也。
○仰不愧天、俯不愧人 孟子、盡心上篇、仰不愧於天、俯不怍於人。
○孔子云云 義門讀書記、謂進無所據。
○積善積惡 易經、文言傳、積善之家、必有餘慶、積不善之家、必有餘殃。
○詩 詩經、大雅旱麓篇。

道、捨先王之法、而從夷狄之敎、以求福利也。詩不云乎、豈弟君子、求福不回。傳又曰、不爲威惕、不爲利疚。假如釋氏能與人爲禍福、非守道君子之所懼也。況萬萬無此理。且彼佛者、果何人哉。其行事類君子耶、小人耶。若君子也、必不妄加禍於守道之人。如小人也、其身已死、其鬼不靈。天地神祇、昭布森列、非可誣也。又肯令其鬼行胸臆、作威福於其閒哉。進退無所據、而信奉之、亦且惑矣。」此一段、說佛必不能禍守道之人。理强辭直、有氣力有光燄。【第一段、言己不信佛、辯孟尙書疑。卽一篇大意。

且愈不助釋氏、而排

豈、樂也。弟、易也。豈弟、樂易貌。回、邪也。
○傳又曰、不爲威惕、不爲利疚。疚、病也。左傳、哀公十六年、楚白公勝曰、不爲利諂、不爲威惕。昭公二十年、君子不爲利疚於回。
○假如釋氏云云　假如、虛說之辭。讀書記云、退無所據。
○與人　與、爲也。
○禍福本集作禍祟。
○森列　森、嚴肅之意。
○作威福於其閒　書經、洪範篇、惟辟作福、惟辟作威。
○孟子云　滕文公下篇、天下之言不歸楊、則歸墨。兩歸字、改作之。
○三綱淪　白虎通、三綱六紀篇、三綱者、何謂也。謂君臣・父子・夫婦也。故君爲臣綱、父爲子綱、夫爲妻綱。廣雅、淪、沒也。
○九法斁　九法、謂洪範九疇。書經、洪範篇、帝乃震怒、不畀洪範九疇、彝

之者、其亦有說。孟子云、今天下不之楊、則之墨。楊墨交亂、而聖賢之道不明。聖賢之道不明、則三綱淪、而九法斁、禮樂崩、而夷狄橫。幾何其不爲禽獸也。此一段、先鋪張楊墨爲禍於天下甚大。可見孟子有力於天下後世、甚大。故曰、能言距楊墨者、聖人之徒也。楊子雲曰、古者楊墨塞路。孟子辭而闢之、廓如也。夫楊墨行、正道廢。且將數百年、以至於秦、卒滅先王之法、燒除經書、坑殺學士、天下遂大亂。及秦滅漢興、且百年、尚未知修明先王之道。其後始除挾書之律、稍求亡書、招學士。經雖少得、

尚皆殘缺、十亡二三。故學士多老死、新者不見全經、不能盡知先王之事。各以所見爲守、分離乖隔、不合不公。二帝三王、羣聖人之道、於是大壞、後之學者、無所尋逐、以至于今、泯泯也。其禍出於楊墨肆行而莫之禁故也。孟子雖聖賢、不得位。空言無施。雖切何補。此四句、似抑而貶之。然賴其言、而今之學者、尚知宗孔氏、崇仁義、貴王賤伯而已。此二句、又揚而張之。其大經大法、皆亡滅而不救、壞爛而不收。所謂存十一於千百。安在其能廓如也。此四句、又抑而貶之。然向無孟氏、則皆

倫所斁。鄭注云、大法九類、所由敗也。蔡傳、洪範九疇、治天下之大法、其類有九。斁、音妬、敗也。

○故曰　孟子、滕文公下篇。

○揚子雲曰　法言、吾子篇之語。引孟子及揚子之言、證孟子有功于聖門、以見己排佛氏接孟子後。

○廓如也　禮記、檀弓篇、釋文、廓、開也。揚子方言、張小使大、謂之廓。

○燒除經書、坑殺學士　史記、始皇紀、三十四年、李斯請、天下敢有藏詩書百家語者、悉詣守尉雜燒之。三十五年、諸生犯禁者四百六十餘人、皆阬之咸陽。孔安國、尚書序、秦始皇滅七代典籍、焚書坑儒、學士逃難解散、我先人用藏其家書於屋壁。漢室龍興、開設學校、旁求儒雅、以闡大猷。

○除挾書之律　秦律、挾

書者族。漢惠帝四年、始除此律。挾、藏也。

○稍求亡書、招學士、經雖少得、尚皆殘缺、十亡二三。史記、儒林傳、孝文帝時、欲求能治尚書者、聞伏生壁藏之。是時伏生年九十餘、老不能行、使鼂錯往受之。亡數十篇。漢書、藝文志、漢興改秦之敗、大收篇籍、廣開獻書之路。迄孝武世、書缺簡脫、禮壞樂崩。聖上建藏書之策、置寫書之官、皆充祕府。至成帝時、以書頗散亡、使謁者陳農求遺書於天下、詔光祿大夫劉向、校經傳諸子詩賦、步兵校尉任宏校兵書、大史令尹咸校數術、侍醫李柱國校方技。

○學士多老死　謂伏生之徒。

○各以所見爲守　謂漢人專門之學。

○泯泯　湮滅貌。

○存十一於千百　陸機

服左衽、而言侏離矣。此一句、又揚而張之。○只此一句、發明孟子之功、何必多言。文勢如力重九鼎、亦從論語孔子說管仲變化來。故愈嘗推尊孟氏、以爲功不在禹下者、爲此也。此一段、發明孟子闢楊墨之功、有抑揚、有翕張。〔第二段、論孟子排楊墨、明聖道。〕呂晚村曰、以上說孟子以下韓公自任之。

漢氏以來、此以下、說此時有釋老之害。羣儒區區、脩補百孔千瘡、隨亂隨失。其危如一髮引千鈞。綿綿延延、寖以微滅。於是時也、而唱釋老於其閒、鼓天下之衆而從之。嗚呼、其亦不仁甚矣。釋老之害、過於楊墨、韓愈之賢、不及孟子。孟子不能救之於未亡之前、而韓愈乃欲全之於已壞之後。嗚呼、其亦不量其力、且見其身之危、莫之救以死也。韓文公推尊孟子、以爲功不在禹下。實自推尊以爲功不在孟子下。此一段、以孟子與己對說。文勢抑揚輕重、雖曰賢不及孟子、其實自許其功過於孟子。雖然、使其道由愈而粗傳、雖滅死萬萬無恨。天地鬼神、臨之在上、質之在傍。又安得因一摧折、自毀其道、以從於邪也。籍・湜輩雖屢指教、張籍・皇甫湜、皆公門人。不知果能不叛去否。辱吾兄眷厚、而不獲承命。惟增慙懼。死罪死罪。【第三段、論己次孟子排老佛明聖道、因歸宿于不信佛之本意、答來書。籍湜輩云云、餘波、言籍湜或叛聖、己則不然。】

謝疊山評　聖賢立言、與庸衆人異。貶一人、不必多言、只一字一句貶之、其辱不可當。褒一人、不必多言、只一字一句褒之、其榮不可當。孔子褒管仲只四句。一匡天下、民到于今受其賜、微管仲、吾其被髮左衽矣。孟子學孔子者也。褒百里奚只三句。相秦而顯其君於天下、可傳於後世、不賢而能如是乎。韓文公學孔孟者也。褒孟子、初只兩句。然賴其言、而今學者尙知宗孔氏、崇仁義、尊王賤伯而已。終只兩句。向無孟氏、則皆

歎逝賦、顧舊要於遺存、得十一於千百。

○左衽　夷狄之俗。見論語、憲問篇。

○侏離　後漢書、南蠻傳、語言侏離。注、蠻夷語聲也。又不分明也。

○其危如一髮引千鈞　列子、仲尼篇、髮引千鈞。漢書、枚乘傳、夫以一縷之任、係千鈞之重。

○綿綿延延　說文、綿綿、微也。後漢書、何敞傳、絕其綿綿、塞其涓涓。逸周書、和寤解、綿綿不絕、蔓蔓若何。

○雖滅死云云　迎佛骨表云、佛若有靈、能作禍祟、凡有殃咎、宜加臣身。上天鑒臨、臣不怨悔。

○臨之在上、質之在傍　中庸、第十六章、洋洋乎如在其上、如在其左右。又第二十九章、質諸鬼神而無疑。

○一摧折　謂貶潮州。

○眷厚　勤厚之意。

○不獲承命　不奉來書命也。

○王倫　宋史、王倫、字正道、莘縣人。文正公旦弟勗玄孫也。家貧無行、爲任俠、往來京洛間、數犯法免。汴京失守、欽宗御宣德門、都人喧呼不已。倫乘勢徑造御前曰、臣能彈壓之。遂自薦其才。欽宗取片紙書曰、王倫可除兵部侍郎。倫下樓挾惡少數人、傳旨撫定都人乃息。建炎元年、選能專對者使金、問兩宮起居。遷朝奉郎、假刑部侍郎、充大金通問使。紹興八年、秋以端明殿學士、再使金國。

服左衽而言侏離矣。正與孔子褒管仲之語同。歐陽公作蘇老泉墓誌云、眉山在西南數千里外。公父子一日隱然名動京師、而蘇氏之文章、遂擅天下。亦得褒奬法。

茅鹿門評　翻復變幻、昌黎書、當以此爲第一。古來書、自司馬子長答任少卿後、獨韓昌黎爲工。而此書尤昌黎佳處。

上高宗封事　胡澹庵

高宗、宋史、本紀、高宗諱構、字德基、徽宗第九子。封事、封緘也。漢制、奏事皂囊封板、以防宣泄、謂之封事。舊唐書、職官志、補闕拾遺之職、掌供奉諷諫。凡發令擧事有不便於時、不合於道、大則廷議、小則上封。杜子美詩、明朝有封事、數問夜如何。此篇主意、言宜斬王倫・秦檜・孫近三人、破和開戰。

宋胡銓、字邦衡、號澹庵。廬陵人。建炎二年進士、任樞密院編修。紹興八年、宰臣秦檜決策主和。金使以詔諭江南爲名。中外洶洶。銓抗疏詆和議。書既上。檜以銓狂妄凶悖、鼓衆劫持、除名編管昭州。孝宗卽位、擢起居郎、至權兵部侍郎、卒。謚忠簡。有澹庵文集。

○市井　孟子、萬章下篇、在國曰市井之臣。漢書、貨殖傳、注、凡言市井者、市、交易之處、井、共汲之所。故總而言之也。一說、留青日札曰、市井、蓋言市中之道、四達如井、故曰市井。

○無賴　史記、高祖本紀、注、賴利也。無利於家也。或曰、江淮之閒、謂小兒多作狡猾、爲無賴。

○切齒　憤慨之甚、兩齒相磨切也。

○誘致虜使　謂蕭哲・張通古爲江南詔諭使、偕倫來。

○是欲臣妾我也　左傳、宣公十二年、鄭伯肉袒曰、其翦以賜諸侯、臣妾之、亦唯命。

○是欲劉豫我也　左傳、定公十年、曰、爾欲吳王我乎。

○劉豫臣事醜虜、南面稱王　宋史、劉豫、字彥游、景州阜城人也。始擧進士、宣和六年、除河北提

謹按、〔宋文粹、錄此文篇首有紹興八年十一月日、右通直郎樞密院編修官胡銓謹齋沐裁書昧死拜獻于皇帝陛下、臣三十五字。〕王倫本一狎邪小人、市井無賴。（此八字的當王倫出身本末、見王倫賣國之由。）頃緣宰相無識、遂舉以使虜。惟務詐誕、欺罔天聽、驟得美官。天下之人、切齒唾罵。今者無故誘致虜使、以詔諭江南爲名。是欲臣妾我也。（好句法。）是欲劉豫我也。（好句法。）劉豫臣事醜虜、南面稱王、自以爲子孫帝王、萬世不拔之業。一旦豺狼改慮、捽而縛之、父子爲虜。商鑒不遠。而倫又欲陛下效之。夫天下者、祖宗之天下也。陛下所居之位、祖宗之位也。柰何以祖

刑。金人南侵、豫棄官避亂儀眞。建炎四年七月、金人遣大同尹高慶裔・知制誥韓昉、册豫爲皇帝、國號大齊、都大名府。九月豫卽僞位、赦境內、奉金正朔、稱天會八年。建炎七年十一月、廢豫爲蜀王、豫僭王凡八年廢。
○醜虜　與豺狼・犬戎・夷狄、皆指金國。詩經、大雅常武篇、仍執醜虜。
○子孫帝王云云　三國志、注、引曹冏上書曰、始皇自以爲、關中之固、金城千里。子孫帝王萬世之業也。
○豺狼改慮　豺狼、謂金人也。左傳、閔公元年、管敬仲曰、戎狄豺狼、不可厭也。
○捽　説文、捽、持頭髮也。捽、音卒。
○爲虜　漢書、樊噲傳、注、生獲曰虜。
○商鑑不遠　見詩經、大雅蕩篇。殷鑑不遠、在夏

宗之天下、爲犬戎之天下、以祖宗之位、爲犬戎藩臣之位。陛下一屈膝、則祖宗廟社之靈、盡汙夷狄、祖宗數百年之赤子、盡爲左衽、朝廷宰執、盡爲陪臣、天下士大夫、皆當裂冠毀冕、變爲胡服。異時豺狼無厭之求、安知不加我無禮如劉豫也哉。（一本我下、有以字。）夫三尺童子、至無知也。指犬豕而使之拜、則怫然怒。今醜虜則犬豕也。堂堂天朝、相率而拜犬豕。曾童孺之所羞、而陛下忍爲之耶。倫之議乃曰、我一屈膝、則梓宮可還、太后可復、淵聖可歸、中原

后世。宋人避太祖父諱、殷作商。

○爲犬戎之天下　宋史、犬戎作金虜、下同。犬戎、指金國。蘇老泉、審敵篇、天生北狄、謂之犬戎。

○赤子　正字通、始生小兒曰赤子。君謂民亦曰赤子。書經、康誥篇、如保赤子。

○陪臣　論語、季氏篇、陪臣執國命、三世希不失矣。馬注、陪、重也、謂家臣。宋史、韓世忠傳、世忠上疏言、金人欲以劉豫相待、擧國士大夫盡爲陪臣。

○裂冠毀冕　左傳、昭公九年、伯父若裂冠毀冕、拔本塞源、專弃謀主、雖戎狄其何有余一人。

○異時　後日也。

○三尺童子　春風堂隨筆曰、仲尼之門、五尺之童子羞稱五伯。古以二歲半爲一尺。言五尺、是十二歲以上、十五歲、則稱六尺也。据此則三尺

可得。【史記、封禪書、臣之師曰、黄金可成、而河決可塞、不死之藥可得、僊人可致也。梓宮可還云云句法所本。】嗚呼、自變故以來、主和議者、誰不以此諂陛下哉。而卒無一驗。是虜之情僞已可知矣。陛下尚不覺悟、竭民膏血而不恤、忘國大讎而不報。含垢忍恥、擧天下而臣之、甘心焉。就令虜決可和、盡如倫議、天下後世、謂陛下何如主。況醜虜變詐百出、而倫又以奸邪濟之。梓宮決不可還、太后決不可復、淵聖決不可歸、中原決不可得。而此膝一屈、不可復伸、國勢陵夷、不可復振。可爲痛哭流涕長太息也。向者陛下、

謂七八歲童子也。孟子、滕文公上篇、雖使五尺之童適市、莫之或欺。

○堂堂　盛貌。

○梓宮　漢書、霍光傳、賜梓宮。師古注、以梓木爲之、親身之棺也。爲天子制。故亦稱梓宮。風俗通曰、宮者存時所居、緣生事死、因以爲名。此謂徽宗崩於五國城、金奪其柩也。

○大后　謂韋大后。高宗母韋氏、從徽宗北遷。

○淵聖　宋史、欽宗紀、靖康二年五月、康王卽位于南、遙上欽宗尊號、曰孝慈淵聖皇帝。

○變故　謂靖康之變。

○誰不以此啗陛下哉　漢書、高祖紀、注、啗者、本謂食啗耳。今言以利誘之、取食爲譬。

○含垢忍恥　左傳、宣公十五年、國君含垢。

○甘心　謂快其意無復恥心。

○國勢陵夷　漢書、成帝

閒關海道、危如累卵。當時尚不肯北面臣虜。況今國勢稍張、諸將盛鋭、士卒思奮。只如頃者、醜虜陸梁、僞豫入寇、固嘗敗之於襄陽、敗之於淮上、敗之於渦口、敗之於淮陰。較之前日蹈海之危、已萬萬矣。儻不得已而遂至於用兵、則我豈遽出虜人下哉。今無故而反臣之、欲屈萬乘之尊、下穹廬之拜。三軍之士、不戰而氣亦索。此魯仲連所以義不帝秦。非惜夫帝秦之虛名、惜夫天下大勢有所不可也。

今內而百官、外而軍民、萬口一談、皆欲食倫紀、注、陵、丘也。夷、平也。言其頽替若丘陵之漸平也。

○痛哭流涕長太息　見漢書、賈誼傳、治安策。

○閉關海道　閉關、謂艱難。漢書、王莽傳、注、閉關、猶言崎嶇展轉也。宋史、高宗紀、建炎三年十一月壬午、定議航海避兵。己丑御樓船、次定海縣。四年正月甲辰朔、御海碇海中。己未、金人陷明州、乘勝破定海、以舟師來襲。御舟張公裕以大船擊退之。甲子、泊溫州港口。

○危如累卵　漢書、鄒陽傳、危於累卵。師古注、累卵者、言其勢將隤而破碎也。

○陸梁亂走貌。文選、甘泉賦、飛蒙茸而走陸梁。注、走者陸梁而跳也。西京賦、怪獸陸梁。注、陸梁、東西倡佯也。

○僞豫入寇　僞豫、謂僞齊主劉豫。宋史、劉豫傳、

之肉、謗議洶洶陛下不聞、正恐一旦變作禍且不測。臣切謂、不斬王倫、國之存亡、未可知也。［第一段、論王倫罪可斬。］

雖然倫不足道也、秦檜以腹心大臣、而亦爲之。陛下有堯舜之資、檜不能致陛下如唐虞。而欲導陛下如石晉。近者禮部侍郎曾開等、引古誼以折之。檜乃厲聲曰、侍郎知故事。我獨不知。則檜之遂非狠愎、已自可見。而乃建白令臺諫從臣僉議可否。是乃畏天下議己、而令臺諫從臣共分謗耳。有識之士、皆以爲朝廷無人。吁可惜哉。孔子曰、微

建炎四年九月、豫卽二僞位一、奉二金正朔一。紹興元年十月、豫入寇。遣二其將王世冲一、以二蕃漢兵一、攻二廬州一。九月、豫下二僞詔一、遣二子麟入寇一、及誘二金人宗輔・撻辣・兀朮一、分レ道南侵。
○敗二之於淮上一　宋史、劉豫傳、紹興六年正月、豫聚二兵淮陽一。韓世忠引レ兵急圍レ之。賊守將連擧二六烽一、兀朮與二劉猊一合レ兵來援。
○敗二之於渦口一　說文、渦水受二淮陽扶溝・浪蕩渠一、東入レ淮。渦、音戈。
○下二穹廬之拜一　漢書、匈奴傳注、穹廬旃帳也。其形穹降、故曰二穹廬一。
○氣亦索　索、盡也。謂二氣力索盡一也。
○此魯仲連所以義不レ帝レ秦　見二史記、魯仲連傳一。
○洶洶　楚辭注、洶洶、讙聲也。
○禮部侍郞曾開等　宋史、曾開傳、開字天游、遷二禮部侍郞兼二直學士院一。

管仲、吾其被レ髮左レ衽矣。夫管仲霸者之佐耳。尚能變二左衽之區一、爲二衣冠之會一。秦檜大國之相也。反驅二衣冠之俗一、歸二左衽之鄉一。則檜也不二唯陛下之罪人一、實管仲之罪人矣。孫近附二會檜議一、遂得レ參二知政事一。天下望レ治、有レ如二飢渴一。而近伴二食中書一、漫不レ可二否事一。檜曰、虜可二講和一、近亦曰可レ和。檜曰、天子當レ拜。近亦曰、當レ拜。臣嘗至二政事堂一、三發レ問、而近不レ答。但曰、已令二臺諫侍從議一矣。嗚呼、參二贊大政一、徒取レ充レ位、如レ此。有レ如二虜騎長驅一、尚能折二衝禦侮一耶。臣竊謂秦檜・

時秦檜專主和議、嘗招開慰以溫言曰、主上虛執政以待。開曰、儒者所爭在義、苟爲非義、高爵厚祿不顧也。願聞所以事敵之禮。檜曰、若高麗之於本朝耳。開曰、主上以聖德登大位。公當强兵富國、尊主庇民。何自卑辱至此。非開敢所聞也。又引古誼以折之。檜大怒曰、侍郎知故事。檜獨不知耶。
○臺諫　宋朝御史臺、兼諫職。故曰臺諫。
○僉議　正韵、僉、皆也、咸也。衆共言之也。
○分謗　左傳、成公二年、吾以分謗也。
○孔子曰　見論語、憲問篇。
○爲衣冠之會　宋史、冠、作裳。穀梁傳、莊公廿七年、衣裳之會、十有一。
○伴食　伴、陪也。舊唐書、盧懷慎傳、懷慎與紫微令姚崇、對掌樞密。懷慎自以爲吏道不及崇、每

孫近亦可斬也。【第二段、論秦檜・孫近罪亦可斬。臣備員樞屬、義不與檜等共戴天。區區之心、願斬三人頭、竿之藁街、然後羈留虜使、責以無禮、徐興問罪之師、則三軍之士、不戰而氣自倍。不然、臣有赴東海而死耳。寧能處小朝廷求活耶。【第三段、建議斬三姦、興問罪之師、以結上二段。斬姦、破和也。問罪、開戰也。破和開戰是一篇主意。

【敗之於襄陽】宋史、岳飛傳、僞齊遣李成、挾金人入侵、破襄陽・唐・鄧・隨・郢諸州、飛奏、襄陽等六郡、爲恢復中原基本。今當先取六郡、以除心膂之非。飛渡江中流、顧幕屬曰、飛不擒賊、不涉此江。趣襄陽、李成迎戰、左臨襄江。飛笑曰、步兵利險阻、騎兵利平曠。成左列騎江岸、右列步平地。雖衆十萬、何能爲。擧鞭指王貴曰、爾以長槍步卒、擊其騎兵。指牛皐曰、爾以騎兵擊其步卒。合戰。馬應槍而斃。後騎皆擁入江。步卒死者無數。成夜遁。復襄陽。
【欲導陛下如石晉】五代史、晉本紀、晉高祖敬塘、姓石氏。爲契丹所立、約爲父子。景延廣傳、初出帝立。晉大臣議告契丹致表稱臣。延廣獨不肯。但致書稱

事皆推讓之。時人謂之伴食宰相。
○折衝禦侮　詩經、大雅緜篇、予曰有禦侮。傳、武臣折衝、曰禦侮。
○樞屬　宋史、胡銓傳、紹興五年、除樞密院編脩官。
○共戴　禮記、曲禮篇、父母之讐、弗與戴天。
○竿之藁街　竿之、謂梟首也。漢書、陳湯傳、斬郅支首及名王以下、宜懸頭藁街蠻夷邸間以示萬里。師古注、藁街、街名。蠻夷邸、在此街也。
○赴東海而死　史記、魯仲連傳、彼秦者棄禮義而上首功之國也。彼即肆然而爲帝、則連有蹈東海而死耳。吾不忍爲之民也。

孫而已。契丹怒。延廣謂契丹使者喬瑩曰、先皇帝北朝所立、今天子中國自冊、可以爲孫、而不可爲臣。使者具以延廣語告。契丹益怒。自延廣一言、而契丹與晉交惡。

【鶴林玉露、胡澹庵上書乞斬秦檜。金虜以千金求其書。三日得之。君臣失色。曰、南朝有人。蓋足以破其陰遣檜歸之謀也。乾道初、虜使來、猶問胡銓今安在哉。

謝疊山評　肝膽忠義、心術明白、思慮深長。讀其文想見其人。眞三代以上人物。朱文公謂、可與日月爭光。中興奏議、此爲第一。

上田樞密書

蘇老泉

樞密、宋朝樞密院、與中書對持文武二柄、號爲二府。容齋隨筆、國朝樞密之名、其長爲使、則其貳爲副使。其長爲知院、則其貳爲同知院。田況字元均。仁宗至和中、爲樞密副使。

此篇主意、言天與道於我、是非偶然。故我不棄天、不褻天、樞密亦當不逆天。是老蘇所望於樞密。即所以自薦。可謂眞巧于自薦者。

○天之所與者　指道。
〔論語中夫子言語〕蓋指論語、述而篇、子曰、天生德於予、桓魋其如予何。子罕篇、子畏於匡。曰、文王既沒、文不在茲乎。天之將喪斯文也、後死者不得與斯文也。天之未喪斯文也、匡人其如予何等之語。
○丹朱　史記、五帝本紀、堯知子丹朱之不肖、不足授天下。於是乃權授舜。漢書、律歷志、堯讓天下於虞、使子朱處丹淵爲諸侯。
○商均　史記、五帝紀、舜子商均亦不肖。索隱、引漢書、律曆志云、商均封虞、在梁國。今虞城縣也。
○確乎其不可易　易經、文言傳、確乎其不可拔。

天之所以與我者、豈偶然哉。一篇之骨、在此一句。說天之所以與我者、占得地步高。亦從論語中夫子言語變化來。堯不得以與丹朱。舜不得以與商均。而瞽瞍不得奪諸舜。第三句、如此變化、始有力。發於其心、出於其言、見於其事、確乎其不可易也。聖人不得以與人、父不得奪諸其子。於此見天之所以與我者、不偶然也。夫其所以與我者、必有以用我也。我知之、不得行之。不以告人、天固用之、我實置之。其名曰棄天。自卑以求幸其言、自小以求用其道。天之所以與我者何如、而我如此也。其名曰褻天。棄天、我之罪也。褻

○不倦　論語、顔淵篇、子曰、居之無倦、行之以忠。
○不慍　論語、學而篇、人不知不慍。

天、亦我之罪也。不棄不褻、而人不我用、不我用之罪也。其名曰逆天。然則棄天褻天者、其責在我。逆天者、其責在人。在我者、吾將盡吾力之所能爲者、以塞夫天之所以與我之意、而求免夫天下後世之譏。在人者、吾何知焉。吾求免夫一身之責之不暇、而暇爲人憂乎哉。

【第一段、言天之與我者不偶然。故我宜不棄天不褻天。若人之逆天、非我責。是理論。韓愈與衞中行書曰、賢不肖存乎己、貴與賤禍與福存乎天。存乎己者吾將勉之。存乎天、存乎人者、吾將任彼而不用吾力焉。與此文互相發。】

孔子孟軻之不遇、老於道途、而不倦不慍、不怍不沮者、夫固知夫責之所在也。衞靈・魯哀・齊宣・梁惠之徒、不

○心之不盡　不盡不棄不褻之心也。

足相與以有爲也我亦知之矣。抑將盡吾心焉耳。吾心之不盡吾恐天下後世無以責夫衞靈・魯哀・齊宣・梁惠之徒。而彼亦將有以辭其責也。然則孔子孟軻之目將不瞑於地下矣。夫聖人賢人之用心也固如此。如此而生如此而死如此而貧賤如此而富貴。升而爲天沈而爲淵流而爲川止而爲山。彼不預吾事吾事畢矣。切怪夫後之賢者不能自處其身也（此一段有力。）饑寒困窮之不勝而號於人。（此是說文。）

公。【此一節言後賢棄褻暗指韓愈。】嗚呼使吾誠死於饑寒困窮耶。則〇山陽曰、老蘇之文、縱橫極矣。而鍊句極古勁、是二子所不及也。人震於東坡之名、而不知其文不及父處。余爲拈出之。

天下後世之責、將必有在。彼其身之責、不自任以爲憂、而吾取而加之吾身。不亦過乎。【第二段、言孔孟自不棄天、不褻天。而不憂人之逆天。後人則反之。是實論。】今洵之不肖、何敢自列於聖賢。然其心亦有所甚不自輕者。何則天下之學者、孰不欲一蹴而造聖人之域。然及其不成也、求一言之幾乎道、而不可得也。千金之子、可以貧人、可以富人。非天之所與、雖以貧人富人之權、求一言之幾乎道、不可得也。天子之宰相、可以生人、可以殺人。非天之所與、雖以生人殺人之權、求一言之幾乎道、

○術　道也。

○起　猶發也。論語、八佾篇、起予者商也。始可與言詩已矣。

○自負　負、說文云、恃也。

○聲律　宋陳鵠、耆舊續聞曰、四聲分韻始於沈約、至唐以來、乃以聲律取士、則今之律賦是也。凡表啓之類、近代聲律尤嚴。或乖平仄、則謂之失黏。然文人出奇、時有不拘此格者。

不可得也。此一段筆力尤高。今洵用力於聖人賢人之術、亦已久矣。其言語、其文章、雖不識其果可以有用於今、而傳於後與否。獨怪、夫得之之不勞。方其致思於心也、若或起之、得之心而書之紙也。若或相之。夫豈無一言之幾於道者乎。千金之子、天子之宰相、求而不得者、一旦在己。故其心得以自負、或者天其亦有以與我也。曩者見執事於益州。當時之文、淺狹可笑。饑寒困窮亂其心、而聲律記問、又從而破壞其體。不足觀也已。數年來、退居山野、自

○得以大肆其力於文章　詳見歐陽公撰老蘇墓志。
○遷・固云云　司馬遷史記。班固漢書。孫武著孫子、吳起著吳子。董仲舒有賢良對策・春秋繁露。鼂錯有貴粟・論兵諸篇。賈誼有治安策・賈子新書。
○二道　同二通。
○權書　老蘇集中、心術・法制・攻守・强弱・用間・高祖・項籍・子貢・孫武・六國凡十篇是也。老蘇、自序曰、權書兵書也。仁義不得已、而後吾權書用焉。嬾眞子曰、老蘇著權書衡論。權書之名見漢書、揚雄傳。衡取其平、權取其變。衡爲一定之論、權乃變通之書。
○一頃　百畝也。按度量考、當今五町五畝十六步。

分永棄、與世俗日疎闊。得以大肆其力於文章。詩人之優柔、騷人之清深、孟・韓之溫醇、遷・固之雄剛、孫・吳之簡切、投之所向、無不如意。嘗試以爲董生得聖人之經、其失也流而爲迂。鼂錯得聖人之權、其失也流而爲詐。有二子之材、而不流者、其惟賈生乎。〔分明以賈生自任。〕惜乎、今之世、愚未見其人也。作策二道、曰審勢・審敵。作書十篇、曰權書。洵有山田一頃、非凶歲可以無饑。力耕而節用、亦足以自老。不肖之身不足惜。而天之所與者不忍棄。且不敢褻

○内翰　事物紀原、今呼翰林學士爲内相、亦曰内翰。

也。有收拾、有關鎖。執事之名滿天下、天下之士、用與不用、在執事。故敢以所謂策二道・權書十篇爲獻。平生之文遠、不可多致、有洪範論・史論十篇、近以獻内翰歐陽公。度執事與之朝夕相從、議天下之事、則斯文也其亦庶乎得陳於前矣。若夫言之可用、與其身之可貴與否者、執事事也。執事責也。於洵何有哉。責字、有照應、有關鎖。〔第三段入

題、言我天與不偶然、故不棄天、不褻天。而樞密之逆天、非我所知。其實大欲樞密之不逆天。意在言外、妙。

林次崖評　此書、本欲求知。卻説士當自重、以孔孟立説、意思甚高。人都不覺、其自處亦不小。文字有法度、有氣勢、有光燄。後生熟讀、不爲小補。

○百世師　孟子、盡心下篇、聖人百世之師也。伯夷・柳下惠是也。
○一言而爲天下法　一言之出、既合于道、而可爲天下之法式。中庸、第二十九章、言而世爲天下則。
○參天地之化　中庸、第二十二章、可以贊天地之化育、則可以與天地參矣。
○申呂自嶽降　詩經、大雅崧高篇、維嶽降神、生甫及申。毛傳、嶽、四嶽也。堯之時、姜氏爲四伯、於周則有甫、有申、有齊、有許也。嶽降神靈和氣、以生甫之大功。詩經、正義曰、孔安國云、呂侯後爲甫侯。詩經、及禮記、作甫、尙書與外傳作呂。按、甫・呂一也。書傳多引書呂刑稱甫刑。林氏曰、呂與甫、猶荊與楚、殷與商也。
○傅說爲列星　傅說、殷高宗之相。莊子、大宗師篇曰、傅說得之、以相武

沈德潛評　自盡其責、便是不敢棄天、褻天。至逆天與否、此他人之責、不得而與也。本欲求人知、卻處處自占地步。此託於聖賢之理、而出以縱橫之術者。熟讀之、不獨長光燄、并長志氣。

潮州韓文公廟碑　蘇東坡

此篇主意、言文公言行有參化育、關世運之功。故其神充塞于天地之閒。潮人亦宜廟祭之。黃東發曰、韓文公廟碑、非東坡不能爲此、非韓公不足以當此。千古奇觀也。朱子語類云、嘗聞東坡作韓文公碑、不能得一起頭。起行百十遭、忽得兩句云、匹夫而爲百世師、一言而爲天下法。下面唯是如此掃去。

匹夫而爲百世師、一言而爲天下法。起句健。章子厚猶以爲褒文公太過、似孔孟廟記。匹夫之微、卓然特出而可爲百世之師範。是皆有以參天地之化、關盛衰之運。其生也、有自來。其逝也、有所爲。

丁、奄有天下、乘東維、騎箕尾、而比於列星。司馬彪曰、東維箕斗之閒、天漢津之東維也。崔云、傳說死、其精神乘東維、託龍尾、乃列宿。今尾上有傳說星。傅說事、又見史記殷本紀。
○孟子曰　見孟子、公孫丑上篇。
○在天爲星辰　升而在天則爲天之星辰、以光焉。莊子大宗師篇曰、維斗得之、終古不忒。日月得之、終古不息。
○在地爲河嶽　降而在地、則爲地之河岳而流峙焉。
○道喪文弊　大道日以亡喪、文章日以靡弊。舊唐書、韓愈傳、愈常以爲、自魏晉已還爲文者多拘偶對、而經誥之指歸、遷雄之氣格、不復振起矣。故愈所爲文、務反近體、抒意立言、自成一家新語。
○輔以房・杜・姚・宋　房喬、

起得健。接亦不弱。

故申呂自嶽降、傅說爲列星。古今所傳、不可誣也。孟子曰、我善養吾浩然之氣。是氣也、寓於尋常之中、而塞乎天地之閒。卒然遇之、王公失其貴、晉・楚失其富、【晉・楚雖富、而失其所以爲富、不敢矜矣。孟子、公孫丑下篇。晉楚之富、不可及也。】良・平失其智、【漢張良・陳平雖智、失其智而不敢施。】賁・育失其勇、【古孟賁・夏育、雖勇失其勇而不敢逞。】儀・秦失其辯。【戰國張儀蘇秦、雖辯失其辯而不敢肆。】是孰使之然哉。其必有不依形而立、不恃力而行、不待生而存、不隨死而亡者矣。句法好。故在天爲星辰、在地爲河嶽、幽則爲鬼神、而明則復爲人。此理之常、無足怪者。此是的確之論。【第一段、言聖賢字玄齡。杜如晦、字克明。二人輔貞觀。姚崇、陝州人。宋璟、邢州人。二人輔開元。倶見唐書、本傳。

○獨韓文公起布衣　舊唐書、韓愈傳、愈自以孤子、幼刻苦學儒、不俟奬勵。大曆・貞元之閒、文士多尚古學、效揚雄・董仲舒之述作、而獨孤及・梁肅最稱淵奥、儒林推重。愈從其徒遊、鋭意鑽仰、欲自振於一代。

○麾之　麾、麾叱退之也。揚子法言、在門牆則麾之。

○蓋三百年於此矣　唐憲宗至宋元祐五年、祇二百二十餘年。

○文起八代之衰　八代者、東漢・魏・晉・宋・齊・梁・陳・隋也。

○道濟天下之溺　其原道・原性・師説等數十篇、皆奥衍宏深、與孟軻・揚雄相表裏、障百川、廻狂瀾、所以救濟人心之溺異端也。新唐書、韓愈傳、

參化育、關世運、有大作用者。其正氣必充塞于天地閒、不爲身形生死而存亡。是理論。文天祥正氣歌、蓋自此篇得來。

自東漢以來、道喪文弊、異端竝起。歷唐貞觀【太宗年號】開元【玄宗年號】之盛、輔以房・杜・姚・宋、而不能救。【得君行道、如房・杜・姚・宋、不能救。而文公獨能之。】獨韓文公起布衣、談笑而麾之、天下靡然從公、復歸於正。蓋三百年於此矣。【褒文公、出此幾句。】文起八代之衰、而道濟天下之溺、忠犯人主之怒、而勇奪三軍之帥。此豈非參天地、關盛衰、浩然而獨存者乎。【第二段、言文公言行能參化育、關世運者、由聖賢之正氣。是實論。】蓋嘗論天人之辨、以謂人無所不至。惟天不容僞。智可以欺王公、不可以欺豚魚。力可以

贊云、自晉訖隋、老・佛顯行、聖道不斷如帶（中略）愈獨喟然引聖爭四海之惑。
○忠犯人主之怒　舊唐書、韓愈傳、元和十四年正月、上令中使杜英奇押宮人三十人持香花赴臨皐驛迎佛骨。愈素不喜佛。上疏諫。憲宗怒甚。曰、愈言、我奉佛太過。我猶爲容之、至謂東漢奉佛之後、帝王咸致夭促、何言之乖剌也。愈爲人臣、敢爾狂妄、固不可赦。于是人情驚惋、乃至國戚諸貴、亦以罪愈太重、因事言之。乃貶爲潮州刺史。
○勇奪三軍之帥　謂藩鎭之亂、奉使王廷湊軍折其姦。舊唐書、韓愈傳、元和十五年、徵爲國子祭酒、轉兵部侍郎。會鎭州殺田弘正、立王廷湊。令愈往鎭州宣諭。愈既至、集軍民、諭以逆順、辭情切至。廷湊畏重之。

得天下、不可以得匹夫匹婦之心。故公之精誠、能開衡嶽之雲、而不能回憲宗之惑。能馴鱷魚之暴、而不能弭皇甫鎛・李逢吉之謗。能信於南海之民、廟食百世、而不能使其身一日安於朝廷之上。蓋公之所能者、天也。其所不能者、人也。【第三段、言文公正氣感天、而不能感人。蓋正氣與天合體。故能感應。與人間邪氣反戾。故不感應。】始潮人未知學、公命進士趙德爲之師。自是潮之士、皆篤於文行、延及齊民。至於今、號稱易治。信乎孔子之言、君子學道則愛人、小人學道則易使也。潮人之事公也、飲食必祭、水旱疾疫、凡有求、必禱焉。此數句、合祭法、見文公廟不是淫祠。而廟在刺史公堂之後。民以出入爲難。【難、一本作艱。】前太守欲請諸朝作新廟、不果。元祐五年、朝散郎王君滌來守是邦。凡所以養士治民者、一以公爲師。民既悅服。則出令曰、願新公廟者聽。民讙趍之。【趍、一本作趨。】卜地於州城之南七里、期年而廟成。【第四段、入題、言潮人思公建廟之事。】

不能一歲而歸。沒而有知、其不眷戀於潮也審矣。軾曰、不然。公之神在天下者、如水之在地中、無所往而不在也。而潮人獨信之深、思

○不可以欺豚魚　易經、中孚卦、豚魚吉。象曰、信及豚魚也。王弼注、魚者、蟲之潛隱者也。豚者、獸之微賤者也。中信之道、淳著、則雖微隱之物、信皆及之也。

○不可以得匹夫匹婦之心　論語、子罕篇、三軍可奪其帥也。匹夫不可奪志也。

○不能弭皇甫鎛・李逢吉之謗　憲宗得愈潮州謝表、頗感悔、欲復用之。皇甫鎛素忌愈直、卽奏愈終疎狂、可且內移改袁州。宰相李逢吉、因臺參之事、使愈與李紳交鬭。遂罷愈爲兵部侍郞。是不能止其謗也。

○廟食　後漢書、梁竦傳、大丈夫居世、生當封侯、死當廟食。

○齊民　漢書、食貨志、注、如淳曰、齊、等也。無有貴賤、謂之齊民。若今言平民矣。

○信乎、孔子之言　見論

語、陽貨篇。

○不能一歲而歸　不能、猶不足也。孟子、萬章下篇、不能五十里、不達於天子。洪氏年譜曰、公以元和十四年正月、貶潮州刺史、以三月至潮州、十月準例量移、改授袁州刺史。此所云不能一歲而歸也。

○無所往而不在也　應塞乎天地之閒。

○焄蒿悽愴　禮記、祭義篇曰、其氣發揚于上、爲昭明焄蒿悽愴。此百物之精也。神之著也。鄭注、焄謂香臭也。蒿謂氣蒸出貌也。

○若或見之　中庸、第十六章、洋洋乎、如在其上、如在其左右。

○詔封公昌黎伯　宋神宗、元豐七年、勅封公於昌黎伯。伯、爵號也。按、唐封爵、有國王・郡王・國公・郡公・縣公・開國・侯・伯・子凡九等。

○公昔騎龍白雲鄉　莊

之至。焄蒿悽愴、若或見之。譬如鑿井得泉、而曰水專在是、豈理也哉。【第五段、言文公正氣充塞于天地間。故潮人亦宜廟祭之。】元豐元年、詔封公昌黎伯。故牓曰昌黎伯韓文公之廟。潮人請書其事于石。因爲作詩以遺之、使歌以祀公。其辭曰、【第六段、言東坡作歌之由。】

公昔騎龍白雲鄉、手抉雲漢分天章。天孫爲織雲錦裳、飄然乘風來帝旁。【來帝旁、自上帝傍來也。下文帝悲傷之帝、亦同。】下與濁世掃粃糠、西遊咸池略扶桑、草木衣被昭回光。【第一解、言公本天上人、而一旦下人間、恢復文運。粃糠、喩老佛。昭回光、喩文光。】

追逐李杜參翺翔。汗流籍・湜走且僵。滅沒

子、天地篇、乘二彼白雲一遊二于帝鄕一。

○手抉二雲漢一云云　詩經、大雅棫樸篇、倬彼雲漢、爲二章于天一。毛傳曰、雲漢、天河也。

○天孫爲織雲錦裳　史記、天官書、織女、天女孫也。索隱、織女、一名天女、天子女也。太上飛行羽經、七色夜光雲錦裳。詩經、小雅、跂彼織女、終日七襄。箋云、從レ旦至レ暮七辰、辰一移、因謂二之七襄一。

○西遊二咸池一略二扶桑一　離騷曰、飮二余馬於咸池一兮、摠二余轡于扶桑一。王注、咸池、日所レ浴也。扶桑、日所レ拂也。淮南子、天文訓、日出二於暘谷一、浴二于咸池一、拂二扶桑一。注云、拂、猶レ過。太平御覽、注、扶桑、東方之野。左傳、隱公五年、吾將レ略レ地焉。杜注、略、摠攝巡行之名。廣雅、略、行也。

○衣被昭回光　詩經、大雅雲漢篇、倬彼雲漢、昭二回于天一。

倒景不レ可レ望一。【第二解、言下公之文、追二參先輩一、而後輩不上レ能レ追二及公一。不可、一本作レ不レ得。】作レ書詆レ佛譏二君王一。要下觀二南海一窺二衡湘一、歷中舜九嶷上弔二英皇一。祝融先驅海若藏、【太公金匱、南海之神曰二祝融一。離騷云、使二湘靈鼓一レ瑟兮、令二海若舞一馮夷一。皆海神也。文公之涉二嶺外海道一、蓋祝融爲二先驅前導一、而海若將下率二怪物一以斂藏上。蓋有道之人所二經由一也。】約二束鮫鱷一如レ驅レ羊一。【第三解、言二公之功業一。】鈞天無レ人帝悲傷。謳吟下招二遣巫陽一。【林西仲曰、帝以二鈞天之樂無一レ人譜奏、故遣二巫陽一招レ公。仍歸二帝旁一。謂二公沒一也。前言下來レ自二帝旁一、是生有中自來上。此言二鈞天無一レ人是逝有レ所レ爲也。】犦牲雞卜羞二我觴一、於粲荔丹與二焦黃一。【文公、羅池廟碑、荔子丹兮焦葉黃、爲下迎二送柳子厚一之歌上也。蘇公只用二其事一、使二潮人以一レ此祭二文公一、亦如下文公使二柳人以一レ此祭二柳子厚一也上。荔子、果屬、一名丹荔。焦與レ蕉同。芭蕉也。陸佃曰、蕉不レ落レ葉、一葉舒則一葉焦。故謂二之焦一。又曰、嶺南芭蕉尤高大、冬不レ壞、多生レ子。】公不二少留一我涕滂。翩然被レ髮下二大荒一。【第四解、言公既去人間而上天。故今奠祭之、請其再降。

【能開衡山之雲】樊汝霖曰、永貞元年、公自陽山徙掾江陵。嘗有委舟湘流、往觀南嶽之語。詩當此時作。時年三十八。按公詩曰、噴雲泄霧藏半腹、雖有絕頂誰能窮。我來正逢秋雨節、陰氣晦昧無清風。潛心默禱若有應、豈非正直能感通。須臾靜掃衆峰出、仰見突兀撐青空。所云能開衡嶽之雲、謂此也。

【能馴鱷魚之暴】舊唐書、韓愈傳、初愈至潮陽、既視事詢吏民疾苦。皆曰、郡西湫水有鱷魚、卵而化。長數丈、食民畜產、將盡。以是民貧。居數日愈往視之、令判官秦濟、抱一豚一羊投之湫水、呪之。呪之夕、有暴風雷、起於湫中。數日、湫水盡涸、徙於舊湫西六十里。自是潮人無鱷患。

【公命進士趙德爲之師】公潮州請置鄉校。牒曰、趙德秀才、沈雅專靜、頗通經、有文章。能知先王之道、論說且排異端、而宗孔氏。可以爲師矣。請攝海陽縣尉、爲衙推、專勾當州學、以督生徒。

【謳吟下招遣巫陽】楚辭、宋玉、招魂篇、帝告巫陽曰、有人在下、我欲輔之。魂魄離散、汝筮與之。乃下招曰、魂兮歸來。去君之恆幹、何爲四方些。王逸注、女曰巫、陽、其名也。巫陽受天帝之命、因下招屈原之魂也。

【於粲荔丹與焦黃】經傳釋詞、於、歎詞也。一言則曰於。加一言則曰於乎。或作於戲、或作烏呼。其義一也。粲、又作餐、食也。於粲、元板及宋板本集皆如此。韓

○追逐李杜　容齋隨筆曰、新唐書、杜甫傳贊、昌黎韓愈、於文章重許可。至歌詩獨推李・杜曰、李杜文章在、光焰萬丈長。誠可信云。

○倒景　司馬相如、大人賦、貫列缺之倒景。漢書音義、倒景、日在下。服虔曰、人在天上、下向視日月。故景倒在下也。如淳曰、在日月之上、日月返從下照。故其景倒在下。呉乘權云、公之道德光輝、炫燿奪目、人不能擬而望之也。

○窺衡湘　按、衡湘、當從一本作沅湘、爲是。離騷曰、濟沅湘以南征兮、就重華而陳辭。王逸曰、舜葬於九疑山。在沅湘之閒。

○歷舜九疑　楚辭、湘夫人、王逸注、九疑、山名、舜所葬也。

○弔英皇　列女傳、有虞二妃者、帝堯之二女也。長娥皇、次女英。舜既嗣

位、升爲天子。娥皇爲后、女英爲妃。陟方死於蒼梧。二妃死於江湘之閒。俗謂之湘君。

○祝融　韓愈、南海神廟碑、考於傳記、而南海神次最貴。在北東西三神、河伯之上。號爲祝融。

○海若　莊子、秋水篇、向若而歎。注、若、海神。楚辭、王注、海若、神名也。

○鈞天　呂覽、有始篇、天有九野。中央曰鈞天。高注、鈞、平也。爲四方主、故曰鈞天。

○帝　謂天帝。

○犦牲　爾雅、犦牛、郭注、卽犎牛也。領上肉、犦肰起二尺許、狀如橐駝。玉篇、犦、步角切、犎牛也。犎、甫容切、野牛也。

○雞卜　漢書、郊祀志、注、特雞骨卜如鼠卜。

○翩然被髮下大荒　大荒、天也。願其自天下降、來享其祭也。韓愈、雜詩、翩然下大荒、被髮騎騏驎。

本作餐。按粲・餐同。詩經、鄭風緇衣篇、還予授子之粲兮。傳、粲、餐也。今河北之人呼食爲粲。謂餐食也。

謝疊山評　東坡平生作詩不經意。意思淺而味短。獨此詩、與司馬溫公神道碑・表忠觀碑銘、三詩奇絕。皆刻意苦思之文也。又曰、後生熟讀此等文章、下筆便有氣力、有光彩。

上范司諫書

歐陽公

范司諫、歐陽修文正范公神道碑曰、公諱仲淹、字希文。少有大節、常自誦曰、士當先天下之憂而憂、後天下之樂而樂也。天聖中、晏丞相、薦公文學、以大理寺丞、爲祕閣校理。以言事、忤章獻太后旨、通判陳州。久之。上記其忠、召拜右司諫。文獻通考、元豐新官制、左右司諫、掌規諫諷諭。

此篇主意、責司諫曠職、不能行道。謝云、當與韓文公爭臣論並觀。

月日具官、謹齋沐拜書。司諫學士執事。前月

○進奏吏　進奏院屬吏也。宋史、職官志、進奏院、隸給事中。掌受詔勅及三省・樞密院宣劄、六曹・寺監百司符牒、頒于諸路。
○匆卒　或作倉卒。八家文、作卒卒。
○九卿　宋九卿、太常卿・宗正卿・光祿卿・衞尉卿・太僕卿・大理卿・鴻臚卿・司農卿・太府卿。
○吏部　宋史、職官志、吏部、掌文武官吏、選試・擬注・資任・遷敍・蔭補・考課之政令、封爵・策勳・賞罰・殿最之法。
○兵部　宋史、職官志、兵部、掌兵衞・儀仗・鹵簿・武擧・民兵・廂軍・上軍・蕃軍・四夷官封承襲之事、輿馬器械之政、天下地土之圖。
○鴻臚之卿　宋史、職官志、鴻臚寺卿、掌四夷朝貢・宴勞・給賜・送迎之事、及國之凶儀・中都祠廟・道釋籍帳除附之禁令。

中得進奏吏報、云、自陳州召至闕、拜司諫。卽欲爲一書以賀。多事匆卒、未能也。起不立冒。司諫七品官爾。於執事得之、不爲喜。而獨區區欲一賀者、誠以諫官者、天下之得失、一時之公議繫焉。今世之官、自九卿百執事、外至一郡縣吏、非無貴官大職、可以行其道也。然縣越其封、郡逾其境、雖賢守長、不得行。以其有守也。吏部之官、不得理兵部。鴻臚之卿、不得理光祿。以其有司也。若天下之得失、生民之利害、社稷之大計、惟所見聞、而不繫職司者、獨蘇林云上傳レ語告レ下爲レ臚。

○光祿　宋史、職官志、光祿寺卿、掌二祭祀・朝會・宴饗・酒醴膳羞之事一。修二其儲備一、而謹二其出納之政一。

○諫官係二天下之事一　宋史、司諫、凡朝政闕失、大臣至二百官一、事有二違失一、皆得二諫正一。

宰相可レ行レ之、諫官可レ言レ之爾。故士學レ古懷レ道者、仕二於時一、不レ得レ爲二宰相一、必爲二諫官一。諫官雖レ卑、與二宰相一等。天子曰不可。宰相曰可。天子曰然。宰相曰不レ然。坐二乎廟堂之上一、與二天子一相可否者、宰相也。天子曰是。諫官曰非。天子曰必行。諫官曰必不レ可レ行。立二于殿陛之前一、與二天子一爭二是非一者、諫官也。宰相尊行二其道一、諫官卑行二其言一。言行、道亦行也。九卿百司郡縣之吏、守二一職一者、任二一職之責一。宰相諫官繫二天下之事一、亦任二天下之責一。然宰相九卿而下、失レ職者、受二責

○御史　宋史、職官志、御史臺、掌糾察官邪、肅正綱紀。大事則廷辯、小事則奏彈。
○翹　擧也。
○竚　竚立待之也。音宁、企也。

於有司。諫官之失職也。取譏於君子。有司之法、行乎一時。君子之譏、著之簡册、而昭明、垂之百世而不泯。甚可懼也。夫七品之官、任天下之責、懼百世之譏、豈不重邪。非材且賢者、不能也。【不能、一本能下有爲字。以上第一段、說諫官大任足行道。是虛論。】

近執事始被召於陳州。洛之士大夫相與語曰、我識范君、知其材也。其來不爲御史、必爲諫官。及命下、果然、則又相與語曰、我識范君、知其賢也。他日聞有立天子陛下、直辭正色、面爭廷論者、非他人、必范君也。拜命以來、翹首企足、竚乎有

〇料 上料、料為諫官也。下料、料直言也。

〇廷論陸贄及沮裴延齡作相 舊唐書、陽城傳、德宗在位、多不假宰相權。而左右得以因緣用事。於是裴延齡・李齊運・韋渠・羊尋以姦佞相次進用。誣譖時宰、毀詆大臣。陸贄等咸遭枉黜、無敢救者。城乃伏闕上疏、與拾遺王仲舒共論延齡姦佞、贄等無罪。德宗大怒、召宰相入將加城罪。時順宗在東宮為城獨開解之。城賴之獲免。時朝夕欲相延齡。城曰、脫以延齡為相、城當取白麻壞之。竟坐延齡事改國子司業。

〇麻 文獻通考、故事中書、以黃白二麻、為綸命輕重之辨。其白麻皆在北院。非國之重事拜授及德音赦宥、則不得由於斯矣。翰林志曰、將相出入翰林草制、謂之白麻。雲仙散錄曰、貞觀中、

聞、而卒未也。竊惑之。豈洛之士大夫、能料於前、而不能料於後也、將執事有待而為也。昔韓退之作爭臣論、以譏陽城不能極諫、卒以諫顯。人皆謂城之不諫、蓋有待而然。退之不識其意、而妄譏。修獨以謂不然。當退之作論時、城為諫議大夫已五年。後又二年、始廷論陸贄、及沮裴延齡作相、欲裂其麻。纔兩事耳。當德宗時、可謂多事矣。授受失宜、叛將強臣、羅列天下。又多猜忌、進任小人。於此之時、豈無一事可言、而須七年耶。當時之事、豈無急

太宗詔用麻紙寫敕詔、高宗以白紙多蟲蛀、尚書省頒下州縣並用黃紙。

○化理　理、治也。

○讜言　孟子、趙注、引尚書曰、禹拜讜言。釋文、讜言、善言也。說文、讜、直言也。

○布衣韋帶之士　漢書、賈山傳、師古注、言貧賤之人也。韋帶、以單韋爲帶、無飾也。

於沮延齡論陸贄兩事耶。謂宜朝拜官、而夕奏疏也。幸而城爲諫官七年。適遇延齡・陸贄事、一諫而罷、以塞其責。向使止五年六年、而遂遷司業、是終無一言而去也。何所取哉。今之居官者、卒三歲而一遷、或一二歲、甚者半歲而遷也。此又非可以待乎七年也。今天子躬親庶政、化理清明、雖爲無事、然自千里詔執事、而拜是官者、豈不欲聞正議而樂讜言乎。今未聞有所言說、使天下知朝廷有正士、而彰吾君有納諫之明也。夫布衣韋帶之士、

〇昌言　美言也。書經、皐陶謨篇、禹拜昌言。

窮居草茅、坐誦書史、常恨不見用。及用也、又曰、彼非我職、不敢言。或曰、我位猶卑、不得言。得言矣、又曰、我有待。是終無一人言也。可不惜哉。此一段、合人情、范公見之必感動。伏惟、執事思天子所以見用之意、懼君子百世之譏、一陳昌言、以塞重望、且解洛士大夫之惑、則幸甚幸甚。有收拾、學韓文。【第二段、責司諫曠職不能行道。是實論。

謝疊山評　歐陽公文章、爲一代宗師。然藏鋒斂鍔、韜光沈馨、不如韓文公之奇奇怪怪、可喜可愕。學韓不成、亦不庸腐。學歐不成、必無精采。獨上范司諫書・朋黨論・春秋論・縱囚論、氣力健、光燄長。少年熟讀、可以發才氣、可以生議論。

〔巧遲者不如拙速〕孫子、作戰篇、兵聞拙速、未睹巧之久也。

〇道・業・惑、謝疊山曰、道者、致知格物、誠意正心、齊家治國、平天下之道。業者、六經禮樂文學之業。惑者、胸中有疑惑而未開明也。

〇人非生而知之者、論語、述而篇、子曰、我非生而知之者。好古敏以求之者也。

補註 文章軌範 卷之五 〔有字集〕

小心文

此集皆謹嚴簡潔之文、場屋中、日晷有限、巧遲者、不如拙速。論策結尾、略用此法度、主司亦必以巽人待之。

師説

韓文公

師説、陳騤、文則、大抵文士、題命篇章、悉有所本、自孔子爲易説卦、文遂有説、柳宗元天説之類。此篇主意、言吾師道。道字第一字眼、師字第二字眼。

古之學者必有師。師者所以傳道授業解惑也。第一段、先立傳道授業解惑三大綱。

人非生而知之者。孰能無惑。惑而不從師、其爲惑也、終不解矣。第二段、先説解惑不可無師。

生二乎吾前一、其聞レ道也、固先二乎吾一、吾從而師レ之。
生二乎吾後一、其聞レ道也、亦先二乎吾一、吾從而師レ之。
吾師レ道也。夫庸知三其年之先二後一生於吾二乎一。是
故無レ貴無レ賤、無レ長無レ少、道之所レ存、師之所レ存
也。第三段、說下無レ貴無レ賤、無レ長無レ少、道之所レ存、卽師之所上レ存。【第一段、說二古之師道一。】嗟乎師道之不レ傳
也久矣。欲三人之無二疑惑一也難一矣。第四段、慨二歎後世師道不一レ傳、人如何無二疑惑一。
古之聖人、其出レ人也遠矣。猶且從レ師而問
焉。今之衆人、其去二聖人一也亦遠矣。而恥レ學二於
師一。是故聖益聖、古之人。愚益愚。今之人。聖人之所二
以爲一レ聖、愚人之所二以爲一レ愚、其皆出二於此一乎。第五

○庸 何也。
○道之所レ存、師之所レ存也 蔡邕、勸學篇、人無二貴賤一、道在則尊、道在則是。潘安仁、閒居賦、敎無二常師一、道在則是。
○疑惑 一本無二疑字一。
○聖益聖愚益愚 史記、袁盎傳、上日聞レ所レ不レ聞、明レ所レ不レ知、日益聖智、君今自閉二鉗天下之口一、而日益愚。

段、說古之聖人、其過人也遠矣。猶且從師。故聖者益聖。今之衆人、其不及聖人也遠矣。而恥學於師。故愚者益愚。聖人之所以爲聖、愚人之所以爲愚、係乎從師不從師而已。此是雙關文法、要看他巧處。【第二段、合論古今、結上起下。】

愛其子、擇師而教之。於其身也、則恥師焉。惑矣。彼童子之師、授之書、而習其句讀者也。非吾所謂傳其道、解其惑者也。句讀之不知、惑之不解、此是雙關文法、要看他巧處。或師焉、或不焉。此是於其身也、則恥師焉。○此一段、亦是愛其子、擇師而教。句讀之不知、或師焉。與小學相貫。惑之不解、或不焉。與大遺相貫。此是文公弄巧作文。小學而大遺。吾未見其明也。第六段、說今人愛子、則擇師而教之。所謂師者、不過授書習句讀而已。至於其身、則恥於從師。不以傳道解惑爲急。童子句讀之不知、則爲之擇師、其身惑之不解、則不擇師。是學其小、而遺忘其大者。可謂不明。

巫醫樂師百工之人、不恥相師、士大夫之族、曰師曰弟子云者、則羣聚而笑、

○句讀　讀、音豆。韻會擧要曰、句讀、凡經書成文、語絕處、謂之句。語未絕、而點分之、以便誦詠、謂之讀。今祕書省校書式、凡句絕則點於字之旁、讀分則微點於字之中間。通作投。日貫齋塗說、句讀法華經、作句逗。馬融、長笛賦、察度於句投。注、說文曰、逗、止也。投、與逗古字通。音豆。投、句之所止也。

○小・大　小、句讀。大、惑。

○巫醫　巫、接事鬼神者。醫、能治人病者。論語、子路篇、人而無恆、不可以作巫醫。

○羣聚而笑之云云　賴山陽曰、羣聚笑之、問之則曰、此等處、要看其描寫生動。文中當必有此等著色處。

○聖人無常師　論語、子張篇、子貢曰、夫子焉不學。而亦何常師之有。
○萇弘・師襄・老聃　問樂於萇弘、見禮記、樂記。問禮於老聃、見同曾子問。史記、孔子世家、孔子學鼓琴于師襄子。左傳、昭公十七年、郯子來朝。公與之宴。昭子問焉曰、少皥氏鳥名官。何故也。郯子曰、吾祖也。我知之。（中略）仲尼聞之、見於郯子而學之。既而告人曰、吾聞之、天子失官、學在四夷。猶信。
○三人行必有我師焉　見論語、述而篇。
○弟子不必不如師　言或勝師。
○師不必賢於弟子　言或劣弟子。
○專攻　攻、專治也。

之。問之、則曰、彼與彼年相若也。道相似也。位卑則足羞、官盛則近諛。嗚呼、師道之不復可知矣。第七段、說巫醫樂師百工之人、不恥從師、士大夫之族、以弟子從之、則爲人所笑。問其所笑者何事、則曰、弟子與師年相若、道相似。或曰、弟子位高、師位卑、則足羞。弟子無官、師官盛、則近諛。此四句、應無長無少無貴無賤八字。巫醫樂師百工之人、君子鄙之。今其智乃反不能及。可怪也歟。第八段、慨歎後世不知有師道、士大夫之族、恥於從師。是智不及巫醫樂師百工之人矣。【第三段、說今之無師道之惑。】聖人無常師。萇弘・師襄・老聃・郯子之徒、其賢不及孔子。孔子曰、三人行、必有我師焉。故弟子不必不如師。師不必賢於弟子。聞道有先後、術業有專攻。如是而已。第九段、說孔子無常師。問樂於萇弘、問禮於老聃、問琴於師襄、問官名於郯子。遇有事之精者、卽問之、卽以師待之。此四人者、皆不及孔子也。○論語、孔子曰、三人行、必有我師焉。擇其善者而從之、其不善者而改之。皆吾師也。以孔子之事可觀。弟子不必不如師。師不必賢於弟子。聞道在吾前、術業有專攻者、雖聖人亦師之、不以爲恥。況衆人乎。【第四段、引孔子、證第一・二段師道虛論。】

李氏子蟠、年十七。好古文、六藝經傳、皆通習之。不拘於時、請學於余。余嘉其能行古道、作師說以貽之。第十段、收歸弟子李氏子從學之意、作師說之因。貽、遺也。【第五段、說所以作師說。】

洪容齋評　柳子厚答韋中立書云、今之世不聞有師。獨韓愈不顧流俗、犯笑侮、收召後學、作師說、因抗顏爲師。愈以是得狂名。又報嚴厚輿書曰、僕才能勇敢、不如韓退之。故不爲人師。人之所見有同異、無以韓責我。然觀退之師說云、弟子不必不如師、師不必賢于弟子。其言非好爲人師者也。學者不歸子厚、而歸退之。故子厚有此說耳。此篇文字、如常山之蛇、救首救尾、若隱若見、令人難識。

獲麟解　　韓文公

○李氏子蟠　貞元十九年進士。

○六藝　卽六經也。謂易・禮・樂・詩・書・春秋。史記、滑稽傳序、孔子曰、六藝於治一也。禮以節人、樂以發和、書以道事、詩以達意、易以神化、春秋以道義。又伯夷傳、夫學者載籍極博、猶考信於六藝。詩書雖缺、然虞夏之文可知也。經、卽六藝之經文。傳、其傳文、毛傳・孔傳之類。漢書、儒林傳、古之儒者、博學乎六藝之文。

○麟之爲レ靈昭昭也　禮記、禮運篇、麟鳳龜龍、謂二之四靈一。

謝曰、麟仁獸、麢身牛尾一角、角上有レ肉、不レ食二生物一、不レ踐二生草一。王者有レ道、則麟出。毛蟲二百六十、麟爲二之長一。爲二四靈之一一。
獲麟解、禮記、經解、正義、皇氏云、解者、分析之名。陳騤、文則曰、自レ有二經解・王言解之類一、文遂有レ解。韓愈進學解之類。朱熹曰、獲麟解、文公爲二不遇一而作。故麟以自喩。嘆下當時聖人不レ在レ位無中知レ己者上也。此篇主意、言麟仁獸、故聖人在レ位則出。是其爲レ祥無レ疑。是本論。然聖人不レ在レ位而出、似レ失二仁獸之德一。或爲二不祥一亦宜。是餘論。

麟之爲レ靈昭昭也。言下麟之爲二靈物一、甚分明上。詠二於詩一、毛詩、周南、有二麟之趾一。○一句三字。書二於春秋一、春秋、魯哀公十四年、西狩獲レ麟。○二句四字。雜二出於傳記百家之書一、歴代史傳所レ記、及諸子百家書、皆說レ麟。○三句九字、此是章法。雖二婦人小子一、皆知二其爲一レ祥也。雖下婦人小子、不レ出二戶庭一、無中高見遠識上、亦知二麟出爲二王者之祥瑞一。〔呂東萊曰、婦人小子皆知。此見二昭昭處一。第一段、說二麟之祥一。

然麟之爲レ物、不レ畜二於家一、然麟之爲レ物、不レ可レ畜二養於人家一。不二常有一二於天下一。麟爲二四靈之一一、王者之嘉瑞。王者有レ道、則麟出、不二常見一二於天下一。其爲レ形也不レ類。麟之形、與二尋常

○麋　大鹿。

○犬豕豺狼云云　呂雅山曰、作文大抵兩句短、須一句長者承之。退之最得此法。

○惟麟也不可知　喩賢人君子世多不知也。不可知、其形不類故也。

○麟之出、必有聖人在乎位　此言有堯然後有岳・牧。有舜然後有禹・皐陶。有先主然後有孔明。賢者爲明君出。誰有以爲不祥者乎。

山澤之獸、不相類。非若馬牛犬豕豺狼麋鹿然。非如六畜之有馬牛犬豕、野獸之有豺狼麋鹿、常見其形、不難辨認。然則雖有麟、不可知其爲麟也。雖有麟出山澤閒、不可知其爲麟也。角者、吾知其爲牛。牛有角、可辨認。角類於牛者、吾知其爲牛。鬣者、吾知其爲馬。馬有鬉鬣、可辨認。鬉鬣類於馬者、吾知其爲馬。犬豕豺狼麋鹿、吾知其爲犬豕豺狼麋鹿。犬豕豺狼麋鹿六者、形狀皆可辨認。出於世閒、吾皆知爲犬豕豺狼麋鹿。惟麟也不可知。惟麟不常出於天下。吾亦不知其爲麟。○史記、老子傳、孔子曰、鳥吾知其能飛、魚吾知其能游、獸吾知其能走。至於龍、則不可知。韓文公正是學史記老子傳句法。韓文公以蹈襲前言、剽竊陳編爲恥。變化句法、便成新奇。不可知、則其謂之不祥也亦宜。有麟而人不可知其爲麟、則其人謂之不祥也、亦宜也。【第二段、疑麟之不祥。】雖然、麟之出、必有聖人在乎位。麟爲聖人出也。雖然、五帝三王太平之時、麒麟在郊藪。麟之出、必有五帝三王之聖人在乎位、

○又曰　中井履軒曰、又曰二字、頗鶻突、上無所承、不可曉。蓋篇首元有韓子曰三字、後來刪去、而存又曰、偶失於照管耳。

麟乃爲聖人而出。非無故而出也。**聖人者、必知麟。麟之果不爲不祥也。**春秋、哀公十四年春。西狩獲麟。左傳、西狩於大野。叔孫氏之車子鉏商、獲麟以爲不祥、以賜虞人。仲尼曰麟也。然後取之。○聖人如孔子者、必能知麟。有聖人知之、可見麟之果不爲不祥也。【第三段、以麟爲聖人出、決其祥】

又曰、麟之所以爲麟者、以德不以形。此一段又高。麟乃仁獸、爲四靈之一。麟之所以爲麟者、以其有德。不必論其形之不類。

若麟之出不待聖人、則其謂之不祥也亦宜。若麟之出、不待聖人在位之時、上無五帝三王、下無孔子、必無人知之。則其謂之不祥之物也、亦宜矣。【第四段、以祥疑其不祥。無限感慨】

謝疊山評　此篇、僅一百八十餘字。有許多轉換、往復變化、議論不窮。第一轉、說麟爲靈物、雖婦人小子、皆知其爲祥。第二轉、說雖有麟不知其爲麟。第三轉、說馬牛犬豕豺狼麋鹿、吾皆知之、惟麟不可知。第四轉、說麟既不可知、則其謂之不祥也亦宜。第五轉、說麟爲聖人而出、聖人者、必知麟、既有聖人知之、則麟果不爲不祥也。第六轉、說麟之所以爲麟者、以其爲仁獸、爲靈物、不必論其形。第七轉、說若麟之出、不待聖人在位之時、則人謂之不祥也亦宜。人能熟讀此等文字、筆便圓活、便能生議論。

○雜說上 韓非子、難勢篇、愼子曰、飛龍乘雲、騰蛇遊霧、雲罷霧霽、而龍蛇與螾螘同矣。則失其所乘也。王褒、聖主得賢臣頌、世必有聖知之君、而後有賢明之臣。故虎嘯而風冽、龍興而致雲。皆韓公此篇所本。
○龍噓 說文、噓、吹也。聲類、出氣急曰吹、緩曰噓。正韻、噓、脣吐氣曰吹、虛口出氣曰噓。
○成雲 喩成賢臣事業。
○玄閒 謂天、玄、其色也。玄閒、猶言天閒。易經、坤卦文言傳、天玄而地黃。
○薄日月 釋名、薄、迫也。
○伏光景 廣雅、伏、藏也。玉篇、伏、匿也。
○神變化 易經、繫辭上傳、陰陽不測之謂神。
○汨陵谷 廣韻、汨、古忽切、沒也。
○雲亦靈怪矣哉 雲能使龍靈、則雲之為靈、尤見也。

雜說上

韓文公

謝曰、此篇主意、謂聖君不可無賢臣。賢臣不可無聖君。聖賢相逢、精聚神會、斯可成天下之大功。龍指聖君、雲指賢臣。

龍噓氣成雲。喩聖君。雲固弗靈於龍也」。喩賢臣。○此謂聖君以官爵祿位與賢臣、然後賢臣可以立事業。賢臣之賢、豈能及聖君之聖哉。【第一段、先說主意。】

然龍乘是氣、聖君任賢臣。茫洋窮乎玄閒、薄日月、伏光景、感震電、神變化、水下土、汨陵谷。此謂聖君任賢臣、可以立天下之大事、成天下之大功、變而通、神而明、有許多勳業。

雲亦靈怪矣哉」。賢臣之功業、亦非常。○此謂賢臣之才、固亦奇特矣。【第二段、說雲之靈。】

雲、龍之所能使為靈也。賢臣遇聖君之任用、而後成功業。○此謂賢臣因聖君能用之、而後見其為賢。

若龍之靈、則非雲之所能使為靈也」。此謂若聖君之聖、則

非人臣之所能使之爲聖也。〔第三段、說雲之靈、龍爲之。〕

然龍弗得雲、無以神其靈矣。聖君不得賢臣、亦無以成治功。〇此謂然而聖君弗得賢臣、無以輔佐於聖德。雖有聖人之天資、亦不足以成天下之大功、其聖德不光明也。

失其所憑依、信不可歟。此謂爲人君而無賢臣、如人無股肱、無耳目、失其所憑、失其所依、信不可歟。〔第四段、說龍之靈、雲助之。〕

異哉其所憑依、乃其所自爲也。此謂異哉聖君之所憑依者、賢臣、賢臣所爲之事業、即聖君之所自爲也。〔第五段、說龍自爲雲、以收主意。〕

易曰、雲從龍。此謂賢臣必從聖君。

既曰龍、雲從之矣。既曰聖君、必有賢臣起而輔佐之。〇此謂既有聖君在上、賢臣必起而從之矣。〔第六段、引易證君臣相須之主意。〕

沈德潛評 龍是主、雲是賓。層層轉換、每下一轉、令人駭絕。

雜說下

韓文公

〇失其所憑依信不可歟 自乘字來。韓非曰、失其所乘。

〇其所憑依乃其所自爲也 應嘘字。

〇易曰 乾卦、文言傳、雲從龍、風從虎。聖人作而萬物覩。此引易語、以喩有聖君必有賢臣。

〇既曰龍雲從之矣 一篇主意、歸重於龍。惜世無聖君。

〇雜說上下二篇 本不相離。蓋上篇論君臣遭遇之效、下篇論君臣不遇之弊。

喩下有二明君一而有中賢臣上。中井履軒曰、伯樂之喩、不三必專斥二宰相一。凡在レ上有下進二退人材一之權上者、皆是。天子與二諸大臣一、皆在レ內。

世有二伯樂一、知レ人者。○伯樂、姓孫、名陽。善相レ馬。天上有二一星一、名二伯樂一。在二天駟星之旁一(天駟一本作二天厩一)。人見三孫陽識二馬、因號レ之曰二伯樂一。然後有二千里馬一。異材。○此謂下有二賢宰相一、然後有中英雄豪傑上爲上之用上。千里馬常有、異材。而伯樂不二常有一。知レ人者。○此謂二英雄豪傑常有、而賢宰相知レ人者不二常有一。故雖レ有二名馬一、異材。祇辱二於奴隷人之手一、駢二死於槽櫪之閒一、駢頭而死。言レ多也。高才居二下位一。不下以二千里一稱上也。不レ知三其爲二異材一。○此謂二天下雖レ有二英雄豪傑一、徒受二辱於昏君庸相之朝一、沈二滯於小官一、終身不レ得レ行二其志一、不下以二英雄豪傑一稱上也。馬之千里者、一食或盡二粟一石一。才之異二乎人一者、必尊位重祿、以任二使之一。○此謂二英雄豪傑、能立二大事一、成二大功一者、必得二尊位重祿一、斯可下以展布上。食レ馬者、不下知二其能千里一而食上也。今之養レ君子、不下知二其爲二異才一而加中禮養上。○此謂下養二英雄豪傑一者、不レ知下其能辨二大事一成中大功上、而不下以二尊位重祿一養上之也。是馬也、雖レ有二千

○千里馬　文公暗自喩。戰國燕策、郭隗曰、古之人君有下以二千金一使三涓人求二千里馬一者上。馬已死、買二其骨五百金一而歸(中略)朞年千里馬至者三。

○祇　音支、但也。

○駢二死於槽櫪之閒一　駢者、倂也。言下與二凡馬一俱死上也。說文、槽、畜レ獸之食器。方言、櫪、養レ馬器。漢書、梅福傳、伏二歷千駟一。(歷通レ櫪)

○食レ馬者　食、同レ飼、養也。

○食不飽　中井履軒曰、飽下試添一則字、卽得正意。是六字爲一句。非兩項對說。
○鳴之不能通其意　曹子建、求自試表、騏驥長鳴、伯樂昭其能。李善注、引國策曰、昔騏驥駕車吳坂、遷延負轅而不能進、遭伯樂、仰而長鳴、知伯樂知己也。
〔孟子所謂〕　見萬章下篇。
○賴山陽曰、執策臨之、此一篇著生色處。
○下耶字　一本作也。段玉裁、說文注曰、邪・也二字古多兩句竝用者。漢襲遂傳、今欲使臣勝之邪、將安之也。韓愈文、其眞無馬邪。其眞不知馬也。皆也與邪同。

里之能、食不飽、一句三字。○位不尊。力不足。二句三字。○祿不重。才美不外見。三句五字、此章法。○雖異才、亦難展布也。且欲與常馬等、不可得。祿位不足以展布、反不如常材。安求其能千里也。安得見其爲異才。○此謂英雄豪傑、雖有立大事成大功之才、無尊位、無厚祿、無重權、其才知不可展布。其欲與常衆人等而不可得。安可求其辨大事成大功哉。策之不以其道、食之不能盡其材、鳴之不能通其意。此三句、卽孟子所謂弗與共天位也。弗與治天識也。弗與食天祿也。非王公尊賢也。執策而臨之曰、天下無良馬。謂天下無異材。嗚呼其眞無馬耶、其眞無才耶。其眞不識馬耶。其上之人、不識人耶。○此謂任使之不以其道、爵祿之不能盡其材、諫不行、言不聽、而不得以行其志、爲宰相者、操用其權、不能知人、乃曰、天下無英雄豪傑。嗚呼天下其眞無英雄豪傑耶。宰相其眞不識英雄豪傑耶。

謝疊山評　此篇主意、謂英雄豪傑、必遇知己者、尊之以高爵、食之以厚祿、任之以重權、其材斯可以展布。

○俎、祭享之器。
○崇、充也。儀禮、鄕飲酒禮、阼階上、北面再拜、崇酒。
○觴、酒巵總名。
○江之滸、水涯曰滸。
○吏、說文、吏治人者也。
○蓋民之役云云、役、使也。呂覽、用衆篇、凡君之所以立、出乎衆也。荀子、大略篇、天之生民、非爲君也。天之立君、以爲民也。書經、大禹謨篇、后非衆罔與守邦。又五子之歌篇、民惟邦本。本固邦寧。孟子、盡心下篇、民爲貴、社稷次之、君爲輕。
○什一、公羊傳、宣公十五年、古者曷爲什一而藉、什一者、天下之中正也。大戴禮、王言篇、明王稅十取一。
○今受其直、本集、今下有我字。何焯曰、我字衍。傭作得錢、曰直。此以官

送薛存義序

柳子厚

薛存義令永州之零陵。蓋朝覲京師而還任零陵也、子厚序而送之。民役、非民役之句、一篇主意。今日所謂公僕之說、子厚既言千五百歲之前。何等達見。

河東薛存義將行。起句緊切。柳子載肉於俎、崇酒於觴、追而送之江之滸、飲食之、且告曰、凡吏於土者、若知其職乎。蓋民之役、非以役民而已也。凡民之食於土者、出其什一傭乎吏、使司平於我也。今受其直、怠其事者、天下皆然。豈惟怠之、又從而盜之。向使傭一夫於家、受

吏俸祿、比傭作得錢也。又物價曰直。北史、齊景思王傳、食雞羹、何不還他價直也。
○若直・若事・若貨器　三若字、竝汝也。
○假令零陵　假、謂未實授、卽暫時攝理也。零陵、唐縣名、屬江南道永州、今湖南零陵縣治。
○的矣　說文、的、明也。
○考績幽明之說　書經、舜典篇、三載考績、三考黜陟幽明。注、三年有成、故以考功、九歲則能幽明有別、黜退其幽者、升進其明者。

若直、怠若事、又盜若貨器、則必甚怒、而黜罰之矣。以今天下多類此。而民莫敢肆其怒與黜罰者、何哉。勢不同也。勢不同、而理同。如吾民何。有達于理者、得不恐而畏乎。【第一段、先敘送別狀、次敘告言。】

存義假令零陵二年矣。蚤作而夜思、勤力而勞心、訟者平、賦者均。老弱無懷詐暴憎。其爲不虛取直也的矣。應有關鎖。其知恐而畏也審矣。

吾賤且辱、不得與考績幽明之說。於其往也、故賞之以酒肉、應起句意。而重之以辭。【第二段、言存義能爲民役。故以酒肉賞之。是主意歸宿處。】

謝疊山評　章法・句法・字法、皆好。轉換多、關鎖緊、謹嚴優柔、理長而味永。

顧廻瀾評　此篇、文勢圓轉、如珠走盤、略無滯礙。論吏者乃民之役、非以役民、議論過人遠甚。中間以傭夫受直怠事為譬、且云、勢不同而理同。此識見最高。至於結句、用賞以酒肉而重之以辭、亦與發端數語相應。學者宜玩味之。

送董邵南序　韓文公

董邵南、壽州安豐人、舉進士不得志。去遊河北。公作此送之。公詩有嗟哉董生行、亦為邵南作也。

此篇主意、諷指明天子游藩鎮非義。諷規主意在結末二句。

燕・趙古稱多感慨悲歌之士。【以土風立論。】董生舉進士、連不得志於有司。懷抱利器、鬱鬱適茲土。吾知其必有合也。董生、豪傑也。燕・趙之士、意氣投合。董生勉乎

○燕・趙　燕、今奉天直隸及朝鮮北部。趙、今直隸南部及山西北部。

○感慨悲歌之士　指樂毅・荊軻・高漸離之徒。

○鬱鬱適茲土　鬱鬱、幽滯不通也。漢書、韓信傳、又安能鬱鬱久居此乎。

○吾惡知其今不異於古所云　恐今日燕・趙不必如古所稱多感慨悲歌之士。一本云下、有邪字。

○卜之　以董生之合不合、卜風俗之異不異。則此行大有關係矣。卜、猶試也。

○吾因子　元板本、子作之。

○為我弔望諸君之墓　史記、樂毅傳、樂毅知燕惠王之不善代之、畏誅、遂西降趙。趙封樂毅於觀津、號曰望諸君。恐其

哉。一本、作行乎哉。【第一段、言董生合燕趙土俗。】夫以子之不遇時、苟慕義彊仁者、皆愛惜焉。矧燕趙之士、出乎其性者哉。董生豪傑、不遇時。【第二段、解前段所以有合。】然吾嘗聞、風俗與化移易。吾惡知其今不異於古所云。又恐今日之燕趙、非昔日之燕趙。聊以吾子之行卜之也。燕趙尚有豪傑。董生勉乎哉。【第三段、承上文、疑時勢風俗之變或不然。】吾因子有所感矣。爲我弔望諸君之墓、樂毅。而觀於其市、復有昔時屠狗者乎。此亦感慨悲歌之意。爲我謝曰、明天子在上、可以出而仕矣。

結句、瀟洒慷慨。【第四段、勸燕趙之士出仕、以規諷邵南北游。即主意在處。】

茅鹿門評 文僅百餘字、而感慨古今、若與燕趙豪儁之士、相爲吐咤嗚咽其間。一涕一嘆、其味不窮。昌黎序文、當屬第一。

怨朝廷而爲藩鎭用。故諷以望諸君畏誅降趙、不敢謀故國燕之語。

○屠狗者 史記、刺客傳、荊軻既至燕、愛燕之屠狗及善擊筑者高漸離。荊軻嗜酒、日與屠狗及高漸離飮於燕市。酒酣以往、高漸離擊筑、荊軻和而歌於市中、相樂也。已而相泣、旁若無人者。

何焯曰、此五句、勉燕趙之士。燕趙之士、猶欲招之使出、況董生耶。能化其俗則可。不然亦可以無往、諷而止之、即在言外。有無窮之味。

○爲我謝曰 謝、以辭相告也。漢書、陳餘傳、注、以辭相告曰謝。史記、張耳傳、有廝養卒謝其舍中曰云云。朱子考異曰、此篇言燕趙之士、仁義出於其性、乃故反其詞、以深譏其不臣而習亂之意。故其卒章、又爲道上威德、以聳動而招徠之。其旨微矣。

唐子西評　屠狗乃不逞之徒、遇眞主而興。若漢樊噲之流是也。當時河北、阻聲敎、不逞之徒、皆歸之。語以明天子在上、而勸之仕。是言邵南不必往、亦于以諷諸鎭之不臣也。其旨深矣。

送王含秀才序　韓文公

王含、元和八年進士。唐國史補、進士其通稱謂之秀才。此篇主意、臨別託酒、遣兩人不遇。

吾少時讀醉鄉記、私怪隱居者無所累於世。而猶有是言。豈誠旨於味耶。及讀阮籍・陶潛詩、二公皆嗜酒好醉。又與醉鄉親切。乃知彼雖偃蹇、不欲與世接、然猶未能平其心。或爲事物是非相感發。於是有託而逃焉者也。從醉鄉引得陶・阮二人嗜酒者作證。若顏氏子、

○吾少時讀醉鄉記　王績、字無功。隋末大儒通之弟也。每乘牛經酒肆、輒飲數日。嘗曰、恨不逢劉伶、相與閉門轟飲。著醉鄉記、以次劉伶酒德頌。含其子孫也。

○旨　甘美也。

○阮籍　晉書、阮籍、字嗣宗。陳留尉氏人。任性不羈、嗜酒能嘯、善彈琴、當其得意、忽忘形骸。作詠懷詩八十餘篇、爲世所重。

○陶潛　晉書、陶潛傳、字元亮。少懷高尚、穎脫不羈、任眞自得。每一醉則大適融然。時或無酒、亦雅詠不輟。有飲酒詩二十首。王績詩、阮籍醒時少、陶潛醉日多。

○偃蹇　驕傲也。左傳、哀公六年、彼皆偃蹇、將棄子命。

○猶未能平其心　言猶有不堪其不遇者也。

○顏氏子　謂顏回。易經、繫辭傳、顏氏之子、其庶

幾乎。論語、雍也篇、子曰、賢哉回也、一簞食、一瓢飲、在陋巷。人不堪其憂、回也不改其樂。注、簞、笥也、圓曰簞、方曰笥。
○歌聲若出金石　莊子、讓王篇、曾子曳縰（曳履而行）而歌商頌、聲滿天地、若出金石。
○汲汲　漢書、揚雄傳、注、汲汲、欲速之義。
○若不可及　論語、泰伯篇、子曰、學如不及。猶恐失之。
○麴蘖　麴、酒母也。一作麯蘖、牙米也。韻會、酒主於麴、故曰酒母。書經、説命下篇、若作酒醴、爾惟麴蘖。
○吾又以悲　以下、元板有為字。
○不遇　言不遇時也。史記、李廣傳、文帝曰、惜乎子不遇時、如令子當高帝時、萬戶侯豈足道哉。
海保漁村曰、顏子之徒、雖不遇、而得聖人師之、則猶足以相樂矣。醉鄉

操瓢與簞、曾參歌聲若出金石。彼得聖人而師之、汲汲每若不可及。其於外也固不暇。尚何麴蘖之託、而昏冥之逃耶。破醉鄉。【林西仲曰、顏曾雖不遇、然有道味可甘。不遑與事物是非相感發。】

吾又以悲醉鄉之徒不遇也。合王・阮・陶三人。故添一徒字。【第一段、敍祖先不遇託酒而逃。】

建中初、天子嗣位、有意貞觀・開元之不績、在廷之臣、爭言事。當此時、醉鄉之後世、又以直廢。吾既悲醉鄉之文辭、而又嘉良臣之烈、思識其子孫。【第二段、承上起下。】

今子之來見我也、無所挾。吾猶將張之。張者、張大誇耀之意。

況文與行、不失其世守。渾然端且厚。惜乎吾力不能振之。

之徒、則不然。此其不遇尤足悲也。

○建中 大暦十四年、德宗卽位、十五年正月、改元建中。

○貞觀・開元之丕績 貞、原本作正、宋仁宗諱禎、故諱爲正。嚴有翼曰、貞觀太宗時。開元、明皇時。河南府同官記云、建中初、天子始紀年更元、命官司舉貞觀・開元之烈。羣臣惕慄、奉職命才、登良不敢私違。丕績、猶言大功也。書經、大禹謨篇、喜乃丕績。

○以直廢 林西仲曰、以直廢者、姓名不可考。坊評卽作王含、大謬。

○無所挾 孟子、萬章下篇、不挾長、不挾貴。朱注、挾者、兼有而恃之之稱。

○張 擴張稱揚也。

○世守 世世守之而不失也。此活用孟子字（梁惠王下篇、或曰、世守也）呼應醉鄉之後世。

○渾然 無圭角貌。

而其言不見信於世也。於其行、姑與之飲酒。

不脱醉鄉字。

謝疊山評 王含之祖王績、字無功。嘗作醉鄉記。此序以醉鄉記三字、生一篇議論、下字影状。可見其巧。此序只從醉鄉記三字、得意、變化成一篇議論。此文公最巧處。凡作論、可以爲法。

林次崖評 味此序之意、必王含無一可稱述。姑就其祖醉鄉記上、生出一篇議論。乃是無中生有。文字超偉、奇絶可愛。

沈德潛評 借醉鄉點染。中將阮・陶・顔・曾校量一番、見得聖人爲師、其心自平、必不以不遇爲悲也。此行文最占地步處。離迷變滅、一片雲烟。

答李秀才書　韓文公

李秀才、名師錫、字圖南、蘇州吳人。此篇主意、師錫問古文。昌黎答曰、古文出古道。察子之心、似好古道。苟好之、必進古文。蓋好道在心。故自元賓心行論來。篇中心字照應。

愈白、故友李觀元賓、十年之前、示愈別吳中故人詩六章。其首章則吾子也。盛有所稱引。句法。元賓行峻潔清、其中狹隘、不能包容於尋常人。不肯苟有論說。因究其所以、於是知吾子非庸衆人。字法。時吾子在吳中。其後愈出在外。無因緣相見。【第一段、說因客知主。】元賓既歿、其文益可貴重。思元賓而不見。見元賓之所與者、則如元賓焉。【第二段、承上起下、因元賓思其文。漸近本題。】

今者辱惠書及文章。觀其姓名、元賓之聲容、恍若相接。章法。讀其文、

○惜乎吾力云云　何義門曰、無以使之平其心。

○與之飲酒　茅坤曰、昔人以不用入醉鄉。今與之飲酒。有無限意。

○李觀　字元賓、擧進士宏辭、授太子校書郎。觀屬文不旁沿前人。時謂與韓愈相上下。年二十九卒。見昌黎撰李元賓墓銘。韓愈送孟東野序云、唐之有天下、陳子昂・蘇源明・元結・李白・杜甫・李觀皆以其所能鳴。

○故人　知舊也。

○稱引　稱、誦也。廣雅、稱、譽也。爾雅、引、陳也。

○峻　嚴也、峭也。

○潔清・狹隘　孟子、公孫丑下篇、伯夷聖之清者也。公孫丑上篇、伯夷隘。心狹窄也。

○包容　一本包、作苞、通。皆川淇園曰、肯苟有論說、卽是包容於尋常人之事。

○思元賓而不見云云　晉書、石勒載記、王浚遺

石勒麈尾、勒不敢執、懸之于壁、朝夕拜之云、我不得見王公、見王公所賜、如見公也。楊誠齋謂、公此語本此。
○恍惚也。猶若彷彿、不分明貌。本集作悦、通。
○見元賓之知人　應盛有所稱引。
○交道之不汙　應不能包容於尋常人。
○愛惜也。
○其道上其道、謂作文之方、下其道、謂古聖人之道。
○深於是者　謂好其道焉者也。
○況其外之文乎　言既以樂道相許、況文辭乎。道在心中、文在心外。故曰外。文公答李翊書亦云、道德之歸也、有日矣、況其外之文乎。

辭、見元賓之知人、交道之不汙。甚矣子之心、有似於吾元賓也。文有情思、有滋味。【第三段、合】論主客、實上文之意。是入題。子之言、以愈所爲不違孔子、不以雕琢爲工、將相從於此。愈敢自愛其道、而以辭讓爲事乎。然愈之所志於古者、不惟其辭之好、好其道焉爾。讀吾子之辭、而得其所用心。將復有深於是者。與吾子樂之。況其外之文乎。愈頓首。【第四段單】入主、答文出于道、秀才先好道、則文必得矣。是主意。

茅鹿門評　因與李秀才無舊、獨於元賓詩中、得其人、故遂始終託元賓、以寫兩與之情。

顧廻瀾評　此一篇文字、是借客形主。有無中生有之妙。

送二許郢州一序　韓文公

許、名仲輿、字叔載（或作二志雍一、非）郢州・復州、皆屬二山南東道一。故是文與二下文贈レ崔序一、竝言二及于公一。韓公上二于襄陽書一、在二貞元十八年一、則二序當レ在二其後一。」與二于襄陽書一、載二第一卷一、宜二參觀一、以悟二文字詳略之法一。」此篇主意、借二許郢州一諷二于公一。

愈嘗以レ書自通二於于公一、累二數百言一。其大要言、先達之士、得レ人而託レ之、則道德彰、而名問流。後進之士、得レ人而託レ之、則事業顯、而爵位通。下有レ矜二乎能一、上有レ矜二於位一、雖二恆相求一、而喜不二相遇一。【第一節、擧二上書之要一。】于公不下以二其言一爲中不上レ可。復書曰、足下之言是也。【第二節、言二答書之要一。】于公身居二方伯之尊一、

○大要　漢書、陳咸傳、注、師古曰、大要、大歸也。

○名問　問、一本作レ聞、通。

○喜不二相遇一　原本無二喜字一。今從二本集一補レ之。喜一作レ憙、與レ善同義、謂レ多。漢書、溝洫志、岸善崩。師古曰、善崩、猶二憙崩一也。猶レ言二屢不二相遇一也。

蓄不世之材、而能與卑鄙庸陋相應答、如影響。是非忠乎君、而樂乎善、以國家之務、爲己任者乎。欲譏刺其惡、必先誇誦其善。先誇誦于公之賢、正是學孟子道齊宣王易牛事、是心可以王矣、一段得進諫之道。愈雖不敢私其大恩、抑不可不謂之知己。恆矜而誦之。情已至而事不從、小人之所不爲也。故於使君之行、道刺史之事、以爲于公贈。〔第一段、敍于公知遇。〕

凡天下之事、成於自同、而敗於自異。〔成於二句、一篇本旨大綱。以下詳說之。林西仲曰、通上下之情、而不自私其職、謂之自同。自異者反是。〕爲刺史者、常私於其民、不以實應乎府。爲觀察使者、恆急於其賦、不以情信乎州。雖是以刺史・觀察對說、作句下字、皆有權度。一私於其民、一急於其賦、可見爲

○不世之材　同不世出之才。後漢書、注、李賢曰、不世者、言非代之所當有也。
○如影響　書經、大禹謨篇、惠迪吉、從逆凶、惟影響。言如影之隨形、響之應聲也。
○誦　孟子、公孫丑下篇、爲王誦之。注、誦、猶言也。
○事不從　謂不能卒言之也。林西仲曰、感之極而不以國家實事從而敷陳。
○小人　猶言小生、退之自稱也。左傳、隱公元年、潁考叔曰、小人有母、皆嘗小人之食矣。
○使君　持節出使者、曰使君。後漢書、寇恂傳、更始立、使使者徇郡國。恂曰、使君建節銜命以臨四方。按稱刺史曰使君、見後漢書、臺佟傳、及北史、申徽傳。
○刺史　官名、漢武帝初置刺史、掌奉詔察州。唐制、刺史、以州統縣、觀察

使、以道統州。○爲刺史者、常私於其民。容齋隨筆、唐世於諸道置按察使、後改爲采訪處置使、治於所部之大郡。既又改爲觀察、其有戎旅之地、卽置節度使。分天下爲四十餘道、大者十餘州、小者二三州。但令訪察善惡、舉其大綱。然兵甲財賦民俗之事、無所不領、謂之都府。權勢不勝其重、能生殺人、或專私其所領州、而虐視支郡。

○府　謂觀察使府。

○不以情信乎州　言不以人情信察刺史之言。

○繇　與由通。

○縣之於州云云　縣、縣令。州、刺史。府、觀察使。上、刺史。下、民也。

刺史者賢、爲觀察者不賢。繇是刺史不安其官、觀察使不得其政。財已竭、而斂不休。人已窮、而賦愈急。其不去爲盜也亦幸矣。誠使刺史不私於其民、觀察使不急於其賦、刺史曰、吾州之民、天下之民也。惠不可以獨厚。（惠獨厚、見刺史之仁。）觀察使亦曰、某州之民、天下之民也。斂不可以獨急。（斂獨急、見觀察使之不仁。）如是而政不均、令不行者、未之有也。（此序本意、欲諷觀察使于頔賦斂甚急、刺史不能堪。乃借刺史與觀察對說。辭意輕重、不待校量而知。若獨說觀察、則于公見之必怒矣。此文章之妙。）其前之言者、于公既已信而行之矣。今之言者、其有不信乎。【第二段、贈于公。】縣之於州、猶州之於府也。有

○同則成　刺史・縣令同心也。

○燕　與醼通。

○頌　稱述也。規、謂以法正人。

以事乎上、有以臨乎下。同則成、異則敗者、皆然也。非使君之賢、其誰能信之。末又觀許公寬其縣、其議論始公平、辭意始圓備。愈於使君、非燕遊一朝之好也。故其贈行、不以頌而以規。〔第三段、贈許。〕

謝疊山評　于頔乃一貪酷吏。其爲觀察也、賦斂苛急、見唐書本傳。韓公送許郢州・崔復州二序、皆諷諫之辭、可以參觀。于頔爲觀察使、性貪而政苛。取財賦于州縣者甚急。刺史・縣令不可爲。韓文公作此序、以諷諫于頔。文有權衡、有針線。

顧廻瀾評　送許君而乃贈于公。文之變體也。

贈崔復州序　韓文公

崔復州、名羣、字敦詩。昌黎同年進士也。復州、在唐隸山南東道、今湖北沔陽州。此篇主意、言崔君有榮而無難。其實諷規其難、而所

○趨走　列子、周穆王篇、昔夢爲人僕、趨走作役、無不爲也。
○長史・司馬　皆刺史之佐。唐制、每州刺史而下長史一人、司馬一人。
○三族　父族・母族・妻族也。

○城邑　郡邑也。
○其所　所、所安身也。
○能自直於鄉里之吏者　鄉里之吏、謂里胥之屬。直、伸直其情也。陳少章曰、詩、碩鼠、小序曰、刺重斂也。其首章曰、爰得我所。二章曰、爰得我直。此序專爲于頔重斂而作。與詩人所刺同。發端先言小民不得其所、能自直於鄉里之吏者鮮。蓋卽用詩語而反之。
○不宣　謂不得自宣達也。

規切在于公。大意與前文同。林次崖曰、詞簡意盡、而語尤工。長野豐山曰、此序布置分明、其法易觀。初學作文、須先學此法。

有地數百里、趨走之吏、自長史・司馬以下數十人。其祿足以仁其三族及其朋友故舊。樂乎心、則一境之人喜、不樂乎心、則一境之人懼。大丈夫官至刺史亦榮矣。【第一段、先言其榮。】雖然、幽遠之小民、其足跡未嘗至城邑。苟有不得其所、能自直於鄉里之吏者鮮矣。況能自辯於縣吏乎。能辯於縣吏者鮮矣。況能自辯於刺史之庭乎。此一段、非知田里小民之疾苦者、不能言。○添之庭二字、句便不凡。由是刺史有所不聞、小民有所不宣、賦有恆、而民產無恆。

○癘疫　癘、音例、疫氣也。左傳、昭公四年、癘疾不レ降、注、癘、惡氣也。
○不レ期　不レ可レ期也。
○不二以言一　不レ言二民情一也。
○連帥不二以信一　禮記、王制篇、十國以爲レ連、連有レ帥。唐時節度使、似二周時連帥一、故借二用之一。
○崔君之仁、足二以蘇一レ復人一　蘇、息也、謂レ復生一。孟子、梁惠王下篇、書曰、徯二我后一、后來其蘇。陳少章云、民窮斂急、惟仁人至、庶有二來蘇之望一。曰、崔君之仁、足下以蘇中復人上、痛乎其言レ之矣。
○辱　忝也、屈也。曲禮、君言至、則主人出拜二君言之辱一。注、屈二辱尊命之臨一也。

水旱癘疫之不レ期、民之豐約懸二於州一。縣令不二以言一。連帥不二以信一。民就レ窮而斂愈急。〔二句、不レ得レ所之實。〕吾見二刺史之難一レ爲也。〔第二段、言二其難一。〕崔君爲二復州一。其連帥則于公。崔君之仁、足二以蘇一レ復人一。于公之賢、足二以庸一崔君一。有二刺史之榮一、而無二其難一レ爲者、將レ在二於此一乎。愈嘗辱二于公之知一、而舊游二於崔君一。慶二復人之將一レ蒙二其休澤一也、於レ是乎言。〔第三段、賀二有レ榮無一レ難、以總二收上文一。〕

謝疊山評　此序諷二諫于公一。與レ送二許郢州一序同レ意。此序尤涵蓄。只民就レ窮而斂愈急、下民苦レ之。使二于公聞一レ之。皆勸二于公寬二賦斂一、以安二州縣一、以安二百姓一。

又評 觀察使賦斂苛急、則爲刺史者、見其難、而不見其榮。觀察使賦斂寬緩、則爲刺史者、見其榮而不見其難。以此諷諫于公、最切。

沈德潛評 極言民窮斂急、見刺史之難爲。後轉到崔君之仁、又遇于公之賢、則難者不難、而復人可蒙其休澤矣。篇中有頌無規、而規卽寓頌中。與送許郢州作、意同而作法又別。

讀李翺文

歐陽公

予始讀復性書三篇。曰、此中庸之義疏爾。智者識其性。當復中庸。愚者雖讀此、不曉也。不作可焉。又讀與韓侍郎薦賢書。以謂、翺特窮時、憤世無薦己者。故丁寧如此。使其得志、亦未必然。以翺爲秦漢閒好事行義之一豪儁、

○復性書 見李文公文集。其說原老莊、非中庸之義疏。歐公失解。
○韓侍郎 謂昌黎。累遷吏部侍郎。故云。
○可焉 一本、焉作也。
○以謂 一本作以爲。
○丁寧 再三告示也。
○好事行義 李翺以昌黎爲秦漢閒尙俠好義之一豪儁、見李集答韓侍郎書。儁與雋・俊通。

○諭レ人　諭、一本作レ論。
○復讀　復、反復也。
○況廼　本集、作二凡昔一。
○愈嘗有レ賦　感二二鳥一賦、見二韓昌黎全集第一卷一。其序略曰、貞元十一年、五月戊辰。愈東歸、癸酉自二潼關一出息二于河之陰一、時始去二京師一、有レ不レ遇レ時之嘆。行見下有レ籠二白烏・白鸜鵒一而西去者上、號二於道一曰、某土之守臣某官使二使者進一於天子、東西行者、皆避レ路、莫レ敢正レ目焉。因竊自悲（中略）讀レ書著レ文、自二七歲一至二今凡二十二年（中略）曾不レ得下名二於薦書一、齒中下士于朝上、以仰二望天子之光明一。今是鳥也（中略）光耀如レ此、可以人而不レ如レ鳥乎。故爲レ賦以自悼。云云。
○二鳥一飽　賦曰、余生命之湮阨、曾二鳥之不レ如（中略）辱二飽食其有レ數、況策二名於薦書一。
○囂囂　衆多貌。
○神堯　唐高祖禪レ位大

亦善諭レ人者也一。最後讀二幽懷賦一、然後置レ書而嘆不レ已。復讀不二自休一。恨下翱不レ生二於今一、不上得二與之交一。又恨二予不レ得下生二翱時一、與レ翱上下中其論上也一。況廼翱一時人有レ道而能レ文者、莫レ若二韓愈一。愈嘗有レ賦矣、不レ過下羨二二鳥之光榮一、歎中一飽之無上時爾。推二是心一、使二光榮而飽一、則不二復云一矣一。〔儲同人曰、六一居士非レ好レ詆也。意在二抑レ韓以伸一李耳。韓不二大抑一、卽李不二大伸一。學者援以爲二口實一誤矣。〕若レ翱獨不レ然。其賦曰、衆囂囂而雜處兮、咸歎レ老而嗟レ卑。視二予心之不レ然兮、慮二行道之猶非一。又怪下神堯以二一旅一取二天下一、後世子孫不上レ能下以二天下一取中河北上、以爲宗、故廟號神堯皇帝、賦曰、仍神堯之郡縣兮、乃家傳而自持。
○以一旅取天下　賦曰、當高祖之初起兮、提一旅之羸師、能順天而用衆兮、竟掃寇而戡隋。左傳、哀公元年、少康逃奔有虞、有田一成、有衆一旅、能布其德、而兆其謀。注、方十里爲成、五百人爲旅。
○不能以天下取河北　謂穆宗二年再失河北。
○脱　或然之辭。
○病子　本集、作病癡子。病癡子、神思不足、頑鈍不慧者。

憂。嗚呼、使當時君子、皆易其嘆老嗟卑之心、爲翺所憂之心、則唐之天下、豈有亂與亡哉。〔第一段、說李文。〕然翺幸不生今時。見今之事、則憂又甚矣。〔林西仲曰、如契丹・趙元昊等、皆所當憂也。〕奈何今之人不憂也。余行天下、見人多矣。脱有一人能如翺憂者、又皆疏遠、與翺無異。其餘光榮而飽者、〔應韓賦。〕一聞憂世之言、不以爲狂人、則以爲病子、不怒則笑之矣。嗚呼在位、而不肯自憂、又禁他人使皆不得憂。可歎也夫。〔第二段、說今時。兩段末、皆用嗚呼字、使人悲泣。〕

讀孟嘗君傳

王荊公

王荊公、王安石、字介甫。號半山。臨川人。少好讀書、善屬文。擢進士第、神宗時、累官爲參知政事、封荊國公。改立制度、號爲新法。物議騰沸。哲宗立、加司空。元祐元年卒。年六十八。贈太傅、謚曰文。有周官新義・臨川集。

史記、孟嘗君傳、秦昭王聞孟嘗君賢、先納質於齊、以求見。至則止囚、謀欲殺之。孟嘗君使人抵昭王幸姬求解。幸姬曰、願得君狐白裘。此時孟嘗君有一狐白裘、直千金、嘗以獻昭王、無他裘矣。孟嘗君患之、徧問客。最下坐有能爲狗盜者。入秦宮藏中、取裘以獻姬。姬爲言得釋。乃馳去、夜半至函谷關。關法、雞鳴方出客。客居下坐者、有能爲雞鳴者。而雞盡鳴、遂得出。主意言用雞鳴狗盜。故不能得眞士。士字一篇眼目。

世皆稱孟嘗君能得士。〔擧世皆稱、孟嘗君田文、能得賢士。〕士以故歸之。而卒賴其力、以脫於虎豹之秦。〔士以孟嘗君能待士、是故歸之、而終賴其力、以脫于虎豹之强秦而歸。第一段、揭世論。〕嗟呼、孟嘗君特雞鳴狗吠

○得士 得士心也。

○虎豹之秦 史記、孟嘗君傳、蘇代謂孟嘗君曰、今秦虎狼之國也。蘇秦傳、蘇秦說楚威王曰、夫秦虎狼之國也。皆指秦爲虎狼。此篇、改狼爲豹、未妥。

○雞鳴狗吠 狗吠、本集作狗盜。取之史記孟嘗君傳也。此本作狗吠。莊子則陽篇、太公調曰、雞鳴狗吠、是人之所知。改狗盜爲狗吠、蓋亦本此。以狗吠對雞鳴、稍似長。

〇雄 林西仲曰、雄、猶レ長也。言ニ所レ得不一レ是士一也。
〇南面而制レ秦 古天子・諸侯皆稱ニ南面一、卿大夫亦稱ニ南面一。若ニ史記、樗里子傳一、請必言ニ子於衛君一、使ニ子爲ニ南面一、是也。此蓋謂下使ニ其得ニ賢士一、則宜上レ居ニ君相之位一、安坐以制上レ秦也。

之雄耳。豈足下以言中得レ士上。【第二段、破ニ世論一。】不レ然、擅ニ齊之强一、得ニ一士一焉、宜可ニ以南面而制一レ秦。尙取ニ雞鳴狗吠之力一哉。【第三段、釋ニ上段一。】雞鳴狗吠之出ニ其門一、此士之所ニ以不一レ至也。此一轉、筆力健。【此賢士之所ニ以不一レ至、而莫ニ能制一レ秦也。第四段、發ニ揮主意一、結ニ全篇一。】

謝疊山評 筆力簡而健。然一篇得意處、只是擅ニ齊之强一、得ニ一士一焉、宜可ニ以南面而制一レ秦。尙取ニ雞鳴狗吠之力一哉。先得ニ此數句一、作ニ此一篇文字一。然亦是祖ニ述前言一。韓文公祭ニ田横墓一文云、當ニ嬴氏之失一レ鹿、得ニ一士一而可レ王。何五百人之擾擾、不レ能レ脱ニ夫子于劍鋩一。豈所レ寶之非レ賢、抑天命之有レ常。介甫蓋自ニ此篇一變化來。

朱晦菴評 荆公文、卻似ニ曾南豐一。但比ニ南豐文一、亦巧而健。

補註 文章軌範 卷之六 〔種字集〕

小心文

此集、才學識三高。議論關世敎。古之立言不朽者如是夫。葉水心曰、文章不足關世敎、雖工無益也。人能熟此集、學進識進、而才亦進矣。

前出師表　諸葛武侯

諸葛武侯、蜀志、諸葛亮、字孔明、瑯琊陽都人。身長八尺、常自比管仲・樂毅。爲丞相、封武鄕侯。卒年五十四。謚忠武。

蜀後主建興五年、諸葛亮率軍、北駐漢中、欲伐魏。臨發上此表。出師表、有二篇。故後人加前後字於題目上、以分之。此篇主意、言君臣協力恢復中原、以成先帝遺志。然欲外定中原、不可不先內治蜀都。故先說內治、次及外征。

臣亮言、先帝創業未半、而中道崩殂。〔居帝位僅三年。篇中提先帝十三。言言不離先帝、見遺託之重。〕今天下三分、益州疲弊。此誠危

〔才學識〕唐書、劉知幾傳、知幾曰、史有三長、才・學・識也。世罕兼之。
〔古之立言不朽者〕左傳、襄公二十四年、魯穆叔曰、太上有立德、其次有立功、其次有立言、雖久不廢。此之謂不朽。
〔葉水心〕宋史、葉適、字正則。溫州永嘉人。至寶文閣學士・通議大夫、謚忠定。
○臣亮言　韓本、無此三字。文選有。
○先帝創業　先帝、指蜀先主劉備。創業、創、始也、造也。造始基業於前也。孟子、梁惠王下篇、君子創業垂統、爲可繼也。
○中道　猶言半途也。論語、雍也篇、子曰、力不足者、中道而廢。
○殂　死也。
○天下三分　吳・魏・蜀。
○益州疲弊　益州、蜀郡也。言蜀小兵弱、敵大國。故云疲弊。疲、一本作罷、通。

急存亡之秋也。然侍衛之臣、不レ懈二於內一、忠志之士、忘二身於外一者、蓋追二先帝之遇一、欲レ報二之於陛下一也。誠宜下開二張聖聽一、以光二先帝遺德一、恢中志士之氣上。不レ宜下妄自菲薄、引レ喩失レ義、以塞中忠諫之路上也。【第一段、一篇綱領。】

宮中・府中、俱爲二一體一。陟二罰臧否一、不レ宜二異同一。若有下作レ姦犯レ科、及爲二忠善一者上、宜下付二有司一、論二其刑賞一、以昭中陛下平明之治上。不レ宜三偏私使二內外異レ法也一。侍中・侍郎郭攸之・費禕・董允等、此皆良實、志慮忠純。是以先帝簡拔以遺二陛下一。愚以爲、宮中之事、事無二大小一、悉以

○危急存亡之秋　文選、李善注、歲以レ秋爲二功畢一。故以喩二時之要一也。馮衍與二田邑一書曰、忠臣立レ功之日、志士馳レ馬之秋。
○不レ懈二於內一　內、宮中也。
○忘二身於外一者　忘レ身、謂三以レ身許二國於邊疆一。
○先帝之遇　李善注、遇、謂二以レ恩相接一也。三國志、遇上有二殊字一。
○聖聽・遺德　李善曰、漢書、谷永上書曰、王法納二乎聖聽一。莊子、盜跖篇、此吾父母之遺德也。
○恢　大也。三國志、恢下有二弘字一。
○妄自菲薄　菲、微薄也。林西仲曰、自安二於不德一、引二淺近之說一、致レ失二義理一也。
○宮中・府中　李善注、宮中、禁中也。府中、大將軍幕府也。
○陟二罰臧否一　李善曰、陟、升也。臧否、善惡也。
○不レ宜二異同一　日知錄曰、異同、異也。(同字帶說)矣

志、孫皓傳、注、蕩異同如反掌。晉書、王彬傳、江州當人强盛時、能立異同。又曰、愛憎、憎也。得失、失也。利害、害也。緩急、急也。成敗、敗也。同異、異也。贏縮、縮也。古人之詞、寬緩不迫也。

○不宜偏私使內外異法也　內、應宮中。外、應府中。李善曰、偏私、謂執不均。

○侍中・侍郎　後漢書、百官志、侍中、比二千石、掌侍左右、贊導衆事、顧問應對。法駕出則參乘。黃門侍郎、六百石、掌從左右給事中、關通中外、及諸王朝見於殿中、引王就坐。

○郭攸之・費禕・董允　李善曰、楚國先賢傳曰、郭攸之、南陽人、以器業知名。蜀志曰、費禕、字文偉。江夏人也。後主襲位、亮上疏曰、侍中郭攸之・費禕。然則攸之與禕、俱爲侍中也。又曰、董允、字休

咨之、然後施行、必能裨補闕漏、有所廣益。將軍向寵、性行淑均、曉暢軍事、試用於昔日、先帝稱之曰能。是以衆議擧寵以爲督。愚以爲營中之事、悉以諮之、必能使行陣和穆、優劣得所也。親賢人、遠小人、此先漢所以興隆也。親小人、遠賢臣、此後漢所以傾頽也。先帝在時、每與臣論此事、未嘗不歎息痛恨於桓靈也。侍中尚書、陳震。長史參軍、蔣琬。此悉貞亮死節之臣也。願陛下親之信之。則漢室之隆、可計日而待也。〔第二段、論內政。〕臣本布衣、躬耕於南陽、苟全

昭。後主襲レ位、遷二黃門侍
郎一。按蜀志、董允傳、注、華
陽國志曰、時蜀人以二諸
葛亮・蔣琬・褘及允一爲二四
相一、一號二四英一也。
○良實志慮忠純　良、善
也。實、不二虛浮一也。純、美也。
○裨二補闕漏一　裨、益也。漏、
遺失也。
○將軍向寵　蜀志、向寵、
襄陽人。建興元年、爲二中
都督一、典二宿衞兵一、遷二中領
軍一。
○淑均　淑、善也。均、平也。
○曉暢　暢、通達也。
○桓・靈　李善曰、漢二帝、
用二閹豎一敗也。
○侍中尙書（陳震）長史
參軍（蔣琬）　蜀志曰、建興
二年、陳震拜二尙書一。又曰、
諸葛亮出駐二漢中一、張裔
領二留府長史一。又曰、蔣琬
遷二參軍一、統二留府事一。張銑
曰、此皆亮所二進用一。出師
後、恐二帝不レ能レ用、故屬レ之。
按蜀志、陳震、字孝起。南
陽人也。先主入レ蜀、爲二蜀
郡北部都尉一。建興二年、

性命於亂世、不レ求二聞達於諸侯一。先帝不レ以二臣
卑鄙一、猥自枉屈、三二顧臣於草廬之中一、諮レ臣以二
當世之事一。由レ是感激、遂許二先帝一以二驅馳一。後値二
傾覆一、受二任於敗軍之際一、奉二命於危難之閒一。爾
來二十有一年矣。先帝知二臣謹愼一。故臨レ崩、寄
レ臣以二大事一也。受レ命以來、夙夜憂歎、恐三付託不
レ效、以傷二先帝之明一。故五月渡レ瀘、深入二不毛一。今
南方已定、甲兵已足。當下獎二帥三軍一、北定中中原上。
庶竭二駑鈍一、攘二除姦凶一、興二復漢室一、還二于舊都一。此
臣之所下以報二先帝一而忠中陛下上之職分也。至下於

入拜尚書、遷尚書令。又云、蔣琬、字公琰。零陵湘鄉人也。建興八年、代張裔爲長史、加撫軍將軍。諸葛亮曰、蔣琬社稷之器、非百里之才。

○布衣　庶人服、轉謂庶人。戰國策曰、大王嘗聞布衣之怒乎。

○躬耕南陽　李善曰、漢晉春秋曰、諸葛亮家于南陽之鄧縣。荊州圖曰、鄧城舊縣西南一里、隔沔有諸葛亮宅。是劉備三顧處。

○聞達　聞、謂名譽著聞也。達、謂身命通達也。論語、顏淵篇、子曰、在邦必聞。又曰、在邦必達。

○三顧臣於草廬之中　蜀志曰、亮遭漢末擾亂、隨叔文玄避難荊州、躬耕于野、不求聞達。劉備以亮有殊量、乃三顧亮於草廬之中。亮深謂備雄姿傑出、遂解帶寫誠、厚相結納。

○後値傾覆　指獻帝建

斟酌損益、進盡忠言、則攸之・禕・允之任也。【第三段、論外征、幷及內治忠言。】願陛下託臣以討賊興復之效、不效則治臣之罪、以告先帝之靈。若無興德之言、則責攸之・禕・允等之咎、以彰其慢。陛下亦宜自謀以諮諏善道、察納雅言、深追先帝遺詔。臣不勝受恩感激。今當遠離、臨表涕泣、不知所云。【第四段、收拾前三段、幷敘遠別之哀。】

【臨崩寄臣以大事】大事謂討賊興復事。蜀志曰、先主於永安病篤。召亮成都、屬以後事、謂亮曰、君才十倍曹丕、必能安國終定大業。若嗣子可輔輔之。如其不可、君可自取。亮涕泣曰、臣敢竭股肱之力、效忠貞之節、繼之以死也。

蘇東坡評　孔明出師二表、簡而且盡、直而不肆。大哉言乎。與伊訓・說命相表裏。非秦漢而下以事君爲悅者所能至也。

安十三年、先主敗於當陽長坂。

○敗軍之際　日知錄曰、敗軍乃當陽長坂之敗、其言奉命、則求救於江東也。

○二十有一年矣　自漢獻帝建安十三年、至蜀後主建興五年。

○知臣謹愼　謹愼二字、孔明本領。曾國藩曰、古人絕大事業、恆以精心敬愼出之。又曰、不朽之文、自襟度遠大、思慮精微始。是也。

○受命　命、謂顧託之命。

○五月渡瀘　後漢書、南蠻傳、建武十九年、劉尙軍、遂渡瀘水、入益州界。注、瀘水一名若水、出旄牛徼外、經朱提至僰道入江、在今巂州南、特有瘴氣、三月・四月、經之必死。五月以後、行者得無害。故諸葛亮表云、五月渡瀘、言其難苦也。

○不毛　公羊傳、宣公十二年、錫之不毛之地。注、

安子順評　讀諸葛孔明出師表、而不墮淚者、其人必不忠。讀李令伯陳情表、而不墮淚者、其人必不孝。讀韓文公祭十二郎文、而不墮淚者、其人必不友。

僧冷齋評　李格非、善論文。嘗曰、諸葛孔明出師表、李令伯陳情表、皆沛然如肝肺中流出、殊不見斧鑿痕。此公在後漢之末、初未嘗欲以文章名世。而其辭意超邁如此。是知文章以氣爲主、氣以誠爲主。

【諸葛亮後出師表】先帝深慮漢・賊不兩立、王業不偏安。故託臣以討賊。以先帝之明、量臣之才、固當知臣伐賊才弱敵彊。然不伐賊、王業亦亡。惟坐而待亡、孰與伐之。是故託臣而弗疑也。臣受命之日、寢不安席、食不甘味。思惟北征、宜先入南。故五月渡瀘、深入不毛。臣非不自惜也。顧王業不可偏安於蜀都。故冒危難、以奉先帝之遺意也。而議者謂爲非計。今賊適疲於西、又務於東。兵法乘勞。此進趨之時也。謹陳其事如左。高帝明竝日月、謀臣淵深。然涉險被創、危然後安。今陛下未及高帝、謀臣不如良・平。而欲以長策取勝、坐定天下。此臣之未解一也。劉繇・王朗各據州郡、論安言計、動引聖人。羣疑滿腹、衆難塞胸。今歲不戰、明年不征、使孫策坐大、遂幷江東。此臣之未解二也。曹操智計、殊絕於人。其用兵也、髣髴孫・吳。然困於南陽、險於烏巢、危於祁連、偪於黎陽、幾敗北山、殆死潼關。然後僞定一時耳。況臣才弱、而欲以不危而定之。此臣之未解三也。曹操五攻昌霸不下。四越巢湖不成。任用李服、而李服

圖之、委任夏侯、而夏侯敗亡。先帝每稱操爲能、猶有此失。況臣駑下、何能必勝。此臣之未解四也。自臣到漢中、中閒期年耳。然喪趙雲・陽羣・馬玉・閻芝・丁立・白壽・劉郃・鄧銅等、及曲長・屯將七十餘人、突將無前・賨叟・青羌・散騎・武騎一千餘人。此皆數十年之內所糾合、四方之精鋭、非一州之所有。若復數年、則損三分之二。當何以圖敵。此臣之未解五也。今民窮兵疲、而事不可息。事不可息、則駐與行、勞費正等、而不及蚤圖之。欲以一州之地、與賊持久。此臣之未解六也。夫難平者事也。昔先帝敗軍於楚。當是時、曹操拊手謂、天下已定。然後先帝東連呉・越、西取巴・蜀、擧兵北征、夏侯授首。此操之失計、而漢事將成也。然後呉更違盟、關羽毀敗、秭歸蹉跌、曹丕稱帝。凡事如是、難可逆料。臣鞠躬盡力、死而後已。至於成敗利鈍、非臣之明所能逆覩也。(鄒東郭評疊山軌範、唯取前出師表。余之續、取其後者、以孔明忠義之言、雖多而不厭也。況此表、文勢層疊而意思正大、於後學深有裨益者乎)

送浮屠文暢師序　　韓文公

文苑彙雋、佛敎一曰浮屠敎。梵語佛陀、或云浮屠、或云母馱、或云沒陀。楚夏幷譯爲覺。合稱佛也。文暢呉人。

此篇主意、言以浮屠喜文章、知有志儒道。因勸以儒道可貴。

境埆不生五穀、曰不毛。
○奬帥　奬、勸也。帥、同率。
○中原　指魏。
○庶竭駑鈍攘除姦凶　駑、駘也。謂鈍馬。亮自比也。攘、除也。姦凶、謂曹丕也。
○興復漢室云云　劉備、中山王後、故云興復漢室也。興復、一本作復興。
○舊都　謂雍・洛二州、西漢所都。相則謀存社稷、將則開拓境土、而亮兼之、故云職分也。
○斟酌損益　斟酌、參取也。周語、耆艾修之、而後王斟酌焉。注、斟、取也。酌、行也。論語、爲政篇、所損益可知也。
○若無興德之言則　元本・韓本無此七字。文選有。楊升庵曰、孔明出師表、今世所傳、皆本三國志。案文選所載、先帝之靈下、有若無興德之言六字。他本皆無。於義有缺。當以文選爲正。
○諮諏善道　左傳、襄公

四年、訪問於善爲咨（問善道）咨事爲諏（問政事）按咨・諏同。
○雅言　雅、正也。
○不知所云　言不勝受恩之重、內感於懷、今當遠別、悲傷失次、故不知所云。
〔冷齋〕宋僧惠洪、字覺範、著冷齋夜話十卷。
○墨行　墨、治墨翟之道者、異端之學也。佛氏慈悲之敎、與墨子兼愛之說相似。故借墨喩佛。皇甫湜集、有送簡師序云、師雖佛其名、而儒其行。雖夷狄其衣服、而人其知。不猶愈於冠儒冠、服朝服、惑溺於淫怪之說、以斁彝倫者耶。此論本此。
○校　考也。
○揚子雲稱　揚子法言、脩身篇、或問人有倚孔子之牆、絃鄭衞之聲、誦韓莊之書、則引諸門乎。在夷貉則引之、倚門牆則麾之。門、謂孔子門。

人固有儒名而墨行者。問其名則是、校其行則非、可以與之遊乎。如有墨名而儒行者。此是文暢。問其名則非、校其行則是、可以與之遊乎。揚子雲稱、在門牆則麾之、喩儒名者。儒名而墨行者、雖在門牆、則擯斥之。在夷狄則進之。喩墨名者。墨名而儒行者、雖在夷狄、則進而敎之。吾取以爲法焉。

【第一段、自問自答、泛論儒墨。如一篇冒頭。】

浮屠文暢喜文章。文公取文暢、止以其人言文章。【一本、言作喜。】其周游天下、凡有行必請於縉紳先生、以求詠歌其所志。貞元十九年春、將行東南。柳君宗元爲之請。解其裝、得所得敘詩累百餘篇。非至篤好、其何能致多如是耶。惜其無以

○麾　去也。擯斥也。麾、一本作レ揮。
○喜二文章一　是儒行。
○周二游天下一　莊子、天下篇、以二周行天下一。
○貞元　唐德宗年號。
○柳君宗元爲レ之請　請レ公爲二之序一也。請字與下結末余既重二柳請一、相呼應上。
○解二其裝一　裝、裹也。行旅之所レ攜者、卽行裝也。
○敘詩　謂二敘及詩一也。
○懿　說文、專一而美也。詩經、大雅烝民篇、民之秉レ彝、好二是懿德一。
○文物　謂二禮樂典章一也。左傳、桓公二年、文物以紀レ之。
○二帝　堯・舜。
○三王　夏・殷・周。
○日月星辰之所二以行一、鬼神之所二以幽一　莊子、天運篇、鬼神守二其幽一、日月星辰行二其紀一。
○而語レ之　沈德潛曰、此三字衍。
○瀆告　瀆、涸也、重複也。易經、蒙卦、初筮告、再三瀆、瀆則不レ告。

聖人之道二告レ之者上、而徒舉二浮屠之說一贈甲焉。「夫文暢浮屠也。如欲レ聞二浮屠之說一、當下自就二其師一而問中之。何故謁二吾徒一而來請也。「彼見二吾君臣父子之懿、文物禮樂之盛一、其心有レ慕焉、拘二其法一而未レ能レ入。句法。故樂レ聞二其說一而請レ之。「如二吾徒一者、宜當乙告レ之以下二帝三王之道、日月星辰之所二以行一、「一本無二所以二字一、行、運行之故。」天地之所二以著一、鬼神之所二以幽一、人物之所二以蕃一、江河之所中以流上、而語甲レ之。不レ當下又爲二浮屠之說一而瀆中告之上也」。「此一段、最高。「第二段、說下文暢喜二文章一、是在二夷狄一而喜二儒道一者、宜下勸進以二儒道一。」

民之初生、固若二禽獸夷狄一然。

有聖人者立、然後知宮居而粒食、親親而尊尊、生者養、死者藏。是故道莫大乎仁義、教莫正乎禮樂刑政。施之於天下、萬物得其宜、措之於其躬、體安而氣平。【此一節、說儒道。是一篇眼目。】堯以是傳之舜、舜以是傳之禹、禹以是傳之湯、湯以是傳之文武、文武以是傳之周公・孔子。書之於册、中國之人世守之。今浮屠者、孰爲而孰傳之耶。此一段、義理最精、亦切近人情。即是原道中議論、無一語相似。此韓文之所以爲奇特也。【儲同人曰、括原道一篇、而語更遒練。可悟文家伸縮之法。】夫鳥俛而啄、仰而四顧、夫獸深居而簡出、懼物之爲己害也。猶且不免焉。弱之肉、彊

○宮居　禮記、禮運篇、後聖有作、然後爲臺榭宮室牖戶。
○粒食　用米爲食之名也。書經、益稷篇、烝民乃粒。鄭注、粒、米也。
○藏　謂埋葬也。禮記、檀弓篇、葬者藏也。
○親親而尊尊　如父母當親、君師當尊之類。禮記、大傳篇、一曰親親、二曰尊尊。
○莫正乎禮樂刑政　禮記、樂記篇、禮樂刑政、其極一也。所以同民心而出治道也。
○鳥俛而啄　俛、俯也。啄、鳥食也。莊子、養生主篇、澤雉十步一啄、百步一飲。
○四顧　旁皇不定貌。
○獸深居而簡出　簡、疏也。簡出、不敢輕出也。莊子、山木篇、夫豐狐文豹、棲於山林、伏於巖穴、靜也。夜行晝居、戒也。
○且不免焉　如虎豹在山、猶未免爲人擒獲也。

○優游閒暇自適之貌。史記、孔子世家、蓋優哉游哉、維以卒歲。

之食。【沈德潛曰、原道篇、古無聖人、人之類滅久矣云云。此約以弱之肉、强之食六字、尤使人驚心動目。】今吾與文暢、安居暇食、優游以生死、與禽獸異者、寧可不知其所自耶。此一段、尤切近人情、見得天地閒、不可無聖人之道、無聖人之道、則人之類滅久矣、與禽獸何異。【第三段、告儒道、發揮一篇主意。】夫不知者、非其人之罪也。知而不爲者、惑也。悅乎故、不能即乎新者、弱也。知而不以告之者、不仁也。告而不以實者、不信也。此二節、是儒者之過。【五箇也字、如破竹。】余既重柳請、又嘉浮屠能喜文辭。【一句、收在夷狄則進之之意。】於是乎言。見得文公所以與文暢者、只是取其能喜文章、非取其道。【第四段、合說文暢與己、收之。】

柳子厚墓誌銘

韓文公

元和十五年九月二十日、昌黎始自袁州召還。則此誌作於袁州。賴山陽云、是一篇、柳宗元本傳、與公他碑誌自別。而他碑誌終無出右者。以韓銘柳、天地鉅觀、宜乎其如此。此篇主意、言子厚窮而巧文。

子厚諱宗元。七世祖慶、爲拓跋魏侍中、封濟陰公。曾伯祖奭、爲唐宰相、與褚遂良・韓瑗、俱得罪武后、死高宗朝。〔俱以諫高宗勿立武氏爲后。故爲后所害。〕皇考諱鎭、以事母、棄太常博士、求爲縣令江南。其後以不能媚權貴、失御史。權貴人死、乃復拜侍御史。號爲剛直。所與游、皆當世名人。〔第一段、敍系譜。〕子厚少精敏、無不通達。逮其父時、雖少年、已自成

○拓跋復姓、魏書、高祖孝文紀、北俗謂土爲拓、謂后爲跋。故以爲氏。
○皇考、禮記、曲禮下篇、祭王父曰皇祖考、王母曰皇祖妣、父曰皇考、母曰皇妣、夫曰皇辟。注、更設稱號、尊神異於人也。李翺集中、有皇祖實錄一篇。歐陽公、瀧岡阡表、亦曰惟我皇考崇公、皆本諸禮經、非僭越也。皇祖・皇考之稱、至明英宗時、始著爲禁令。
○以事母、棄太常博士　孫汝聽曰、鎭丁母憂服除、吏部命爲太常博士。鎭曰、有尊老孤弱在吳、願爲宣城令、從之。
○不能媚權貴　肅宗平賊、柳鎭上書言事、擢佐郭子儀朔方府、遷殿中侍御史、以事觸竇參、貶夔州司馬。
○縣令江南　卽宣城令。
○皆當世名人　樊汝霖曰、宗元作先友記、鎭所厚者六十人、且曰、先君

之所與友、凡天下之善士擧集焉。
○子厚少精敏云云　舊唐書、宗元少聰慧絕衆、尤精西漢詩騷、璨若珠貝。當時流輩咸推之、登進士第、應擧宏辭、授校書郎藍田尉。
○嶄然見頭角　嶄然、尖銳貌。楚辭注、嶄、石高貌。頭角者、言龍生角則能變化。
○博學宏辭　唐時以博學宏辭科取士。
○正字　官名。通典、正字、掌刊正文字。
○踔厲　踔、高遠也。其卓絕之能、猛厲之氣、如風之疾也。
○要人　謂樞要之人。卽指王叔文輩。
○貞元十九年云云　舊唐書曰、貞元十九年、爲監察御史。順宗卽位、王叔文・韋執誼用事、尤奇待宗元、與監察呂溫・密引禁中、與之圖事、轉尚書禮部員外郎、叔文欲

人。能取進士第、【貞元九年、子厚登進士第、時年二十一。是年五月、父鎭卒。】嶄然見頭角。衆謂柳氏有子矣。其後以博學宏辭、授集賢殿正字。儁傑廉悍、【儁、同俊、絕異也。才過萬人曰傑。廉、利也。悍、勇也。】議論證據今古、出入經史百子、踔厲風發、率常屈其座人。【才高學博、一座之人、無不爲之壓倒。】名聲大振。一時皆慕與之交。諸公要人、爭欲令出我門下、交口薦譽之。貞元十九年、【貞元、唐德宗年號。】由藍田尉、【尉、官名、卽今之典史。】拜監察御史。順宗卽位、拜禮部員外郎。遇用事者得罪、例出爲刺史。【坐貶者、非一人、故曰例、猶類也。唐武德中、改太守曰刺史。】未至。又例貶州司馬。居閑益自刻苦、務記覽、爲詞章、

大用之、會居位不久、叔文敗、與同輩七人俱貶、宗元爲邵州刺史、在道再貶永州司馬。
○藍田 縣名、在陝西省西安府。
○監察御史 六典、監察御史、掌分察百僚、巡按郡縣、糾視刑獄、肅整朝儀。
○禮部員外郎 六典、禮部員外郎、從六品上、掌貳尚書侍郎、擧其儀制、而辨其名數。劉禹錫柳文序、子厚以文章稱首、入爲尚書禮部員外郎。
○用事者 謂王伾・叔文。
○刻苦 深自攻苦也。莊子、刻意篇、司馬彪云、刻、削也、峻其意也。
○汎濫 延漫也。
○停 與渟通。水止也。
○涯涘 水邊也。涘、音紙、說文、涘、水厓也。
○自肆於山水間 元和四年、子厚在永州、始得西山宴游焉。尋得鈷鉧潭諸勝、皆有記。新唐書、

汎濫停蓄、爲深博無涯涘。而自肆於山水間。元和〔德宗年號。〕中、嘗例召至京師、又偕出爲刺史。而子厚得柳州。既至、嘆曰、是豈不足爲政耶。因其土俗、爲設教禁。州人順賴。其俗以男女質錢。約不時贖、子本相侔、則沒爲奴婢。子厚與設方計、悉令贖歸。其尤貧、力不能者、令書其傭、足相當、則使歸其質。觀察使下其法於他州。比一歲、免而歸者且千人。衡湘以南、爲進士者、皆以子厚爲師。其經承子厚口講指畫、爲文詞者、悉有法度可觀。〔第二段、雜敍文章事業、以文章爲主。〕其

召至京師、而復爲刺史也、〔此追敍以前王叔文得罪時、子厚出爲刺史事。〕中山劉夢得禹錫、亦在遣中。〔遣、貶謫也。〕當詣播州。〔詣、往也。〕子厚泣曰、播州非人所居。而夢得親在堂。吾不忍夢得之窮、無辭以白其大人。且萬無母子俱往理。請於朝、將拜疏願以柳易播雖重得罪死不恨。〔子厚之言、止此。〕遇有以夢得事白上者。夢得於是改刺連州。嗚呼、士窮乃見節義。今夫平居里巷相慕悅、酒食遊戲相徵逐、詡詡強笑語以相取下、握手出肝膽相示、〔肝膽、一本作肺肝。〕指天日涕泣、誓生死不相背負。眞若可信、〔此句

宗元既竄斥、地又荒癘、因自放山澤閒、其湮厄感鬱、一寓諸文。肆、磊落不羈之意。

○得柳州　通鑑、元和十年、王叔文之黨、坐謫官者、凡不量移、執政有憐其才欲漸進之者、悉召至京師。諫官爭言其不可。上與武元衡亦惡之。三月乙酉、皆以爲遠州刺史。官雖進、而地益遠。永州司馬柳宗元、爲柳州刺史。

○以男女質錢　舊唐書曰、柳州土俗、以男女質錢、過期則沒入錢主。宗元革其鄉法、其已沒者、仍出私錢贖之、歸之父母。質、音致、抵當也。正字通、物相質當也。

○子本相侔　史記貨殖傳注、子、謂利息也。侔、齊等也。

○與　爲也。

○衡湘以南　衡州・湘潭皆屬湖廣。舊唐書、江嶺閒爲進士者、不遠數千

里、皆隨宗元師法、凡經其門、必爲名士。
○中山劉夢得　中山、直隷眞定府定州之別名。舊唐書、劉禹錫字夢得、彭城人。貞元末、王叔文於東宮用事、後輩務進多附麗之、禹錫尤爲叔文知獎。叔文敗、坐貶連州刺史、在道貶朗州司馬、元和十年、召還。以詩語涉譏刺（禹錫作遊玄都觀詠看花君子詩、語涉譏刺、執政不悅）後出爲播州刺史、裴度爲言之、乃授連州刺史。會昌二年卒。贈戸部尚書。
○播州　在四川遵義府。此乃荒裔之地。舊唐書、時朗州司馬劉禹錫、得播州刺史、制書下、宗元謂所親曰、禹錫有母年高、今爲郡蠻方、西南絕域、往復萬里、如何與母偕行。如母子異方、便爲永訣、吾於禹錫爲執友、胡忍見其如是、卽草章奏、請以柳州授禹錫、自

承上起下。
一旦臨小利害、僅如毛髮比、反眼若不相識、〔連下六相字。〕落陷穽、不一引手救、反擠之、又下石焉者、皆是也。〔寫盡末世交態。〕此宜禽獸夷狄所不忍爲。而其人自視以爲得計。聞子厚之風、亦可以少愧矣。〔第三段、敍子厚篤于友誼。忽作感慨、痛快淋漓。〕子厚前時少年、勇於爲人、不自貴重顧藉。謂功業可立就。故坐廢退。〔子厚黨附王伾・王叔文、得罪貶永州司馬。二轉。〕既退、又無相知有氣力得位者推挽。故卒死於窮裔、〔子厚終於柳州刺史。〕材不爲世用。道不行於時也。〔三轉。〕使子厚在臺省時、自持其身、已能如司馬刺史時、亦自不斥。〔三轉、應前

〔不自貴重。〕斥時有人力能擧之、且必復用不窮。〔四轉、應前無相知。〕然子厚斥不久、窮不極、雖有出於人、其文學辭章、必不能自力以致必傳於後世、如今無疑也。〔此五節、議論有斷制、有回斡、有馳驟、意氣激昂、而光彩燦爛、一節高一節、文章之妙、如此其至。〕〔五轉。〕雖使子厚得所願、爲將相於一時、以彼易此、孰得孰失、必有能辨之者。〔第四段、總論前三段所敍文章・事業・交游、而歸重于文章。〕子厚以元和十四年十一月八日卒。年四十七。以十五年七月十日、歸葬萬年先人墓側。子厚有子男二人、長曰周六、始四歲。季曰周七。子厚卒乃生。〔是遺腹之子。〕女子二人、皆幼。其得歸葬也、

往播州。會裴度(中丞)亦奏其事、禹錫終易連州。」連州、在廣東廣州府。

○大人 父母並稱、此稱母也。後漢書、范滂傳、滂將就誅、與母訣曰、大人割不忍之愛。

○白上者 禹錫復出爲播州刺史。詔下。御史中丞裴度奏曰、劉禹錫、有母年八十餘、今播州西南極遠、猿狖所居、人迹罕至。禹錫誠合得罪、然其老母、必去不得、則與此子爲死別。臣恐傷陛下孝治之風。乃改授連州刺史。

○士窮乃見節義 鮑明遠詩、時危見臣節、世亂識忠良。

○詡詡 詡、音許。和也。六書故、詡詡、言辭和呴也。漢書、張敞傳、注、北方人謂媚好爲詡。

○反眼 相怒視也。易經、小畜卦、象曰、夫妻反目。不能正室也。

○反擠之 說文、擠、排也。

一曰、推也。
○勇於爲人　爲、讀于僞反。鄭康成詩箋云、爲、猶助也。陳景雲曰、史言、王叔文密結柳・劉諸人、定爲死交。勇於爲人、卽言子厚黨助叔文、而微其辭也。
○顧藉　沈德潛曰、顧藉、猶顧惜也。公又嘗上鄭相公啓云、無一分顧藉心、可以證。
○裔　邊也。
○臺省　謂御史臺・禮部省。此指爲監察御史時。
○有人力能擧之　應無相知有氣力。
○裴君行立　舊唐書、觀察史裴行立、爲營護其喪及妻子、還於京師、時人義之。
○節操　節操氣槪也。
○然諾　然、許也。
○舅弟盧遵　盧遵、爲子厚舅之子、故稱舅弟。柳集有送內弟盧遵遊桂州序。爾雅、釋親、姑之子、外兄弟也、舅之子、內兄

費皆出觀察使河東裴君行立。行立有節槪、重然諾。與子厚結交、子厚亦爲之盡。竟賴其力。葬子厚於萬年之墓者、舅弟盧遵。遵涿人、性謹順、學問不厭。自子厚之斥、遵從而家焉、逮其死不去。既往葬子厚、又將經紀其家。庶幾有始終者。【第五段、敍生卒・葬地・子女・埋葬人】

銘曰、

是惟子厚之室。既固既安。以利其後人。

【無相知有氣力得位者推挽】　韓文點勘曰、八司馬初敗、有永不量移之命。後八人中、惟程异以大臣李巽力薦、後得進用、位登宰輔。可謂有鉅力推挽矣。然物望素輕、歿於相位、旋即身名俱滅。視子厚之以文章傳世、百世不磨者、所得孰多邪。推挽、謂薦進人也。左傳、襄公十四年、或輓之、或推之。林注、前牽爲輓、後送爲推。輓與挽同。

弟也。
○經紀　輟耕錄、今人以善能營生者爲經紀。
○室　壙穴也。詩經、葛生篇、歸其室。箋云、室猶塚壙。
○既固既安　此謂風水、其術始見史記、樗里子傳、至後世益詳。義門讀書記曰、子厚已矣、不復能伸其志矣。庶幾以待後之人乎。銘詞蓋深痛之也。
○安祿山　本營州雜胡也。新唐書、本姓康、母阿氏德、禱子於軋犖山、因名軋犖山。母再適安氏、故冒其姓。
○陷洛陽　新唐書、玄宗紀、天寶十四載冬。祿山反、十二月丁酉、陷東京。
○陷長安　玄宗紀、十五載六月己亥、祿山陷京師。
○天子幸蜀云云　玄宗紀、十五載六月庚辰、次蜀都。肅宗紀、十五載、玄

大唐中興頌序　元次山

元結、字次山。瀼州人。天寶十二年進士。爲道州刺史、有惠政。民立石頌德。卒贈禮部侍郎。見唐書本傳。
墨池編、唐元結、作中興頌。顏眞卿書、勒于浯溪崖石、名磨崖碑。此篇主意、言中興之業可頌、而德不可頌。一德字、與二業字照應、諷刺極婉微。僅僅數行文字、含蓄大議論。所以爲名作。

天寶【玄宗年號。】十四年、安祿山陷洛陽、明年陷長安。天子幸蜀、唐明皇。太子卽位於靈武。肅宗不受命於父而自立。與簒位同。明年、皇帝移軍鳳翔。太子立、則稱皇帝。【皇帝、肅宗。別天子。】其年復兩京、上皇還京師。天子退位、則稱上皇。【第一段、敘事。】於戲前代帝王、【於戲、音義與嗚呼同。歎辭也。】有盛德大業者、必見於歌頌。

宗避賊、行至馬嵬。父老遮道、請留太子討賊、玄宗許之。遣壽王瑁及內侍高力士諭太子。太子乃還。七月辛酉、至于靈武。壬戌、裴冕等、請皇太子、卽皇帝位。甲子、卽皇帝位于靈武。肅宗紀贊曰、天寶之亂、大盜遽起、天子出奔、方是時、肅宗以皇太子治兵討賊、眞得其職矣。然以僖宗之時、唐之威德在人、紀綱未壞、孰與天寶之際。而僖宗在蜀、諸鎭之兵、糾合戮力、遂破黃巢而復京師。由是言之、肅宗雖不卽尊位、亦可以破賊矣。

前代帝王、有德有功者、見於歌頌。**若今歌頌大業、刻之金石、**今日無盛德、有大業、而見於歌頌。**非老於文學、其誰宜爲。**【第二段、議論。】

【大唐中興頌曰、噫嘻前朝、孽臣姦驕、爲昏爲妖。邊將騁兵、毒亂國經。羣生失寧、大駕南巡、百僚竄身、奉賊稱臣。天將昌唐、繄睨我皇。匹馬北方、獨立一呼、千麾萬旗、戎卒前驅。我師其東、儲皇撫戎、蕩攘羣兇、復復指期。曾不踰時、有國無之。事有至難、宗廟再安。二聖重歡、地闢天開、蠲除妖災、瑞慶大來。兇徒逆儔、涵濡天休、死生堪羞。功勞位尊、忠烈名存。澤流子孫、盛德之興。山高日昇、萬福是膺。能令大君、聲容沄沄。不在斯文、湘江東西、中直浯溪。石崖天齊、可磨可鐫。刊此頌焉、何千萬年。

茅鹿門評　元次山此序、語短意長、善敍事理、辯而不華、質而不俚。其文直、其事核、不虛美、不隱惡。

書箕子廟碑陰　　柳柳州

本集作箕子碑。箕子、史記、宋世家、箕子紂之親戚也。按、箕子、紂諸父也。此篇大意、言箕子具大人三道。

凡大人之道有三。一曰正蒙難、二曰法授聖、三曰化及民。殷有仁人、曰箕子。實具茲道、以立於世。故孔子述六經之旨、尤殷勤焉。〔第一段、揭大意。〕

當紂之時、大道悖亂、天威之動、不能戒。聖人之言、無所用。進死以併命。誠仁矣。無益吾祀。故不爲。委身以存祀、誠仁矣。與亡吾國。故不忍。具是三道、有行之者矣。是用保其明哲、與之俯仰、〔之、指明哲。〕晦是謨範、辱於囚奴、昏而無邪、隤而不息。故在易曰、箕子之明夷。正蒙難也。及天命既改、生人以正、乃出大法、用爲聖

〇正蒙難　謂爲奴。易經、明夷卦、彖曰、內文明而外柔順、以蒙大難。文王以之。箕子・文王、其事相似。故此因而用之。

〇法授聖　謂作洪範。

〇化及民　謂化朝鮮。

〇殷有仁人　論語、微子篇、微子去之、箕子爲之奴、比干諫而死。孔子曰、殷有三仁焉。

〇殷勤　與慇懃同。周致也。司馬遷、報任安書、未曾銜杯酒接慇懃之歡。

〇天威之動　書經、西伯戡黎篇云、王(紂)曰、嗚呼我生不有命在天。注、言我生有壽命在天、民之所言、豈能害我。遂非之辭。

〇聖人之言無所用　謂比干。

〇進死以併命　謂比干。併命、并合之天命也。

〇委身以存祀　謂微子。

〇保其明哲　詩經、大雅、烝民篇、旣明且哲、以保其身。注、明、謂明於理、哲、

謂察於事。

○與之俯仰　猶升降也。禮記、學記篇、執其干戚、習其俯仰詘伸。

○辱於囚奴　書經、泰誓下篇、囚奴正士。論語、微子篇、箕子爲之奴。

○隤而不息　隤、杜同反。同頽。說文、隤、下隊(同墜)也。此謂明不息。易經、明夷卦、象曰、箕子之貞、明不可息也。

○箕子之明夷　鄭玄曰、夷、傷也。日出地上、其明乃光、至其入地、明則傷矣。故謂之明夷。

○乃出大法　應晦是謨範。

○序彝倫　彝倫、倫、常也。書經、洪範篇、彝倫攸敘。

○封朝鮮　尙書大傳、武王勝殷、釋箕子之囚。箕子不忍爲周之釋、走之朝鮮。武王聞之、因以朝鮮封之。史記、宋世家、武王乃封箕子於朝鮮。

○推道訓俗　漢書、地理志曰、箕子去之朝鮮、敎師。周人得以序彝倫、而立大典。故在書曰、以箕子歸、作洪範。法授聖也。及封朝鮮、推道訓俗、惟德無陋、惟人無遠。用廣殷祀、俾夷爲華。化及民也。率是大道、藂於厥躬。天地變化、我得其正。其大人歟。〔第二段、申論主意。〕於虖〔於虖、音義與嗚呼同。歎辭也。〕當其周時未至、殷祀未殄、比干已死、微子已去。向使紂惡未稔而自斃、武庚念亂以圖存、國無其人、誰與興理。此人事之或然者也。先生所以隱忍而不去、意者有在於斯乎。〔第三段、是餘論。〕唐某年作廟汲郡、歲時致祀。嘉先生獨列於易象、

作是頌云、【第四段、述作頌之由。】
蒙難以正、授聖以謨。宗祀用繁、夷民其蘇。
憲憲大人、顯晦不渝。聖人之仁、道合隆汚。
明哲在躬、不陋爲奴。行讓居禮、不盈稱孤。
高而無危、卑不可踰。非死非去、有懷故都。
時詘而伸、【詘、音義同屈。】卒爲世模。易象是列、文王
爲徒。大明宣昭、崇祀式孚。古闕頌辭、繼在
後儒。

謝疊山評　此等文章、天地開有數、不可多見。惟杜牧詩一首似之。題項
羽烏江廟云、勝敗兵家不可期。包羞忍恥是男兒。江東子弟
多豪俊。卷土
重來未可知。

其民以禮義田蠶織作。婦人貞信不淫、辟其田、民飲食以籩豆、可貴哉、仁賢之化也。
○惟德無陋　一句謂箕子。言既推道訓俗。故其德無陋、以見其始之辱於囚奴、不足道也。
○惟人無遠　一句謂民。言無以遠而不化也。
○率是大道　大道、承大人之道有三。
○天地變化　此謂殷周變革時。承大道悖亂句。
○紂惡未稔　稔、如甚切。積久也。左傳、昭公十八年、是昆吾稔之日也。注、稔、熟也。以乙卯日、與桀同誅。
○作廟汲郡　孫汝聽曰、汲郡、今衛州、紂故鄕也。
○宗祀用繁　應用廣殷祀。
○夷民其蘇　蘇、息也。蘇字、本孟子、梁惠王下篇、后來其蘇。
○憲憲　憲、通顯。明盛貌。詩經、大雅嘉樂篇、嘉樂

君子、顯顯令德。中庸引作二憲憲一。鄭注、興盛之貌。
○顯晦不レ渝 渝、變也。謂下以二身之顯晦一不上レ渝二其德一也。應三天地變化我得二其正一。
○道合二隆汚一 禮記、檀弓篇、子思曰、昔者吾先君子、無レ所レ失レ道、道隆則從而隆、道汚則從而汚。
○明哲在レ躬 應三用保二其明哲一。
○不レ陋レ爲レ奴 應二維德無一レ陋。
○行レ讓居レ禮 行、本集、作レ沖。沖、虛也。
○不レ盈レ稱レ孤 言雖二南面稱一レ孤、而不二自滿假一也。此與レ不レ陋レ爲レ奴對文。
○高而無レ危 孝經、高而不レ危。
○卑而不レ可レ踰 易經、謙卦、彖傳、卑而不レ可レ踰、君子之終也。
○世模 模、法也。
○文王爲レ徒 易經、明夷卦、彖傳曰、內文明而外柔順、以蒙二大難一。文王以

洪容齋評

子厚嘗自言、每レ爲二文章一、本二之詩・書・春秋・易一、參二之穀梁・孟・荀・莊・老・國語・離騷・太史公一。此篇神骨有レ關二世教一、眞得二經史之奧一。學者宜レ熟二思之一。

茅鹿門評

子厚文字、多摸二前人體式一。唯當二其時一、一段自出二新意一。此古人心思未レ及者也。

沈德潛評

整潔峻削、近二東漢人一。開二天明道者爲二聖人一。箕子闡二洪範天人感應之理一、捷二於影響一、切二於布帛菽粟一。固聖人也。乃因二亡國之臣一而忽レ之。又其時周家父子兄弟、聖人聚二於一堂一。故自古及レ今、無下以二聖人一目中箕子上者上。以二柳子之特識一而秪稱曰二大人一。然則聖人殆有二幸不幸一邪。愚作二箕子論一暢二言之一。識二其大略於此一。

賴山陽評

柳州此文、未二必傑作一。而謝翁表二出之一、借二杜牧詩一評レ之。其見二冀義學恢復之意一最著矣。且南宋都二于江東一、甚切二時事一。按謝氏唐詩絕句、解二小杜烏江廟詩一曰、牧之意曰、項羽聞二亭長之言一、若包レ羞忍レ恥、泛レ舟而據二江東之土地一、養二江東之人民一、江東子弟豪傑尚多。卷レ土重來、與二漢高一一戰、楚漢興亡、皆未レ可二前定一也。柳子厚書二箕子廟碑陰一曰、當二其周時一未レ至、殷祀未レ殄、比干已死、微子已去、向使紂惡未レ稔而自斃、武庚念レ亂以圖レ存、國無二其人一、誰與興レ理。此人事之或然者也。先生隱忍不レ去、意者有レ在二於斯一乎。亦是此意。

之、內難而能正其志、箕子以之。呂覽、注、徒、黨也。
○大明反應明夷。
○崇祀式孚言作廟致誠。
○光武之故人　故人、知舊也。後漢書、逸民傳、嚴光字子陵、少有高名。與光武同遊學。
○帝握赤符　漢以火德王。故言得天赤符。綱目集覽、讖緯書曰、符。赤伏、其符之名。後漢書、光武紀、光武先在長安、時同舍生彊華、關中奉赤伏符曰、劉秀發兵捕不道、四夷雲集、龍鬪野、四七之際、火爲主。
○乘六龍　易經、乾卦、彖傳、時乘六龍以御天。本義、聖人時乘六龍(喩駕乘六陽爻)以御天、則如天之雲行雨施而天下平也。
○臣妾億兆　左傳、宣公十二年、使臣妾之、亦唯命。

嚴先生祠堂記

范文正公

嚴先生、名光、字子陵。本姓莊、避明帝諱、改姓嚴。光武召拜諫議。不受。耕釣于富春山。今有釣臺。祠堂、在嚴州桐廬縣。此篇主意、言子陵大有功于名教。當祀之。謝曰、字少意多、文簡理詳。有關世教、非徒文也。

宋范仲淹、字希文、吳縣人。祥符八年進士。仁宗朝、元昊反、以龍圖閣直學士、經略陝西、守邊數年、號令嚴明、愛撫士卒。夏人亦相戒、不敢犯。曰、小范老子、胸中自有數萬甲兵。拜樞密副使、進參知政事。皇祐四年卒。年六十四。謚文正。有丹陽集。

先生、光武之故人也。相尚以道。一句一篇要領。及帝握赤符、乘六龍、得聖人之時、臣妾億兆。好句法。天下孰加焉。惟先生以節高之。既而動星象、歸江湖、得聖人之清、泥塗軒冕。句法。天下孰加焉。

惟光武以レ禮下レ之。【第一段、言二先生・光武以レ道相尚一。】在二蠱之上九一、衆方有レ爲。而獨不レ事二王侯一、高二尚其事一。先生以レ之。在二屯之初九一、陽德方亨。而能以レ貴下レ賤、大得レ民也。光武以レ之。蓋先生之心、出二乎日月之上一、光武之量、包二乎天地之外一。微二先生一、不レ能レ成二光武之大一。微二光武一、【微、無也。】豈能遂二先生之高一哉。【四句合論二人。】而使二貪夫廉、懦夫立一。是大有二功於名教一也。【第二段、贊二先生之高、光武之大一、歸二著名教一句。光・大二字字眼。以下第三段、敍レ作二祠堂一。】仲淹來守二是邦一、始構レ堂而奠焉。乃復爲二其後者四家一、【漢書、高帝紀、注、復者、除二其賦役一也。】以奉二祠事一、又從而歌曰、

○動星象云云　本傳曰、帝復引レ光入、論二道舊故一、因共偃臥。光以レ足加二帝腹上一。明日、太史奏、客星犯二帝坐一甚急。帝笑曰、朕故人嚴子陵共臥耳。除爲二諫議大夫一、不レ屈。乃耕二於富春山一。後人名二其釣處一爲二嚴陵瀨一焉。

○聖人之清　孟子、萬章下篇、伯夷聖之清者也。孔子聖之時者也。

○惟光武以レ禮下レ之　本傳曰、帝思二其賢一、遣レ使聘レ之、三反而後至、舍二於北軍一、給二牀褥一、太官朝夕進レ膳。車駕卽日幸二其館一。光臥不レ起。帝卽二其臥所一、撫二光腹一曰、咄咄子陵、不レ可二相助爲一レ理耶。光又眠不レ應。

○蠱之上九　易經、蠱卦䷑上九、不レ事二王侯一、高二尚其事一。

○屯之初九　易經、屯卦䷂初九象傳、雖二盤桓一、志行レ正也。以レ貴下レ賤、大得レ民也。

○兩以之　以、用也。易經、明夷卦、彖曰、明入地中、明夷、内文明而外柔順、以蒙大難。文王以之。利艱貞。晦其明也。内難而能正其志。箕子以之。此篇、先生以之、光武以之、本於此。

○貪夫廉懦夫立　孟子、萬章下篇、聞伯夷之風者、頑夫廉、懦夫有立志。論衡・前後漢書、頑作貪。

○名教　晉書、樂廣傳、名教内自有樂地。何必乃爾。

○泱泱　水深廣也。詩經、小雅、瞻彼洛矣篇、維水泱泱。

雲山蒼蒼、江水泱泱。先生之風、山高水長。

范文正公作此記。李太伯在坐間曰、公此文一出名世。只一字未安。公曰、何字。曰、先生之德、不如以風字代德字。公欣然改之。蓋太伯因記中有貪夫廉、懦夫立六字、遂思聞伯夷・柳下惠之風一段(孟子、萬章下篇)因得一字也。

朱晦菴評　胡文定父子、最不輕下人。獨服文正公祠堂記。

茅鹿門評　范文正公此記、清明峻潔之中、自有雍容俯仰之態。

顧廻瀾評　記以簡重嚴整爲主、而忌堆疊窒塞、以淸新華潤爲工、而忌浮靡纖麗。此記意高語贍。先儒謂、宋朝人物、以仲淹爲第一。余于文亦然。

跋紹興辛巳親征詔草　辛稼軒

紹興辛巳親征詔草、宋高宗、紹興三十一年、金主亮、率衆南侵。帝下詔親征。見宋史、高宗紀。此篇主意、惜高宗親征之詔失機會。

宋辛棄疾、字幼安、歷城人。號稼軒。嘗謂、人生在勤。當以力田爲先。故以稼名軒。與朱子善。朱子書克己復禮・夙興夜寐、題其二齋室。爲龍圖閣知江陵府、進樞密都承旨。未受命而卒。有稼軒集。

使此詔見於紹興之前、可以無事讎之大恥。【第一段、惜其後機會。】使此詔行於隆興之後、可以卒不世之伐功。【第二段、惜其先機會。】今此詔與此虜猶俱存也。悲夫。【第三段、悲此詔不行、此虜不亡。】

○隆興、宋孝宗年號。○不世、後漢書注、不世者、言非代之所當有也。○伐功、伐、亦功也。宋史、本傳、作大功。此虜、作讎敵。

謝疊山評　字少意多、文簡理詳。有關世教。非徒以其文也。

袁州州學記　　李泰伯

袁州、屬江西省。今宜春縣、其舊治也。此篇主意、言朝家敎學之意、在仁義忠孝而已。

李覯、字泰伯、盱江人也。以文章知名。通經術。四方從學者、常數百人。嘉祐中、以大學說書卒。年五十一。有盱江集。

皇帝二十有三年。制詔州縣立學。【先記朝旨。一篇綱領。】惟時守令、有哲有愚。有屈力殫慮、【林西仲曰、屈、盡也。殫、音亶、亦盡也。】祇順德意。句法。【祇、音脂、敬也。】有假官借師、苟具文書。句法。或連數城、亡誦絃聲、倡而不和、敎尼不行。句法。【第一段、汎敍天下諸學奉詔旨與否。】

三十有二年。范陽祖君無擇、知袁州。始至、進諸生、知學官闕狀、字法。大懼人材放失、字法。儒敎闊疏、【敎、或作效。】無以稱上意旨。通判潁川陳君侁、聞而是之、字法。議以克合。相舊夫

○皇帝二十有三年 宋史、仁宗紀、慶曆四年、詔天下州縣立學。

○制詔 珊瑚鉤詩話、帝王之言、出法度以制人者、謂之制。絲綸之語、若日月之垂照者、謂之詔。制與詔同、詔亦制也。

○守令 謂州太守及縣令也。

○苟具文書 漢書、宣帝紀、計簿具文而已。師古曰、雖有其文而實不副也。此與下文弄筆墨呼應。

○假官借師 借、或作僣。林西仲云、官所以治、師所以敎、皆假借名色、無任事之實、惟苟且具文書以奉制詔上聞而已。

○或連數城亡誦絃聲 不言州而言城、下語本於論語、陽貨篇、子之武城聞絃歌之聲。

○敎尼不行 爾雅、注、尼、止也。

○祖無擇 字擇之。進士高第、歷直集賢院、出知

袁州、首建學官、置生徒。郡國絃誦之風、由此始盛。
○知、猶主也。左傳、襄公二十六年、公孫揮曰、子產其將知政矣。魏了翁讀書雜抄、後世官制上知字始此。
○通判　文獻通考曰、藝祖懲五代藩鎮之弊、乾德初、下湖南、始置諸州通判、掌倅貳郡政。與長吏均禮、凡兵民錢穀、戶口賦役、獄訟聽斷之事、可否裁決、與守通簽、所部官有善否、及職事修廢、得刺擧以聞。
○黝堊丹漆　黝、音有。說文、黝、微青黑色也。堊、音惡、塗飾也。
○法故　舊法故事也。禮記、月令篇、文章必以法故。
○舍菜　舍、音尺、同釋。菜、蘋蘩之屬。始立學者、必釋菜禮先師也。禮記、文王世子篇、始立學者、既興器用幣、然後釋菜。周

子廟、【相視也。】陋隘不足改爲。乃營治之東。厥土燥剛、厥位面陽、厥材孔良。殿堂門廡、黝堊丹漆、擧以法故。生師有舍、【諸生教師。】庖廩有次。百爾器備。竝手偕作。工善吏勤、晨夜展力、越明年成。【經傳釋詞、越、于也。于、猶今人言於是也。】舍菜且有日。【第二段、記袁州建學。是本題。】盱江李覯、諗于衆曰、惟四代之學、考諸經可見已。【作學記、不說虞夏商周、自是欠事。今只以一句道破、筆力高古。】秦以山西鏖六國、欲帝萬世。劉氏一呼、而關門不守。武夫健將、賣降恐後、何耶。詩書之道廢、人惟見利、而不聞義焉耳。孝武乘豐富、世祖出戎行、皆孳孳學術。【孳孳、

禮、春官、大胥、春入學舍采合舞、鄭注、舍、卽釋也。采、讀爲菜。始入學、必釋菜、禮先師也。
○諗　音審。告也。
○四代之學　四代、虞・夏・殷・周也。禮記、王制篇、有虞氏、養國老於上庠、養庶老於下庠。夏后氏、養國老於東序、養庶老於西序。殷人、養國老於右學、養庶老於左學。周人、養國老於東膠、養庶老於虞庠。鄭注云、皆學名也。異者四代相變耳。
○鏖六國　漢書、霍去病傳、合短兵鏖皐蘭下。注、鏖、謂苦擊而多殺也。
○欲帝萬世　史記、始皇紀、朕爲始皇帝、二世三世至于萬世。
○劉氏　漢高祖劉邦也。
○世祖　後漢光武帝也。
○靈・獻　靈帝・獻帝也。
○草茅危言　謂在野而正言者。李膺・范滂等黨錮諸人是也。
○聖神　謂仁宗。

猶汲汲也。

俗化之厚、延于靈獻、草茅危言者、折首而不悔。功烈震主者、【震、懼也。漢書、霍光傳、威震主者不畜。霍氏之禍、萌于驂乘。此謂曹操等。】聞命而釋兵、羣雄相視、不敢去臣位、尚數十年。教道之結人心如此。【一句結、有筆力。】今代遭聖神、爾袁得賢君。【句法。】俾爾由庠序、踐古人之迹。天下治、則譚禮樂、【譚、與談同。】以陶吾民、一有不幸、猶當仗大節、爲臣死忠、爲子死孝。【此等文章、關係世教、萬世不磨滅。】使人有所賴、且有所法。是惟朝家教學之意。若其弄筆墨、以徼利祿而已、豈徒二三子之羞。抑亦爲國者之憂。【第三段、記論語。】

謝曰、袁州學記、李太伯記、河東柳淇書、京兆章友直篆、稱爲三絕。

謝疊山評　本朝大儒、作學記多矣。三百年來、人獨善誦袁州州學記。非曰、筆端有氣力、有光燄、超然不羣。其立論高遠宏大、不離乎人心天理。宜乎讀者樂而忘倦也。葉水心有云、爲文不足關世教、雖工無益也。可與知者道。

樓迂齋評　議論關涉世教。筆力老健。

書洛陽名園記後　李文叔

此篇主意、言大之、忘天下治忽、難享名園樂。小之、忘一家貧富、難享名園樂。小題大做、此篇所長。

東都事略、李格非、字文叔。濟南人。擧進士、以文章受知蘇軾。嘗爲大學官。著洛陽名園記、因以論洛陽之盛衰。其後洛陽破于金、人以爲知言。格非後爲京東提點刑獄卒。

洛陽處天下之中、挾殽黽之阻、當秦隴之襟

○賢君謂祖無擇。○庠序皆鄉校也。夏曰校、周曰庠、殷曰序。○以陶吾民　漢書、注、韋昭曰、陶、燒瓦之竈。後漢書、黨錮傳序、陶物振俗。注、陶謂陶冶以成之。管子曰、夫法之制人、猶陶之於埴、冶之於金也。漢書、鄒陽傳、聖王制世御俗、獨化於陶鈞之上。注、陶家名轉者爲鈞。蓋取周回調均耳。言聖王制馭天下、亦猶陶人轉鈞。○洛陽處天下之中　史記、周本紀、周公反政、成王使召公復營洛邑。曰、此天下之中、四方入貢道里均。○挾殽黽之阻　殽、山名、與崤同。呂氏春秋、九塞、殽其一也。黽、音萌、地名。史記、春申君傳、秦踰黽隘之塞而攻楚。漢書、周亞夫傳、必置閒人於殽阨之閒。
○當秦隴之襟喉　鹽鐵論曰、秦左殽函、右隴阨。爾雅、孫炎注、襟、交領也。此則襟是交領。故與喉幷言、以喩要地。
○而趙魏之走集　而字、東都事略作面。按此與當秦隴之襟喉對文。當作面為是。周禮、考工記、注、面、猶鄉也。左傳、昭公二十三年、險其走集。注、走集、邊疆之壁壘。按、走集、謂走而集守之也。
○亂離　謂兵寇也。詩經、小雅四月篇、亂離瘼矣。奚其適歸。
○五季之酷　唐亡、相繼而起者、梁・唐・晉・漢・周、稱為五代。五代僭亂、忽起忽滅、皆季世也。故亦稱五季。酷、慘也、虐也。言兵亂無已。
○為丘墟　空虛無物之謂。禮記、檀弓篇、注、墟、毀滅無後之地。漢書、公孫弘傳、弘為相起客館、開東閤、以延賢人。後蔡李

喉、而趙魏之走集。蓋四方必爭之地也。天下當無事則已。有事則洛陽必先受兵。余故嘗曰、洛陽之盛衰、天下治亂之候也。【第一段、言天下治亂由洛陽盛衰。候、證候也。】方唐貞觀・開元之閒、【貞觀、太宗年號。開元、玄宗年號。一本、貞作正者、避宋諱。說見前。】公卿貴戚、開館列第於東都者、號千有餘邸。及其亂離、繼以五季之酷、其池塘竹樹、兵車蹂蹴、廢而為丘墟。高亭大榭、煙火焚燎、化而為灰燼、與唐共滅而俱亡、無餘處矣。余故嘗曰、園囿之興廢、洛陽盛衰之候也。【第二段、言洛陽盛衰由園囿興廢。】且天下之治亂、候於洛陽之盛衰而知、

爲相、客館丘墟而已。丘・邱同。
○豈徒然哉 名園記、以知洛陽之盛衰、天下之治亂。故曰不徒然。徒然二字、含後段。
○治忽 猶言治亂也。書經、益稷篇、在治忽。史記、忽作滑。周語、注、滑、亂也。
○末路 漢書、鄒陽傳、至其晚節末路云云。

洛陽之盛衰、候於園圃之興廢而得。則名園記之作、余豈徒然哉。有此文章、方可傳。不然虛辭浮語、雖工何可傳。【第三段、總括上二段、說至題面。】

嗚呼、公卿大夫、方進於朝、放乎一己之私、自爲之、而忘天下之治忽、欲退享此得乎。唐之末路是已。【第四段、寓規戒於感慨中。是主意。末一句、以唐諷宋。】

謝疊山評 名園特遊觀之末。今張大其事、恢廣其意。謂園圃之興廢、乃洛陽盛衰之候、洛陽之盛衰、乃天下治亂之候。是至小之物、關係至大。有學有識、方能爲此文。

岳陽樓記

范文正公

唐書、岳州巴陵郡、屬江南西道。岳州、在天岳山之陽。故名岳陽。風土記、岳陽樓、城西門樓也。下瞰洞庭、景物寬闊。杜甫、登岳陽樓詩

○滕子京、滕宗諒、字子京。河南人。與范仲淹同年進士。
○謫罰降爵也。子京坐前在涇州費公錢十六萬貫、貶徙岳州。岳州、即巴陵也。
○洞庭　史記正義曰、洞庭、湖名。在岳州巴陵西南一里。水經注、洞庭湖、廣五百里、日月出沒其中。
○浩浩湯湯　浩浩、大水貌。書經、舜典、浩浩滔天。湯湯、波動之貌。詩經、江漢篇、江漢湯湯。湯、音商。
○前人之述　指所刻詩賦言。
○巫峽　荊州記、信陵縣西二十里、有巫峽。
○瀟湘水名。
○遷客左遷之客也。
○騷人正字通、騷、愁也、憂也。屈原作離騷、言遭憂也。今謂詩人、爲騷人。按此篇騷人、蓋謂遭憂者也。
○霪雨霏霏　爾雅、久雨

日、昔聞洞庭水、今上岳陽樓、吳楚東南坼、乾坤日夜浮、親朋無一字、老病有孤舟、戎馬關山北、憑軒涕泗流。

此篇主意、論仁人大憂樂、破常人小悲喜、以慰子京貶謫、亦寫出作者心胸耳。

慶曆〔仁宗年號。〕四年春。滕子京謫守巴陵郡。越明年、政通人和、百廢具興。乃重修岳陽樓、增其舊制、刻唐賢今人詩賦于其上、屬予作文以記之。〔第一段、記作記之由。〕予觀夫巴陵勝狀、在洞庭一湖。銜遠山、呑長江、浩浩湯湯、橫無際涯。朝暉夕陰、氣象萬千。此則岳陽樓之大觀也。前人之述備矣。〔省筆、言洞庭大觀、已盡前人詩賦中。故不必重述。〕然則北通巫峽、南極瀟湘、遷客騷人、多會于此。覽物之情、得無異

謂二之淫一。霪・淫通。廣雅、霏霏、雨（アメフル）也。
○怒號　號、一本作レ濤。今從二本集一。莊子、齊物論、夫大塊噫氣、其名爲レ風、是唯無レ作、作則萬竅怒呺。
○檣傾檝摧　檣、帆柱也。檝、舟櫂也。
○薄暮　薄、迫也。謂二日迫一レ晩。
○猿啼　荊州記、古歌曰、巴東三峽巫峽長。猿鳴三聲淚沾レ裳。
○岸芷　芷、音止、香草也。荀子、勸學篇、蘭槐之根、是爲レ芷。正字通、蘭槐、卽離騷所レ謂蘭茝。茝爲二蘭茝一、根爲レ芷也。
○郁郁青青　郁郁、謂レ香。青青、謂レ色也。
○浮光躍金　漢書、郊祀志、月穆穆似二金波一。
○寵辱　同二榮辱一。老子、寵辱若レ驚。

乎。若夫霪雨霏霏、連月不レ開。陰風怒號、濁浪排レ空、日星隱レ曜、山岳潛レ形、商旅不レ行、檣傾檝摧、薄暮冥冥、虎嘯猿啼。登二斯樓一也、則有二去レ國懷レ鄉、憂レ讒畏レ譏、滿目蕭然、感極而悲者一矣。至レ若下春和景明、波瀾不レ驚。上下天光、一碧萬頃、沙鷗翔集、錦鱗游泳、岸芷汀蘭、郁郁青青。而或長煙一空、皓月千里、浮光躍レ金、靜影沈レ璧、漁歌互答上、此樂何極。【八字是記中之畫。】登二斯樓一也、則有下心曠神怡、寵辱皆忘、把レ酒臨レ風、其喜洋洋者上矣。【第二段、論二常人小悲喜于敍景中一。】

嗟夫、予嘗求二古仁人之心一、或

〇廟堂　本謂宗廟、轉謂朝廷也。劉向九歎云、始結言於廟堂。王逸注、言人君爲政擧事、必告宗廟、議於明堂。呂覽、類似篇、夫修之於廟堂之上、而折衝乎千里之外。
〇處江湖之遠　莊子、讓王篇、身在江海之上、心居乎魏闕之下。
〇先天下之憂云云　蓬窗日錄、先憂事者、後樂事、先樂事者、後憂事。此曾子、立事篇語、大戴禮所載。范文正公語本此。
〇斯人　指古仁人。
〇吾誰與歸　禮記、檀弓篇、文子曰、死者如可作也、吾誰與歸。與歸、謂與斯人同趨向歸宿也。詩經、檜風素冠篇、聊與子同歸兮、與此同意。

異二者之爲、何哉。〔二者、指上文感極而悲者、其喜洋洋者。〕不以物喜、不以己悲。居廟堂之高、則憂其民、處江湖之遠、則憂其君。是進亦憂、退亦憂。然則何時而樂耶。其必曰先天下之憂而憂、後天下之樂而樂歟。噫微斯人、吾誰與歸。〔第三段、言仁人大憂樂、以望子京。宋文粹、篇末有時六年九月十五日八字。〕

樓迂齋評　首尾布置、與中閒狀物之妙、不可及矣。然最妙處、在臨末斷遣一轉語。乃知此老胸襟度量、直與岳陽洞庭同其廣大。

補註 文章軌範 卷之七 〔乎字集〕

小心文

韓文公・蘇東坡二公之文、皆自莊子覺悟。此集可與莊子竝驅爭先。

祭田横墓文

韓文公

陳景雲曰、公既抑於宏詞試、光範上書復不見省錄。薄遊鳳翔、亦無所遇。故發憤太息於横、激於時貴之不得士耳。

此篇主意、言遇不遇天也。人唯修己之義而可也。假横歎己不遇、終歸命于天。論旨極正。

貞元〔德宗年號。〕十一年九月、愈如東京、道出田横墓下。感横義高能得士、因取酒以祭、爲文而弔之。其辭曰、事有曠百世而相感者。余不自

〔竝驅爭先〕詩經、齊風還篇、竝驅從兩肩。史記、屈原傳、雖與日月爭光可也。

○十一年云云 考異、十一年、諸本或作十九年。如東京、或作東如京。洪興祖云、東京、洛陽也。公貞元十一年、出長安至河陽、而後如東京也。十九年秋、則公爲御史。是冬即貶陽山、安得以九月出横墓下。唐都長安、亦不得云東如京也。

○感横義高能得士 史記、田儋傳、儋從弟田榮、榮弟田横、皆豪桀宗彊、能得人。田横懼誅、而與其徒屬五百人、入海居島中。横遂自到。高帝聞之、廼大驚。以田横之客皆賢、使使召之。至則聞田横死、亦皆自殺。於是廼知田横兄弟能得士也。太史公曰、田横之高節、賓客慕義而從横死。豈非至賢。余因而列焉。

○曠百世 漢書、賈山傳、

注、曠、空也。廣雅、遠也。
○歔欷　離騷、注、哀泣之聲也。
○當秦氏之失鹿　漢書、蒯通傳、秦失其鹿、天下共逐之。注、以鹿喩帝位。
○擾擾　廣雅、擾擾、亂也。猶紛紛也。言衆多也。
○夫子　指橫。
○劍鋩　玉篇、鋩、刃端。
○豈所寶之非賢　國語、楚語、王孫圉曰、楚之所寶者、曰觀射父。
○抑天命之有常　左傳、昭公十七年、天命不慆久矣。
○闕里　括地志云、兗州曲阜縣魯城西南三里有闕里。中有孔子宅。宅中有廟。
○孔聖　孔聖字、見續漢書律歷志。
○其遑遑　遑遑、與皇皇同。言奔走無暇。孟子、滕文公下篇、孔子三月無君、則皇皇如也。朱注、皇皇、如有求而不得之意。楚辭、注、惶遽貌。禮記、檀

知其何心。非今世之所稀、孰爲使余歔欷而不可禁。【第一段、虛論其希有。】余既博觀乎天下、曷有庶幾乎夫子之所爲。死者不復生。嗟余去此其從誰。【第二段、實敍其希有。】當秦氏之失鹿、得一士而可王。何五百人之擾擾、而不能脫夫子於劍鋩。豈所寶之非賢。抑天命之有常。【第三段、疑其徒不賢。】昔闕里之多士、孔聖亦云其遑遑。苟余行之不迷、雖顚沛其何傷。自古死者非一。夫子至今有耿光。跽陳辭而薦酒。魂髣髴而來享。【第四段、言橫唯行己可爲之義。若夫成敗付之天命。是一篇主意歸宿處。】

弓篇、注、皇皇、猶彷徨。
○顚沛　論語、里仁篇、君子無終食之閒違仁、造次必於是、顚沛必於是。馬融注、顚沛、偃仆。朱注、顚沛、傾覆流離之際。
○耿光　耿、亦光也。書經、立政篇、以觀文王之耿光。
○跽　長跪也。史記、項羽紀、項王按劍而跽。
○髣髴　正字通、髣髴、猶依稀、聞見不審貌。
○執事　明刻本集、下有某字。
○鴟鴞　詩經、豳風篇名。詩序曰、鴟鴞、周公救亂也。成王未知周公之志、公乃爲詩以遺王、名之曰鴟鴞焉。
○君奭　書經、周書篇名。書序曰、召公・周公、相成王爲左右。召公不悅。周

林次崖評　敬慕之情、悲傷之意、藹然可掬。文僅百餘字、而旨味無窮。字字金玉、可珍可愛。眞命世之作也。

茅鹿門評　田橫一人死、而五百人皆從之。蓋有所以得士心者。韓公負命世之才、嘗欲爲知己者用、而世無其人。有慕于橫之義、所以歔欷嘆息、若有所獨感焉者、而作文以祭也。觀其辭、可想見其心。不然、橫一木彊人耳。公何慕之深哉。

上梅直講書　　蘇東坡

梅直講、宋史、梅堯臣、字聖俞。宣州宣城人。工爲詩。監湖州酒稅、召試賜進士、爲國子監直講、累遷尙書都官員外郎。預修唐書、成未奏而卒。職官志、國子監直講、以京官選人充。掌以經術教授諸生。

此篇主意、言置富貴貧賤於度外、與其徒樂道。是天下之至樂。故樂字一篇骨子。按、嘉祐閒、歐陽公知貢擧。梅公作參評官、取東坡中第二。平時有聲如劉煇、皆不與是。放榜後、士論洶洶。此書疑有所爲而上。

某官執事。每讀詩至鴟鴞、讀書至君奭、常竊、

公作君奭。史記、燕世家、召公疑周公當國踐祚。書傳尊之曰君、奭名、同姓也。
○觀史 原本無此二字。今從本集補之。
○孔子厄於陳蔡之閒 史記、孔子世家、孔子在陳蔡之閒、絶糧。從者病、莫能興。孔子講誦絃歌不衰。
○夫子曰 見史記、孔子世家。
○匪兕匪虎 二句、詩經、小雅何草不黄篇文。毛傳云、兕、野牛、一角青色、重千斤。
○曠 空也。
○油然 史記、作欣然。油然、喜貌。大戴禮、文王官人篇、喜色油然以生。

悲周公之不遇。及觀史、見孔子厄於陳蔡之閒、而絃歌之聲不絶、顏淵仲由之徒、相與答問、夫子曰、匪兕匪虎、率彼曠野。吾道非邪、又何爲至此。顏淵曰、夫子之道至大。故天下莫能容。雖然、不容何病。不容然後見君子。夫子油然而笑曰、囘使爾多財、吾爲爾宰。夫天下雖不能容、而其徒自足以相樂如此。乃今知周公之富貴、有不如夫子之貧賤。夫以召公之賢、以管蔡之親、而不知其心、則周公誰與樂其富貴。而夫子所與共貧賤者、皆天下之賢才、則亦足以樂乎此矣。〔第一段、虛論孔子與其徒樂道、勝周公〕軾七八歲時、始知讀書。聞今天下有歐陽公者、其爲人如古孟軻・韓愈之徒。而又有梅公者、從之游、而與之上下其議論。其後益壯、始能讀其文詞、想見其爲人、意其飄然脫去世俗之樂、而自樂其樂也。方學爲對偶聲律之文、求升斗之祿、自度無以進見於諸公之閒。來京師逾年、未嘗窺其門。今年春、天下之士、羣至於禮部。執事與歐陽公、實親試之。軾不自意、獲在第二。既而聞之人。執事愛其文、以爲有

○飄然　經擧貌。
○對偶　謂詩文之以類相駢儷者。柳子厚所謂取青媲白、抽黃對青、是也。聲律解、見第四卷、老泉上田樞密書。
○羣至於禮部　禮部、試場也。葉抱崧曰、唐進士試、以考功員外郞主之。開元中、以員外望輕、迺改歸禮部。其曰省試、以在尙書省故也。
○獲在第二　宋史、蘇軾傳、嘉祐二年、試禮部。方時文磔裂詭異之弊、主司歐陽修思有以救之、得軾刑賞忠厚論、驚喜欲擢冠多士。疑其客曾鞏所爲、但寘第二。

○而取焉　原本無焉字。今從宋槧本集、有焉字、補之。
○先容　漢書、鄒陽傳、蟠木根柢、輪囷離奇、而爲萬乘器者、以左右先爲之容也。師古曰、容、謂雕刻加飾。
○請屬　屬、請託也。
○傳曰　論語、憲問篇。
○優哉游哉云云　見史記、孔子世家。又左傳、襄公廿一年、叔向曰、詩曰、優哉游哉、聊以卒歲。優哉游哉、閒暇自適貌。

孟軻之風。而歐陽公亦以其能不爲世俗之文也而取焉。是以在此。非左右爲之先容、非親舊爲之請屬。而向之十餘年間、聞其名、而不得見者、一朝爲知己。【第二段、敍今日知遇。】退而思之、人不可以苟富貴、亦不可以徒貧賤。有大賢而爲其徒、則亦足恃矣。苟其僥一時之幸、從車騎數十人、使閭巷小民、聚觀而贊歎之、亦何以易此樂也。傳曰、不怨天、不尤人。蓋優哉游哉、可以卒歲。【呉楚材云、引成語四句收住。又云、此是東坡說出自己之眞樂。乃一篇之關鍵。金聖嘆云、一篇文字、只此數行是正文。已前、皆自敍也。先生一生、光明俊偉、風流瀟洒、至誠惻怛、盡於此數行矣。】執事名滿天下、而

○呂雅山曰、此書及上韓太尉書、卽歐陽公所稱、老夫當避此人放出一頭地者也。蓋東坡試禮部、實梅聖兪所取、此書中禮部試後、謝梅公者。識見高邁、筆意清婉、眞天下之至文。

位不過五品。其容色溫而不怒。其文章寬厚敦朴、而無怨言。此必有所樂乎斯道也。軾願與聞焉。【第三段。願己爲梅公徒、共樂道如孔門師弟。結末始點道字妙。前段許多樂字、知皆樂斯道也。所謂畫龍點睛。

三槐堂銘 學史記

蘇東坡

周禮、秋官、面三槐、三公位焉。注、槐之言懷也。懷來遠人於此、欲與之謀。晉國公王祐、事太祖爲知制誥。太祖遣使魏州、以便宜付之、告曰、使還與卿王溥官職。時溥爲相也。蓋魏州節度使符彥卿、太宗夫人之父、有飛語聞于上。祐見太宗於晉邸。太宗卻左右欲與之語。祐徑趨出。至魏州得彥卿家僮二人、挾勢恣橫。以便宜決配而已。及還朝、太祖問曰、汝敢保符彥卿無異意乎。祐曰、臣與符彥卿、家各有百口。願以臣之家保彥卿。又曰、五代之君、多因猜忌殺無辜。致享國不長。願陛下以爲戒。帝怒其語直貶護國軍行軍司馬、華州安置。七年不召。太宗卽位、以兵部侍郎召。不及見而薨。初祐赴魏時、親賓送于都門外、謂祐曰、意公作王溥官職矣。祐笑曰、祐不レ做。兒子二郎必做。二郎者、文正公旦也。手植二三槐于庭一曰、吾子必有下爲二三公一者上矣。已而果然。」此篇主意、言人有レ德、天必與レ福。

天可レ必乎。賢者不二必貴一、仁者不二必壽一。天不レ可レ必乎。仁者必有レ後。二者將安取レ衷哉。吾聞レ之、申包胥曰、人衆者勝レ天、天定亦能勝レ人。世之論レ天者、皆不下待二其定一而求上レ之。故以レ天爲二茫茫一。善者以怠、惡者以肆。盜跖之壽、孔顏之厄、此皆天之未レ定者也。松柏生二於山林一、其始也、困二於蓬蒿一、厄二於牛羊一。而其終也、貫二四時一、閲二千歲一而不レ改者、其天定也。善惡之報、至二於子孫一、則其定也久矣。吾以二所レ見所レ聞考一レ之、其可レ必也

○賢者不二必貴一　孟子、離婁上篇、惟仁者宜レ在二高位一。

○仁者不二必壽一　論語、雍也篇、仁者壽。

○取レ衷哉　衷、折衷之衷也、當也。言下折二二者之閒一而取中其當上也。左傳、閔公二年注、衷、中也。昭公十六年注、衷、正也。

○申包胥曰　見二史記、伍子胥傳一。正義曰、雖二一時凶暴勝一レ天、及二天降一其凶一、亦破レ人。詩經、小雅正月篇、視レ天夢夢。既克有レ定、靡二人弗一レ勝。包胥之言、本レ此。

○茫茫　文選、陸機、歎逝賦注、茫茫、猶二夢夢一、遠貌。又正字通云、無二分別一貌。

○盜跖之壽　謂二壽者不一レ必仁。史記、伯夷傳、盜跖日殺二不辜一、肝二人之肉一、暴戾恣睢、聚レ黨數千人、橫二行天下一、竟以レ壽終。

○孔顏之厄　謂下賢者不二必貴一、仁者不中必壽上。

○厄二於牛羊一　厄、亦困也。

孟子、告子上篇、牛山之木嘗美矣(中略)非レ無二萌蘖之生一焉。牛羊又從而牧レ之。是以若レ彼濯濯也。

○世德之臣 世世積レ德之臣也。謂二王祐一。詩經、大雅下武篇、王配二于京一、世德作求。鄭箋云、世世積レ德、庶爲三終成二其大功一也。

○與二守文太平之主一、共二天下之福一 伏三魏國文正公相二眞宗一。史記、外戚傳、帝王及繼體守文之君。索隱曰、守文者、猶レ法也。謂下非二受命創制之君一、但守二先帝法度一爲中之主上耳。

○兵部侍郎 宋史、職官志、兵部尚書、掌二兵衞武選車輦甲械廐牧之政令一、侍郎爲二之貳一。

○歷二事太祖・太宗一 宋史、祐、事二太祖・太宗一、爲二名臣一。嘗諭二杜重威一、使レ反レ漢。拒下盧多遜害二趙普一之謀上、以二百口一明二符彥卿無一レ罪。世多稱二其陰德一。

○公卒以二直道一不レ容二於時一 邵氏聞見錄、祐、謂二太審矣。國之將レ興、必有二世德之臣一。厚施而不レ食二其報一。然後其子孫能與二守文太平之主一、共二天下之福一。【第一段 虛論。】故兵部侍郎晉國王公、王祐。顯二於漢周之際一、【五代之 漢周。】歷二事太祖・太宗一、文武忠孝、天下望二以爲レ相。而公卒以二直道一不レ容二於時一。蓋嘗手植二三槐於庭一、曰、吾之子孫、必有下爲二三公一者上。已而其子魏國文正公、王旦。相二眞宗皇帝於景德祥符之閒一、朝廷清明、天下無事之時、享二其福祿榮名一者、十有八年。今夫寓二物於人一、【寓、寄也。】明日而取レ之、有レ得有レ否。而晉公修二德於身一、責報於天、取必於數十年之後。如持左契、交手相付。吾是以知天之果可必也。【第二段、實說入本題。】吾不及見魏公、而見其子懿敏公、素。以直諫事仁宗皇帝、出入侍從・將帥、三十餘年。位不滿其德。天將復興王氏也歟。何其子孫之多賢也。世有以晉公比李栖筠者。其雄才直氣、不相上下。而栖筠之子吉甫、其孫德裕、功名富貴、略與王氏等。而忠恕仁厚、不及魏公父子。由此觀之、王氏之福、蓋未艾也。【第三段、論其福之不盡。】懿敏公之子鞏、與吾遊。好德而文、以世其家。吾

祖曰、五代之君多因猜忌殺無辜。故享國不長。願陛下以爲戒。帝怒其語直、貶護國行軍司馬、華州安置。

○如持左契　左契、猶左券也。契、約也。分爲左右、各執其一、以爲信也。老子云、聖人執左契而不責於人。

○其子懿敏公　宋史、王素、字仲儀。太尉旦季子也。

○李栖筠　唐書、李栖筠傳、栖筠字貞一、趙人。擧進士高第。終御史大夫。封贊皇縣子。栖筠喜獎善、而樂人攻己短。爲天下士歸重。不敢有所斥、稱贊皇公云。

○吉甫　字弘憲。憲宗時、爲宰相。討叛將李錡、以功封贊皇縣侯。徙趙國公。

○德裕　字文饒。吉甫二子。武宗時爲宰相。封衞國公。

○蓋未艾也　艾、息也。盡

也、刈也。詩經、小雅庭燎篇、夜未ㇾ艾。
○封植　封、培也、謂ㇾ壅ㇾ本。
○必世乃成　謂下積德之報施及中子孫上。論語、子路篇、如有二王者一、必世而後仁。孔安國曰、三十年曰ㇾ世。又國語、秦策、注、父死子繼曰ㇾ世。
○砥平　謂二太平無事一。砥亦平也。
○吾儕小人　左傳、宣公十一年、申叔時曰、吾儕小人、所ㇾ謂取二諸其懷一而與ㇾ之也。
○朝不ㇾ及ㇾ夕　言ㇾ無二遠思一。左傳、襄公十六年、敝邑之急、朝不ㇾ及ㇾ夕。
○皇ㇾ卹二厥德一　皇、遑通。詩經、邶風谷風篇、遑ㇾ卹二我後一。
○不ㇾ種而穫　易經、无妄卦、象傳、不ㇾ耕而穫。
○不ㇾ有二君子一其何能國　左傳、文公十二年、襄仲曰、不ㇾ有二君子一、其能國乎。

是以錄ㇾ之。銘曰、【第四段、敍二作ㇾ銘之由一】
嗚呼休哉、魏公之業。與ㇾ槐俱萌。封植【有ㇾ緣二於槐一。】之勤、必世乃成。既相二眞宗一、四方砥平。歸視二其家一、槐陰滿ㇾ庭。吾儕小人、朝不ㇾ及ㇾ夕。相ㇾ時射ㇾ利、皇ㇾ卹二厥德一。庶幾僥倖二、不ㇾ種而穫。【喩有ㇾ緣二於槐一。】不ㇾ有二君子一、其何能國。王城之東、晉公所廬、鬱鬱三槐、惟德之符。嗚呼休哉。

【惟德之符　德之符、言二德與ㇾ槐符合一。莊子、德充符篇、郭注、德充二於內一、應二物於外一。外內玄合、信若二符節一。】

謝疊山評　文字下ㇾ手處、最嫌二直突一。此篇先以二疑辭一說起、後以二正意一決ㇾ之。方見二文勢曲折之妙一。

○資政殿大學士　宋史、職官志、景德二年十二月、以二王欽若一爲二資政殿大學士一、班二文明殿學士之下、翰林學士承旨之上一。資政殿置二大學士一、自二欽若一始。
○臣抃　宋史、趙抃、字閱道、衢州西安人。
○吳越國王錢氏　五代史、吳越世家、錢鏐、字具美、杭州臨安人也。梁太祖卽レ位、封二鏐吳越王一。
○黃巢　唐僖宗時賊。曹州冤句人。乾符中、仍歲凶荒、人飢、聚レ盜爲レ亂、攻二剽城邑一。僭二位國號大齊一。見二唐書、逆臣傳一。
○以二鄉兵一破二走黃巢一　吳越世家、唐乾符二年、浙西裨將王郢作レ亂。石鑑鎭將董昌、募二鄉兵一討レ賊。表二鏐偏將一、擊二郢破一レ之。是時黃巢衆已數千、攻二掠浙東一、至二臨安一。鏐曰、今鎭兵少、而賊兵多。難二以レ力禦一。宜二奇兵邀一レ之。乃與二勁

表忠觀碑　學二史記一

蘇東坡

此篇碑文正體。主意、表二錢氏功德一。

熙寧【宋神宗年號。】十年十月戊子、資政殿大學士、右諫議大夫、知杭州軍事臣抃【趙抃。】言、故吳越國王錢氏墳廟、及其父祖妃夫人子孫之墳、在二錢塘一者、二十有六、在二臨安一者十有一、皆蕪穢不レ治。父老過レ之、有二流涕者一。【第一段、敍二錢氏墳廟蕪穢一、爲二一篇立案一。】謹按、故武肅王鏐(キウ)、始以二鄉兵一破二走黃巢一、名聞二江淮一。復以二八都兵一、討二劉漢宏一、幷二越州一、以奉二董昌一、而自居二于杭一。及二昌以レ越叛一、則誅レ昌而幷レ越、盡有二

卒二十人、伏山谷中。巢先鋒度險、皆單騎。鏐伏弩、射殺其將。巢兵亂。鏐引勁卒蹂之、斬首數百級。
○復以八都兵云云　吳越世家、杭州刺史董昌團諸縣兵、爲八都、以錢鏐爲都指揮使。中和二年、越州觀察使劉漢宏、與昌有隙、互相攻伐（中略）鏐率奇兵破越州、執漢宏斬之。鏐乃奏昌代漢宏、而自居杭州。
○及昌以越叛、則誅昌而幷越　吳越世家、乾寧二年、越州董昌反。自稱皇帝。鏐遣顧全武攻昌。全武執昌歸杭州。昌投水死。昭宗以宰相王溥鎭越州。溥請授鏐、拜鏐鎭海鎭東軍節度使。鏐如越州、受命還、治錢塘、號越州爲東府。
○盡有浙東西之地　五代史、職方考、自浙東西十三州、爲吳越。
○傳其子文穆王元瓘

浙東西之地、傳其子文穆王元瓘。至其孫忠獻王仁佐、遂破李景兵、取福州。而仁佐之弟忠懿王俶、又大出兵攻景、以迎周世宗之師。其後卒以國入覲。三世四王、與五代相終始。天下大亂、豪傑蜂起。方是時、以數州之地、盜名字者、不可勝數。既覆其族、延及于無辜之民、罔有孑遺。而吳越地方千里、帶甲十萬、鑄山煮海、象犀珠玉之富、甲於天下。然終不失臣節。貢獻相望於道。是以其民至於老死、不識兵革。四時嬉遊、歌舞之聲相聞、至于今不

廢。其有德於斯民甚厚。〔第二段、言錢氏德於民。〕　皇宋受命、
四方僭亂、以次削平。西蜀江南、負其嶮遠、兵
至城下、力屈勢窮、然後束手。而河東劉氏、百
戰守死、以抗王師、積骸爲城、釃血爲池、竭天
下之力、僅乃克之。獨吳越不待告命、封府庫、
籍郡縣、請吏于朝、視去其國、如去傳舍。其有
功於朝廷甚大。〔第三段、言錢氏功於國。〕　昔竇融以河西歸
漢。光武詔右扶風、修其父祖墳塋、祠以大牢。
今錢氏功德、殆過於融。〔二句主意。〕而未及百年、墳
廟不治。行道傷嗟。甚非所以勸獎忠臣、慰答

吳越世家、長興三年、鏐卒。年八十一。謚曰武肅。子元瓘立。卒年五十五。謚曰文穆。

○至其孫忠獻王仁佐　吳越世家、佐字祐。立七年、襲封吳越國王。開運四年卒。年二十。謚曰忠獻。

○遂破李景兵取福州　五代史、南唐世家、李景初名景通。既立。又改名璟。同吳越世家、閩王延羲・延政、兄弟相攻。卓儼明・朱文進・李仁達等、自相篡殺。連兵不解者數年。仁達、附于李景。已而又叛。景兵攻之。仁達求救於佐。佐乃遣其統軍使張筠・趙承泰等率兵三萬、水陸赴之。遣將晉軍、號令齊整、大敗景兵、俘馘萬計。遂取福州而還。

○忠懿王俶云云　吳越世家、佐卒、弟俶立。俶字文德。世宗征淮南、詔俶攻常・宣二州、以牽李景。

民、心之義也。臣願以龍山廢佛祠曰妙音院者爲觀、使錢氏之孫爲道士曰自然者居之、凡墳廟之在錢塘者、以付自然、其在臨安者、以付吳縣之淨土寺僧曰道微。歲各度其徒一人、使世掌之、籍其地之所入、以時修其祠宇、封植其草木。有不治者、縣令丞察之、甚者易其人、庶幾永終不墮、以稱朝廷待錢氏之意。臣抃昧死以聞。制曰、可。其妙音院、改賜名表忠觀。【第四段、結功德、勸表之之策。】銘曰、

天目之山、【在吉州。】苕水出焉。【苕水自天目山而出。】龍飛鳳

俶治國中兵、以待景。周師渡淮、俶乃盡括國中丁民益兵至于通州、以會期。世宗已平淮南、遣使賜俶兵甲・旗幟・橐駝・羊馬。錢氏兼有兩浙幾百年。當五代時、常貢奉中國不絕。五代、梁・唐・晉・漢・周。

○三世四王云云　父子相繼曰世。元板韓本作四世三王。今据宋槧本集改。

○盜名字者　謂僭號稱王者。名字、名號也。

○罔有孑遺　孑、單也。言無單孑得遺者也。詩經、大雅雲漢篇、周餘黎民、靡有孑遺。

○地方千里、帶甲十萬　帶甲、帶甲冑之士。戰國策、韓策、燕地方二千餘里、帶甲數十萬。

○鑄山煮海　史記、吳王濞傳、即山鑄錢、煮海水爲鹽。

○西蜀　五代史、後蜀世家、孟知祥、字保胤、邢州

龍岡人也。後唐長興五年、知祥乃卽二皇帝位一、國號レ蜀。昶、知祥第三子也。昶、幸二晉漢之際、中國多故一、而據二險一方一、君臣務爲二奢侈一、以自娛。宋太祖、詔伐レ蜀（中略）蜀兵所在奔潰。乃命二李昊一、草レ表以降。時乾德三年正月也。

○江南卽南唐。五代史、南唐世家、李煜、乾德七年、太祖遣レ使召レ煜赴レ闕。煜稱レ病不レ行。王師南征。八年十二月、王師克二金陵一。九年煜俘至二京師一。

○河東劉氏…僅乃克レ之按、五代史、東漢世家、劉旻、漢高祖母弟也。以二周廣順元年一、卽二皇帝位于太原一。其子繼元嗣（中略）太平興國四年、王師北征。繼元窘窮乃降。

○積レ骸爲レ城、灑レ血爲レ池　文選、海賦、注、引二春秋元命包一曰、積骨成レ山、流血成レ淵。

○獨吳越不レ待二告命一　吳越世家、宋興、荊楚諸國

舞、萃二于臨安一。◎【郭レ璞地記云、天目山前兩乳長。龍飛鳳舞到二錢塘一。言山勢如二龍之飛、若二鳳之舞一、萃二于杭州一也。臨安古名。】篤二生異人一、絕レ類離レ羣。奮挺大呼、從者如レ雲。◎【第一解、山水秀麗、生二異人一。】仰レ天誓レ江、【錢王仰レ天指レ江而誓。】月星晦蒙。◎【一本、月作レ日。】强弩射レ潮、江海爲レ東。◎【第二解、感二動天地一。】殺レ宏誅レ昌、【殺二劉漢宏一、斬二董昌一。】奄二有吳越一。◎金券玉冊、【以銘二其功一。】虎符龍節。◎【以旌二其忠一。第三解功業。】大城二其居一、包二絡山川一。◎左レ江右レ湖、控二引島蠻一。◎【第四解、都城。】歲時歸休、以燕二父老一。◎曄如二神人一、玉帶毬馬。◎【第五解、榮譽。】四十一年、寅畏小心。◎厥篚相望。大貝南金。◎【第六解、守レ分。】五朝昬亂、罔レ堪レ託レ國。◎三王相承、以待二有德一。◎【第七解、忠。】旣

相次歸レ命。俶勢益孤。始傾二其國一以事二貢獻一。太祖皇帝時、俶嘗來朝。厚禮遣二還國一。俶喜、益以二器服珍奇一爲レ獻、不レ可レ勝レ數。太祖曰、此吾帑中物爾。何用レ獻爲。太平興國三年、詔俶來朝。俶擧レ族、歸二于京師一。

○視レ去二其國一 元板韓本無二其字一。今据二戴本及宋槧本集一補。

○昔竇融云云 見二後漢書、竇融傳一。

○曰二妙音院一者爲レ觀音、一本作レ因。雲麓漫抄、秦皇・漢武、始好二神仙一、方士祠祝、始有レ觀。七修類稿、至二宋徽宗一、專尙二老子一。宣和元年、因降二手詔一、盡改二天下之寺一曰レ宮、改レ院曰レ觀。

○道士按、漢書、郊祀志、注、漢宮闕疏云、神明臺、高五十丈。上有二九室一、嘗置二九天道士百人一。蓋自二武帝一始也。湛園札記、南朝釋氏、皆稱二道人一。黃冠

獲レ所レ歸、弗レ謀弗レ咨。先王之志、我維行レ之。【第八解、孝。】天胙二忠孝一、世有二爵邑一。【爵邑、一作二好爵一。與レ億叶韻、似レ是。】允文允武、子孫千億。【第九解、忠孝之報。】帝謂二守臣一、治二其祠墳一。毋レ俾三樵牧、愧二其後昆一。【第十解、治レ墳。】龍山之陽、巋焉斯宮。匪ズレ私スル二于錢ニ一、惟以勸レ忠。【第十一解、勸レ忠。即表忠。】非レ忠無レ君、非レ孝無レ親。凡百有位、視二此刻文一。【第十二解、勸二有位一以二忠孝一。】

【仰レ天誓レ江、月星晦蒙】 按、錢儼、吳越備史云、中和二年秋七月、劉漢宏、遣二弟漢宥一、圖二浙西一。兵勢甚盛。董昌乃遣レ王、率レ師禦レ之。將レ渡レ江。而星月皎然、兵不レ可レ渡。王親掬二江沙一、呑而祝曰、吾以二義兵一討レ賊、天若見レ助、願陰雲蔽レ月、以濟二我師一。俄而雲霧四起、咫尺晦瞑。王太喜、即先渡レ江。縱レ火焚二其營一。精兵繼至、破レ賊殆盡。

【歲時歸休、以燕二父老一】 吳越世家、鏐游二衣錦城一、宴二故老一。山林皆覆以レ錦。開平四年、鏐游二衣錦軍一、作二還鄉歌一曰、三節還鄉兮掛二錦衣一。父老遠來相追隨。牛斗無

孛人無欺。吳越一王駟馬歸。〇玉帶毬馬　吳越世家、梁太祖嘗問吳越進奏吏曰、錢鏐平生有所好乎。吏曰、好玉帶名馬。太祖笑曰、眞英雄也。乃以玉帶一匣、打毬御馬十四賜之。〇厥篚相望　厥篚、指貢獻之物。吳越世家、當五代時、常貢奉中國不絕。宋興荊楚諸國、相次歸命、俶勢益孤。始傾其國以事貢獻。書經、禹貢篇、厥篚織文。傳云、盛之筐篚而貢焉。

潘子眞評　東坡作表忠觀碑。王荊公寘座隅。葉致遠・楊德逢二人在座。有客問曰、相公亦喜斯人之作也。公曰、斯作絕似西漢。座客歎譽不已。公笑曰、西漢誰人可擬。德逢對曰、王褒、蓋易之也。公曰、不可草草。德逢復曰、司馬相如・揚雄之流乎。公曰、相如賦子虛・大人、洎喩蜀文、封禪書耳。雄所著太玄・法言、以准易・論語。未見其敍事典贍若此也。直須與子長馳騁上下。座客又從而贊之。公曰、畢竟似子長何語。座客悚然。公徐曰、楚漢以來諸侯王年表也。

樓迂齋評　發明吳越之功與德。全是以他國形容比竝出來。方見朝廷坐收土地不勞兵革。知他是全了多少生靈。來墳墓上尤切。意在言外、文極典雅。

李性學評　子瞻表忠觀碑、終篇述趙清獻公奏(清獻、趙抃謚)不增損一字、是學漢書。王介甫以爲諸侯王年表、則非也。

則稱道士。

〇永終不墮　論語、堯曰篇、四海困窮、天祿永終。苞氏曰、窮極四海、天祿所以永終也。漢儒舊說、以永終爲永續之義。坡公依用之。

〇昧死　漢書、高帝紀、注、秦以爲、人臣當言昧犯死罪而言。

〇篤生異人　詩經、大雅大明篇、篤生武王。鄭箋、天降于大姒、篤生聖子武王。

〇强弩射潮　吳越備史、開平四年八月、始築捍海塘。王因江濤衝激、命强弩以射潮頭、遂定基。〇復建候潮・通江等門。

〇金券玉册　吳越世家、唐莊宗入洛。鏐遣使貢獻、求玉册金印。乃賜鏐玉册金印。其後世世皆賜之。如鏐故事。

〇大城其居　吳越世家、開平三年、開府置官屬。元瓘更名所居曰宮殿、府曰朝、官屬皆稱臣。起玉册・金券・詔書三樓於衣錦樓一。

○寅畏小心　寅、敬也。書經、無逸篇、嚴恭寅畏。詩經、大雅烝民篇、令儀令色、小心翼翼。

○大貝南金　大貝、大如二車渠一。南金、金之良者、自二荆揚一出。故曰レ南。書經、顧命篇、大貝鼖鼓。詩經、魯頌泮水篇、大賂二南金一。毛傳、南謂二荆揚一也。

○子孫千億　詩經、大雅假樂篇、子孫千億。

○帝謂以下十六字　韓本・戴本在二勸忠下一。

○巋焉　高大堅固貌。

○大凡　禮記、祭法篇、正義、總二包萬物一。故曰二大凡一。

○物不レ得二其平一則鳴　困學紀聞、左氏曰、先二二子一鳴。莊子曰、子以二堅白一鳴。昌黎鳴字、本二於此一。

○風撓レ之鳴　莊子、釋文、撓、動也。

○蕩　搖動也。

○其躍也或レ激レ之　孟子、告子上篇、今夫水搏而

送二孟東野一序

韓文公

舊唐書、孟郊少隱二於嵩山一、稱二處士一。性孤僻寡レ合。韓愈一見以爲二忘形之契一、常稱二其字一曰二東野一、與レ之唱二和於文酒之閒一。貞元十二年進士、官至二大理評事一。元和九年卒。年六十四。昌黎爲作二墓誌一。此篇主意、論二不平之鳴皆懸二于天一、以慰二東野一。蓋公平生不平、借二東野一而鳴。

大凡物不レ得二其平一則鳴。（二句揭二大意一。）草木之無レ聲、風撓レ之鳴。水之無レ聲、風蕩(ウゴカセバ)レ之鳴。其躍也或レ激レ之。其趨也或レ梗レ之。其沸也或レ炙レ之。金石之無レ聲、或レ擊レ之鳴。人之於レ言也亦然。有二不レ得レ已而後言一。其謌也有レ思。其哭也有レ懷。凡出二乎口一而爲レ聲者、其皆有レ弗レ平者一乎。樂也者、鬱二於中一而泄二

躍之、可使過顙。激而行之、可使在山。是豈水之性哉。
○或梗之　梗、塞也。
○金石之無聲、或擊之鳴　莊子、天地篇、金石不得以鳴。故金石有聲、不考不鳴。
○謌　歌也。
○擇其善鳴者而假之鳴　擊瓦叩盆、非不鳴也。然而謂之鳴之善者、則不可矣。唯八音爲物之善鳴者。文辭亦然。必假其文字之鏗鏘成聲者、以鳴其句語。是公之所以必辭之古也。
○四時之相推奪　易經、繫辭下傳、寒暑相推而歲成焉。推、順遷也。說文、敓、强取也。書經、敓攘矯虔。今呂刑作奪。
○咎陶　卽皐陶。
○夔　音逵。舜臣、樂官也。書經、舜典篇、夔命汝典樂。
○韶　書經、益稷篇、簫韶九成。鄭注、簫韶、舜所制

於外者也。擇其善鳴者、而假之鳴。金・石・絲・竹・匏・土・革・木八者、物之善鳴者也。維天之於時也亦然。擇其善鳴者、而假之鳴。是故以鳥鳴春、以雷鳴夏、以蟲鳴秋、以風鳴冬。四時之相推奪、其必有不得其平者乎。【第一段、論萬物不得平則鳴。】其於人也亦然。人聲之精者爲言。文辭之於言、又其精者也。尤擇其善鳴者、而假之鳴。其在於唐虞、咎陶・禹其善鳴者也。而假之以鳴。夔弗能以文辭鳴。又假於韶以鳴。夏之時、五子以其歌鳴。伊尹鳴殷、周公鳴周。凡載於詩書六

樂。
○五子以其歌鳴　書序曰、太康失邦、昆弟五人、須于洛汭、作五子之歌。
○傳曰　見論語八佾篇。
○荒唐　大言也。莊子天下篇、謬悠之說、荒唐之言。口義曰、荒唐、曠大而無極也。詩經毛傳、荒、虛也。
○臧孫辰　魯太夫、臧文仲也。左傳、襄公二十四年、魯穆叔曰、魯有先太夫。曰臧文仲。既歿、其言立(立、謂不廢絕)。
〔與孟子〕戴本、與作儕。
○管夷吾　字仲、相桓公霸諸侯。著書名管子。
○晏嬰　字平仲、相齊景公。著書名晏子。
○老聃　李耳、字伯陽。著老子。爲道家之宗。
○申不害　以黃老刑名之學、相韓昭侯。著書名申子。
○韓非　韓諸公子、與李斯俱師荀卿。善刑名法術之學。著書名韓非子。

藝、皆鳴之善者也。周之衰、孔子之徒鳴之。其聲大而遠。傳曰、天將以夫子爲木鐸。其弗信矣乎。其末也、莊周以其荒唐之辭鳴於楚。楚大國也。其亡也、以屈原鳴。臧孫辰・孟軻・荀卿、以道鳴者也。以荀卿與孟子、非其倫。臧孫辰何人、未見其有道。又與孟子並立。安可謂之以道鳴。此文公學問偏駁處。楊朱・墨翟・管夷吾・晏嬰・老聃・申不害・韓非・慎到・田駢・鄒衍・尸佼・孫武・張儀・蘇秦之屬、皆以其術鳴。〔已上數人、或功利、或邪說、或淸淨無爲、或刑名慘刻、或尙兵法、以啓殺伐之計、或尙縱橫、以行游說之謀。要皆非吾道之正。〕秦之興、李斯鳴之。漢之時、司馬遷・相如・揚雄、最其善鳴者也。其下魏晉氏、鳴者不及於古。

○愼到・田駢・鄒衍　愼到、韓大夫、善刑名、著愼子。田駢、齊人、好談論、時稱談天口。鄒衍、齊人、著鄒子。並見史記孟荀傳。
○尸佼　漢書、藝文志、尸子二十篇。注、名佼、魯人。秦相商君師之。鞅死、佼逃入蜀。
○孫武　齊人、著兵法十三篇。
○陳子昂　舊唐書、陳子昂、字伯玉。善屬文。褊躁無威儀。然文詞宏麗、甚爲當時所重。
○蘇源明　唐書、蘇源明、京兆武功人。工文辭、有名天寶間。及進士第、以祕書少監卒。
○其他浸淫乎漢氏矣　其他、指孟郊外文人。故下文承之曰其尤也。文選、李善注、浸淫、漸進也。何焯曰、其他、蓋以雜文言之。亦通。
○其尤也　左傳、昭公二十八年注、尤、異也。

然未嘗絶也。就其善鳴者、其聲淸以浮、其節數以急、其辭淫以哀、其志弛以肆。其爲言也、亂雜而無章。上四句、一樣五字、若第五句不用九字、文勢便庸腐。將天醜其德、莫之顧耶。何爲乎其不鳴其善鳴者也。【第二段、論文章皆出于不平之鳴。】唐之有天下、陳子昂・蘇源明・元結・李白・杜甫・李觀、皆以其所能鳴。此一句、包括多。其存而在下者、孟郊東野、始以其詩鳴。其高出魏晉、【魏晉無善鳴者。孟郊獨高出一等。】不懈而及於古。其他浸淫乎漢氏矣。從吾遊者、李翺・張籍其尤也。三子者之鳴、信善鳴矣。【考異諸本、善下無鳴字。是。】抑不知天將和其聲、而使

〇窮餓其身云云　孟子、告子下篇、天將降大任於是人也、必先苦其心志、勞其筋骨、餓其體膚、空乏其身。行拂亂其所爲、所以動心忍性、曾益其所不能。

〇役於江南　時郊爲溧陽縣尉。

〇釋然　莊子、齊物篇、南面而不釋然。其故何也。釋、一本作懌。

鳴國家之盛邪。抑將窮餓其身、思愁其心腸、而使自鳴其不幸邪。三子者之命、則懸於天矣。其在上也奚以喜。其在下也奚以悲。此二句、占地步。東野之役於江南也、有若不釋然者。故吾道其命於天者、以解之。序因送孟東野作。結歸東野身上。只兩句。此文章之妙。【第三段、入題、論唐代文章出于不平之鳴者、歸著孟郊之鳴。

謝疊山評　此篇凡六百二十七字、鳴字三十九。讀者不覺其繁、何也。句法變化、凡二十九樣。有頓挫、有升降、有起伏、有抑揚。如層峯疊巒、如驚濤怒浪。無一句懈怠、無一字塵埃。愈讀愈可喜。

前赤壁賦

蘇東坡

○壬戌之秋　東坡年譜、元豐五年壬戌、先生年四十七。在黃州、寓居臨皋亭。七月遊赤壁、有前赤壁賦。十月又遊之、有後赤壁賦。
○擧酒　儀禮、鄕飲酒禮篇、擧觶于賓。注、發酒端。曰擧。
○明月之詩　詩經、陳風月出篇、月出皎兮、佼人僚兮。舒窈糾兮。
○歌窈窕之章　此伏望美人兮天一方。詩經、周南關雎篇、窈窕淑女。
○一葦　小舟也。詩經、衞風河廣篇、誰謂河廣。一葦杭之。杭、航通。
○萬頃　頃、百畝、當我三町餘。
○馮　音冰、乘也、凌也。
○御風　莊子、逍遙游篇、列子御風而行、冷然善也。
○羽化　楚辭、仰羽人于丹丘。駱賓王集、有仙音羽化之靈姿。
○登仙　莊子、天地篇、千

赤壁、荊州記曰、蒲圻縣沿江一百里、南岸名赤壁。昔周瑜破曹操處。東坡志林曰、黃州守居之數百步爲赤壁。或言、卽周瑜破曹公處。不知果是否。斷崖壁立、江水深碧。二鶻巢其上、有二蛟或見之。遇風浪靜、聊乘小舟、至其下、捨舟登岸、入徐公洞、非有洞穴也。但山崦深邃耳。徐氏筆精曰、東坡赤壁賦、誤以黃州赤鼻山、認爲周瑜破曹操處。後人不甚指摘之。寔爲盛名所怵耳。

此篇、言人生超然于尋常悲喜憂樂之外、以適我適。眞是仙境、眞是樂地。故此篇主意歸宿于結末一適字。是樂天安命之事也。物徂徠曰、文章要識體。永叔晝錦堂記、非記也。東坡赤壁賦、非賦也。韓文公廟碑、非碑也。皆論也。

壬戌之秋、七月既望。蘇子與客泛舟、遊於赤壁之下。清風徐來、水波不興。擧酒屬客、誦明月之詩、歌窈窕之章。少焉月出於東山之上、【前言清風、此言月出。一篇張本在此。】徘徊於斗牛之閒。白露橫江、水光接天。縱一葦之所如、淩萬頃之茫然。浩浩乎如馮虛御風、而不知其所止、飄飄乎如遺世獨立、羽化而登仙。余嘗中秋夜、泛舟大江、月色水光、與天宇合而爲一。始知此賦之妙。於是飮酒樂甚。扣舷而歌之。歌曰、學楚騷文。桂棹兮蘭槳。擊空明兮泝流光。渺渺兮予懷、望美人兮天一方。秋水淸見底、月在水中、謂之空明。月光與波俱動、謂之流光。搖槳曰擊。逆水而上曰泝。客有吹洞簫者、倚歌而和之。其聲嗚嗚然、如怨如慕、如泣如訴。餘音嫋嫋、不絶如縷、舞幽壑之潛蛟、泣孤舟之嫠婦。【第一段、記舟遊實境。】蘇子愀然、正襟危坐而問客曰、何爲其然也。客曰、月明星稀、烏鵲南飛。此非曹孟德之詩乎。西望夏口、東望

載厭世、去而上僊。」楚辭、遠游篇、貴眞人之休德兮、美往世之登仙。
○扣舷 舷、船邊也。楚辭、鼓栧而去、乃歌。注、叩船舷也。
○桂棹兮蘭槳 棹、槳、皆楫屬也。楚辭、九歌、桂櫂兮蘭栧。晉書音義、櫂與棹同。
○空明 戴叔倫詩、淸影涵空明。
○流光 文選、景福殿賦、灼若明月之流光。
○望美人兮天一方 楚辭、九歌、望美人兮未來。一說、美人指天子。似是。貶謫中慕君之情隱然。
○洞簫 漢書、元帝紀贊、注、洞者通也。簫之無底者。
○客吹洞簫者 堅瓠集曰、吳匏庵、赤壁詩云、西飛孤鶴記何詳、有客吹簫楊世昌、當日賦成誰與注、數行石刻舊曾藏。世昌、綿竹道士、與東坡同遊赤壁。所謂客有吹

洞簫者、即其人也。微匏瘂表而出之、世昌幾無聞矣」一說、李委與東坡遊赤壁、吹笛事、見坡集與范子豐書。蒿菴閒話云、賦所云、客有吹洞簫者、即李委也、吳氏說誤。
○倚歌而和之　倚歌謂倚依歌聲而吹洞簫。漢書、張釋之傳、自倚瑟而歌。李奇曰、聲氣依倚瑟也。師古曰、倚瑟、即今之以歌合曲也。
○嗚嗚　與烏烏同。史記、李斯傳、歌呼嗚嗚、快耳目者、眞秦之聲也。
○嫋嫋　文選、注、嫋嫋、美也。一說、嫋嫋、悠揚貌。與裊裊通。
○嫠婦　嫠、音梨、婦無夫也。左傳昭公十九年、注、寡婦曰嫠。
○愀然　集韻、容色變也。禮記、哀公問、愀然變色。
○正襟危坐　危坐、正坐也。史記、日者傳、獵纓正襟危坐。索隱曰、正其衣襟、謂變而自飾也。

武昌、【武昌即鄂州。夏口、在鄂州江夏縣西。】山川相繆、鬱乎蒼蒼。此非孟德之困於周郎者乎。此一段、設為客之言、以發明己之意。曹操詩、見文選。月明星稀、烏鵲南飛。識蜀先主之奔走。方其破荊州、【劉琮降。】下江陵、順流而東也、舳艫千里、旌旗蔽空。釃酒臨江、橫槊賦詩。固一世之雄也。而今安在哉。有感慨。【陳子昂、蘇丘覽古云、南登碣石館、遙望黃金臺。丘陵盡喬木、昭王安在哉。霸圖悵已矣。驅馬復歸來。東坡所本。】況吾與子漁樵於江渚之上、侶魚蝦而友麋鹿、駕一葉之扁舟、舉匏樽以相屬、寄蜉蝣於天地。眇滄海之一粟。哀吾生之須臾、羨長江之無窮。挾飛仙有感慨。以遨遊、抱明月而長終、知不可乎驟得、託遺響

○月明星稀、烏鵲南飛　魏武帝、短歌行、月明星稀、烏鵲南飛。繞樹三匝、何枝可依。李善注、喩客子無所依託也。

○曹孟德　魏志、太祖武皇帝、姓曹、諱操、字孟德。

○周郎　呉志、周瑜傳、建安三年、孫策授建威中郎將、即與兵二千人、騎五十匹。瑜時年二十四。呉中皆呼爲周郎。

○舳艫千里　漢書、武帝紀、舳艫千里。注、舳、舡後持柂處也。艫、舡前頭刺櫂處也。言其舡之多、前後相銜、雖千里不絶。

○釃酒　詩經、小雅伐木篇、釃酒有藇。注、以筐曰釃。

○横槊賦詩　舊唐書、杜甫傳、曹氏父子、鞍馬閒爲文、往往横槊賦詩。

○扁舟　小舟也。

○蜉蝣　爾雅注、似蛣蜣、身狹而長、有角、黄黑色、藂生糞土中、朝生暮死、豬好啖之。

於悲風。【第二段、借客論人生盛衰生死之變轉可悲。】蘇子曰、客亦知夫水與月乎。逝者如斯、而未嘗往也。説水。盈虚者如彼、而卒莫消長也。説月。蓋將自其變者而觀之、則天地曾不能以一瞬。自其不變者而觀之、則物與我皆無盡也。而又何羨乎。此一段、至學莊子情思。且夫天地之閒、物各有主。苟非吾之所有、雖一毫而莫取。惟江上之清風、與山閒之明月、【應前清風徐來、月出東山之句。】耳得之而爲聲、目遇之而成色。取之無禁、用之不竭。【李白、襄陽曲、清風明月不用一錢買。此句所本】是造物者之無盡藏也。而吾與子之所共適。客喜而笑、洗

盞更酌。肴核既盡、杯盤狼藉。相與枕藉乎舟中、不知東方之既白。【第三段、敍蘇子言、發適我適之主意。】

謝疊山評 此賦學莊騷文法、無一句與莊騷相似。非超然之才、絕倫之識、不能爲也。瀟灑神奇、出塵絕俗。如乘雲御風而立乎九霄之上、俯視六合、何物茫茫。非惟不掛之齒牙、亦不足入其靈臺丹府也。

浦二田評 二賦皆志遊也。記序之體、出以韻語。故曰賦焉。其託物也不黏。其感興也不脫。純乎化機。

【市川世寧(號寬齋、富山藩儒臣)題赤壁圖詩曰、孤舟月上水雲長。崖樹秋寒古戰場。一自風流屬坡老、功名不復畫周郎。】

【袁枚(清人、字子才、號隨園、善詩文)赤壁詩曰、一面東風百萬軍。當年此處定三分。漢家火德終燒賊(蜀漢以火德王。謂周瑜將黃蓋燒魏船艦破之)池上蛟龍竟得雲(周瑜以劉備比蛟龍、謂孫權曰、蛟龍得雲雨、終非池中物)江水自流秋渺渺。漁燈猶照荻紛紛。我來不共吹簫客。烏鵲寒聲靜夜聞。】

【趙翼(清人、號甌北、最長史學)赤壁詩曰、依然形勝扼荊襄。赤壁山前故壘長。烏鵲南飛無魏地。大江東去有周郎。千秋人物三分國。一片山河百戰場。今日經過已陳迹。月明漁父唱滄浪。】

○眇滄海之一粟 眇、微小貌。莊子、秋水篇、計中國之在海內、不似稊米之在太倉乎。
○哀吾生之須臾 須臾、暫時也。莊子、知北遊篇、人生天地之閒、若白駒之過郤、忽然而已。
○飛仙 隋書、赤土國傳、其王居僧祇城、有門三重、每門圖畫飛仙菩薩之像。
○遨遊 遨、亦遊也。詩經、邶風柏舟篇、微我無酒以遨以遊。
○逝者如斯 論語、子罕篇、子在川上曰、逝者如斯夫、不舍晝夜。
○盈虛者如彼云云 易經、豐卦彖傳、日中則昃、月盈則食。天地盈虛、與時消息。莊子、秋水篇、消息盈虛、終則有始。
○蓋將自其變者而觀之 浩然齋雅談云、此蓋用莊子句法。德充符篇、自其異者而眂之、肝膽楚越也。自其同者而眂之、萬物皆一也。此段所本。
○物與我皆無盡 言生死一理未曾盡。佛氏所謂不生不滅。
○造物者 莊子、太宗師篇、偉哉、夫造物者。將以予爲此拘拘也。疏、能造化萬物。故謂之造物也。
○無盡藏 盧肇、宣州新興寺碑序曰、繕修多羅、爲攝受、置無盡藏爲莊嚴。
○杯盤狼藉 史記、滑稽傳、杯盤狼藉。蘇鶚演義、狼藉、狼藉草而臥、去則滅亂。故凡物之縱橫散亂者、曰狼藉。
○是歲 承前賦。卽元豐五年也。
○雪堂 蘇子得廢圃于東坡、而作堂焉、號曰雪堂。堂以大雪中爲之。因畫雪于四壁。
○臨皐 公始至黃州寓定惠院。後遷臨皐亭。雪堂、別業。臨皐、居宅。

【安積信(艮齋)題赤壁圖後曰、天下何地無月。何處無風。而赤壁獨以風月聞者非以有蘇子文章耶。夫文章非有金石之堅也。非有山嶽之重也。發諸心形諸言、著諸篇翰爾矣。而金石可泐、山嶽可崩。惟文章赫赫然、映照于宇宙之閒、月爲之加明、風爲之加淸、江山爲之加高壯。所謂不朽之盛事者、非歟。(魏文帝典論曰、文章者經國之大業、不朽之盛事。年壽有時過、榮樂止於其身。二者必至之常期、未若文章之無窮也)彼周郞竭智力、以精兵三萬、破曹瞞數十萬之衆。(瞞、曹操小字)可謂千古奇功矣。而蘇子乃提三寸不律、詠風月於盃酒談笑之閒、使百世之下、讀其文、想見其人、吟諷贊嘆之不已。而善畫者、又摹寫之以傳。則蘇子三寸不律之功(三寸不律、謂筆)反出于周郞精兵三萬之上矣。文章之盛如此。況聖賢君子道德之懿、照映于宇宙者哉。

後赤壁賦

蘇東坡

謝曰、學莊子。此篇主意、記赤壁夜遊之樂。

是歲十月之望、步自雪堂、將歸于臨皐。二客從予、過黃泥之坂。霜露既降、木葉盡脫。人影在地、仰見明月、顧而樂之、行歌相答。已而歎曰、有客無酒、有酒無肴。月白風清。如此良夜何。客曰、今者薄暮、擧網得魚。巨口細鱗、狀似松江之鱸。顧安所得酒乎。歸而謀諸婦。婦曰、我有斗酒、藏之久矣。以待子不時之需。【第一段夜遊前序、是樂。】於是、携酒與魚、復遊於赤壁之下。江流有聲、斷岸千尺。山高月小、水落石出。曾日月之幾何、而江山不可復識矣。予乃攝衣而上、履巉巖、披蒙茸、踞虎豹、【石類虎豹之狀者、踞而坐其上。】登虬龍、【古木有類虬龍者、攀而登其上。】攀栖鶻之危巣、俯馮夷之幽宮。蓋二

○巨口細鱗云云　正字通、鱸、巨口細鱗、似鱖長數寸、有四腮。俗呼四腮魚。以七八月出吳江。松江尤盛。天下之鱸皆兩腮、惟松江四腮。後漢書、左慈傳、曹操顧衆賓曰、今日高會、珍羞略備。所少吳松江鱸魚耳。注、松江出好鱸魚、味異他處。

○歸而謀諸婦　史記、滑稽傳、請歸與婦計之。

○曾　乃也。

○攝衣而上　攝、整飾也。史記、日者傳、於是攝衣而起。

○巉巖　正字通、巉、山險絕、如劖刻也。

○茸　而容切。蒙茸、草亂貌。

○虬龍　虬、一作虯。龍子有角者。

○栖鶻　鶻、鳥名、鷹屬。

○馮夷　水神也。見山海經・莊子・竹書紀年等。莊子、太宗師篇、馮夷得之以游大川。郭璞江賦、作

冰夷一。
〇蓋　疑辭。
〇劃然長嘯　劃、與二砉・剨一通。音畫、破聲也。玉篇、以レ刀劃二破物一也。集韻、裂也。
〇悄然　悄、與レ愀通。容色變也。
〇翅　鳥翼也。
〇縞衣　縞、素也。鶴白身而尾黑。故曰二玄裳縞衣一也。
〇就睡　歸レ家就レ睡也。
〇蹁躚　旋行貌。
〇嗚呼噫嘻　竝歎聲也。宋景文筆記、蜀人見レ物驚異、輒曰二噫嘻嚱一。李白作二蜀道難一因用レ之。
〇疇昔之夜　禮記、檀弓篇、予疇昔之夜。鄭注、疇、發聲也。昔、猶レ前也。
〇開戶視之不見其處　宋玉神女賦、闇然而冥、忽不レ知レ處。

客不レ能レ從焉。劃然長嘯、草木震動、山鳴谷應、風起水涌。予亦悄然而悲、肅然而恐。凜乎其不レ可レ留也。反而登レ舟、放二乎中流一、聽二其所一レ止而休焉。時夜將レ半、四顧寂寥。適有二孤鶴一、橫レ江東來。翅如二車輪一、玄裳縞衣、戛然長鳴、掠二予舟一而西也。【第二段記二遊是悲一。】

須臾客去、予亦就レ睡。夢二一道士、羽衣蹁躚、過二臨皐之下一、揖レ予而言曰、赤壁之遊樂乎。問二其姓名一、俛而不レ答。嗚呼噫嘻、我知レ之矣。疇昔之夜、飛鳴而過レ我者、非二子也耶一。道士顧笑。予亦驚悟、開レ戶視レ之、不レ見二其處一。【第三段記】

歸後夢、
是樂。

虞邵菴評　陸士衡云、賦體物而瀏亮。坡公前赤壁賦、已曲盡其妙。後賦尤精於體物。如山高月小、水落石出、皆天然句法。末用道士化鶴之事、尤出人意表。

呂東萊評　此賦結處、用韓文公石鼎聯句序彌明意、指鶴爲道士、亦暗使高道傳青城山徐佐卿化鶴事、以比也。

茅鹿門評　予嘗謂、東坡文章僊也。讀此二賦、令人有遺世之想。

阿房宮賦　杜牧之

秦始皇三十五年、以咸陽人多、先王之宮庭小、乃營作朝宮渭南上林苑中。先作前殿于阿房。東西五百步、南北五十丈。上可以坐萬人、下可以建五丈旗。周馳爲閣道、自殿下直抵南山。表南山之巓以爲闕。爲複道、自阿房渡渭、屬之咸陽、以象天極閣道絕漢抵營室也。宮成未更名而毀。故天下只謂之阿房宮。阿、山曲也。房、居也。乃舊地名。一說、括地志云、秦阿房宮、亦曰阿城。在雍州長安縣。

○六王 謂韓・趙・燕・魏・楚・齊。史記、始皇紀、六王伏其辜、天下大定。
○蜀山兀 兀、高而上平也。蜀山產材木、今已斬伐殆盡。故山亦覺其平也。
○覆壓三百餘里 林西仲云、言其廣。
○隔離天日 林西仲云、言其高。
○驪山北構而西折 驪山、在陝西臨潼縣東南。吳乘權云、驪山在北、咸陽在西。自驪山北結屋、曲折而至西、直赴咸陽殿爲太宮。
○二川 林西仲云、二川、渭川・樊川也。
○溶溶 說文、水盛也。一解、安流貌。
○鉤心闘角 林西仲云、鉤心、指廊腰。闘角、指簷牙。上分言之、此合言之。方曲盡聯屬之勝。
○盤盤 盤環之貌。
○囷囷 輪囷屈曲之貌。
○蜂房水渦 爾雅注、渦、

一云、阿、近也。以其去咸陽近、故號阿房。
唐杜牧、字牧之。京兆人。太和二年進士。官至中書舍人。性剛直有奇節。其詩風骨遒上、文亦縱橫奧衍、切於時務。時人以別杜甫、號曰小杜。大中六年卒。年五十。有樊川集。
此篇主意、言秦自亡秦。蓋借阿房宮以諷當世也。

六王畢、四海一。蜀山兀、阿房出。覆壓三百餘里、隔離天日。驪山北構而西折、直走咸陽。二川溶溶、流入宮牆。五步一樓、十步一閣。廊腰縵廻、簷牙高啄。各抱地勢、鉤心闘角。盤盤焉、囷囷焉。蜂房水渦、矗不知其幾千萬落。長橋臥波、未雲何龍。複道行空、不霽何虹。高低冥迷、不知西東。歌臺暖響、春光融融。舞殿冷袖、風雨凄凄。一日之內、一宮之閒、而氣候不齊。〔氣候、承上句暖冷。〕妃嬪媵嬙、王子皇孫、辭樓下殿、輦來于秦。朝歌夜絃、爲秦宮人。明星熒熒、開粧鏡也。綠雲擾擾、梳曉鬟也。渭流漲膩、棄脂水也。煙斜霧横、焚椒蘭也。雷霆乍驚、宮車過也。轆轆遠聽、杳不知其所之也。一肌一容、盡態極妍、縵立遠視、而望幸焉。有不得見者、三十六年。燕・趙之收藏、韓・魏之經營、齊・楚之精英、幾世幾年。取掠其人、倚疊如山。一旦有不能輸

旋流也。遠望天井、如蜂窠焉、如水之爲渦也。
〇矗不知其幾千萬落　洪武正韻、矗、高起也。廣雅、落、居也。後漢書、竇憲傳、躡冒頓之區落。此蓋院落・區落之落。謂樓閣殿堂各爲一區落、矗然高起不知幾千萬所也。
〇長橋臥波　自阿房度渭屬之咸陽、以象天極。有長橋臥水波上。
〇未雲何龍　雲或作雺。猗覺寮雜記、以龍爲龍星。然以龍比横空之複道、又何害。
〇複道　漢書、高帝紀、從複道上望見諸將。注、上下有道、故謂之複。
〇虹　複道之長、朱碧相照。有若虹之光彩。
〇融融　氣上融散也。
〇氣候不齊　宮人歌唱之時、則暖響如春光、舞袖之時、則冷袖如風凄。此氣候之不定也。
〇妃嬪媵嬙　左傳、哀公元年、夫差宿有妃嬙嬪

來其閒。鼎鐺玉石、金塊珠礫、棄擲邐迤。秦人視之、亦不甚惜。〔第一段、説盛。〕

嗟乎、一人之心、千萬人之心也。〔荀子、不苟篇、千人萬人之情、一人之情是也。〕秦愛紛奢、人亦念其家。奈何取之盡錙銖、用之如泥沙。使負棟之柱、多於南畝之農夫、架梁之椽、多於機上之工女、釘頭磷磷、多於在庾之粟粒、瓦縫參差、多於周身之帛縷、直欄橫檻、多於九土之城郭、管絃嘔啞、多於市人之言語。使天下之人、不敢言而敢怒。獨夫之心、日益驕固。戍卒叫、函谷舉、楚人一炬、可憐焦土。〔第二段、説衰。〕

嗚呼、滅

御焉。注、妃嬙、貴者。嬪御、賤者。皆內官。林西仲云、六國宮妃。

○王子皇孫　林西仲云、六國公族。

○有不得見者三十六年　史記、始皇爲王二十五年、爲帝十二年。當作三十七年。牧之誤。

○取掠其人　按、唐太宗諱世民。唐人凡當言民、皆曰人。東涯譚藪云、人當作入、失之。按、收藏・經營・精英、皆謂金玉器具凡百財寶。故人作入似是。本集、取作摽。

○鼎鐺云云　鐺、釜屬。有足。林西仲云、寶鼎如鐺、美玉如石、金如土塊、珠如瓦礫。總言多也。

○磷磷　白貌。上林賦、磷磷爛爛。郭璞曰、玉石符采、映曜也。又同粼。詩經、唐風揚之水篇、白石粼粼。毛傳、粼粼、清徹也。

○九土　文選、好色賦、周覽九土、足歷五都。李善曰、九土、九州之土。

○獨夫　指始皇。一解、指二世。天下盡叛之。故曰獨夫。書經、泰誓篇、獨夫紂。
○戍卒　指陳勝・吳廣。二世時、遣戍漁陽、因失期、遂反。
○楚人一炬　項羽入咸陽、收其珍寶婦女、燒秦宮室、火三月不滅。
○族　正字通、滅國亦曰族。言秦自取滅亡也。
○則遞三世、可至萬世而爲君　史記、秦始皇紀、始皇廢謚法、制曰、朕爲始皇帝、後世以計數、二世三世、至于萬世、傳之無窮。賦蓋用此語、反言之。眞爲頂腦一針。

六國者、六國也。非秦也。族秦者、秦也。非天下也。嗟夫、使六國各愛其人、則足以拒秦。秦復愛六國之人、則遞三世、可至萬世而爲君。誰得而族滅也。秦人不暇自哀、而後人哀之。後人哀之、而不鑑之、亦使後人復哀後人也。【第三段、說衰原于盛、以戒後人。末句哀後人之後人、上句後人哀之之後人也。】

邵二泉評　此篇宏壯巨麗、馳騁上下、累數百言。至楚人一炬、可憐焦土。其論盛衰之變、判於此矣。末一段、尤含鑒戒。讀之有餘味焉。

送李愿歸盤谷序　韓文公

李愿、同時有兩李愿。一爲西平王李晟子、一隱盤谷。
此篇主意、贊李愿爲不遇之大丈夫。故主稱揚隱者。

○盤谷今河南河北道濟源縣太行山之南。

○武夫前呵 說文、呵、大言而怒也。呵、一作訶通。

○俊 一作畯通。

太行之陽、有盤谷。盤谷之閒、泉甘而土肥。草木叢茂、居民鮮少。或曰、謂其環兩山之閒、故曰盤。或曰、是谷也、宅幽而勢阻。隱者之所盤旋。友人李愿居之。【第一段、敍盤谷地勢及所以名、遂及李愿居住。】

愿之言曰、【托愿之辭。】人之稱大丈夫者、我知之矣。利澤施於人、名聲昭于時、坐于廟堂、進退百官、而佐天子出令。其在外、則樹旗旄、羅弓矢、武夫前呵、從者塞途、供給之人、各執其物、夾道而疾馳。喜有賞、怒有刑。才俊滿前、道古今而譽盛德。入耳而不煩。曲眉豐頰、淸聲而便體、【淸聲善歌、便體善舞。】

○秀外而惠中　詩經、邶風燕燕篇、仲氏任只、其心塞淵、終溫且惠。惠與慧通。吳乘權云、外貌秀美、中心聰敏。
○翳長袖　楚辭後語、投長袖以自翳兮。翳、隱也、障也。
○粉白黛綠　面傅白粉、眉染綠黛。說文、黛、畫眉也。列子、娥媌靡曼者、粉白黛黑以滿之。又見楚辭・淮南子、修務訓、猗覺寮雜記、今婦人削去眉、畫以墨。蓋古法也。釋名、黛代也。滅眉毛、以代其處也。
○用力於當世者之所爲　之所字、有譽有樂二句有字、元板・韓本竝無。今據本集補。
○有命　論語、顏淵篇、死生有命、富貴在天。
○鮮可食　鮮、小魚也。
○前・後　前猶面、後猶背。
○刀鋸　漢書、刑法志、中刑用刀鋸。注、刀、割刑。鋸、刖刑也。

秀外而惠中。飄輕裾、翳長袖、粉白黛綠者、列屋而閑居、妬寵而負恃、爭妍而取憐。大丈夫之遇知於天子、用力於當世者之所爲也。吾非惡此而逃之。是有命焉。不可幸而致也。窮居而野處、升高而望遠。坐茂樹以終日、濯淸泉以自潔。採於山、美可茹、釣於水、鮮可食。起居無時、惟適之安。與其有譽於前、孰若無毀於其後。與其有樂於身、孰若無憂於其心。車服不維、刀鋸不加。理亂不知、黜陟不聞。大丈夫之不遇於時者之所爲也。我則行之。伺候於公卿之門、奔走於形勢之途、足將進而趑趄、口將言而囁嚅。處汙穢而不羞、觸刑辟而誅戮、僥倖於萬一、老死而後止者、其於爲人、賢不肖何如也。【第二段、敍愿之言、發主意。】昌黎韓愈聞其言而壯之、與之酒、而爲之歌曰、

盤之中、維子之宮。盤之土、維子之稼。盤之泉可濯可沿。盤之阻、誰爭子所。窈而深、廓其有容。繚而曲、如往而復。嗟盤之樂兮、樂且無央。虎豹遠迹兮、蛟龍遁藏。鬼神守護兮、呵禁不祥。飮且食兮、壽而康。無不足兮。

○趑趄　說文、行不進也。
○囁嚅　楚辭、七諫、沈江、改前聖之法度兮、喜囁嚅而妄作。注、小語謀私貌。欲言不言貌。
○昌黎　愈先世居昌黎。今直隷津海道昌黎縣。
○盤之土、維子之稼　顧炎武曰、稼字似讀上聲。盤谷序盤之土、維子之稼、亦作上聲。而李少卿、改土爲下。誠瞽儒之見矣。李說見黃氏日抄。
○可沿　緣水而下也。沿一作湘。詩經、召南采蘋篇、毛傳、湘、烹也。
○窈而深　深、一作空。是窈而深、廓其有容。韻不叶。空與容則叶矣。一說、深・容古韻通用。
○央　盡也。一本作殃。亦通。
○不祥　謂魑魅之屬。

○秣二吾馬一 詩經、周南漢廣篇、言秣二其馬一。
○徜徉 宋玉、風賦、注、徜徉、猶二徘徊一也。
○歸去來兮 來、助語也。戰國齊策、長鋏歸來乎。孟子、離婁上篇、聞二文王作一、興曰、盍レ歸乎來。莊子、嘗以語レ我來。皆同。
○蕪 說文、蕪、穢也。
○胡不レ歸 胡、猶二何也。詩經、邶風式微篇、式微、式微、胡不レ歸。
○既自以レ心爲二形役一 淮南子曰、是皆形神俱役者也。

奚所レ望。膏二吾車一兮、秣二吾馬一、從二子于盤一兮、終二吾生一以徜徉。◎【第三段、退之作レ歌稱二揚之一。】

蘇東坡評 歐陽公言、晉無二文章一、惟陶淵明歸去來辭而已。余謂、唐無二文章一。惟韓退之送二李愿歸二盤谷一序而已。平生欲レ效二此作一、每レ執レ筆輒罷。因自笑曰、不レ若三且放二教退之獨步一。

樓迂齋評 一節是形二容得意人一、一節是形二容閑居人一、一節是形二容奔走伺候人一。卻結在二人賢不肖何如也一句上一。終篇全擧二李愿說話一、自說只數語。其實非二李愿言一、此又別是一格式。

歸去來辭 陶靖節

按、晉書本傳、陶潛、字淵明、潯陽柴桑人也。爲二彭澤縣令一。時郡守遣二督郵一至。吏白、當三束帶見二之。淵明嘆曰、吾安能爲二五斗米一折レ腰向二鄉里小兒一耶。卽日解二印綬一歸去。遂作二此詞一以見二其志一。元嘉初卒。年六十三。世稱二靖節先生一。有二陶淵明集一。本集有レ序、略曰、余家貧、又心憚二

遠役。彭澤縣去レ家百里。故便求レ之。及二少日一、眷然有二歸歟之情一。自免去レ職。因レ事順レ心。故命レ篇曰二歸去來一。

此篇主意、言下獨世富貴非二吾願一。不レ若上歸隱樂二天命一。

歸去來兮。田園將レ蕪。胡不レ歸。既自以レ心爲二形役一。奚惆悵而獨悲。悟二已往之不一レ諫、知二來者之可一レ追。實迷レ途其未レ遠、覺二今是而昨非一。舟遙遙以輕颺、風飄飄而吹レ衣。問二征夫一以二前路一、恨二晨光之熹微一。」【第一段、敍下悔二仕宦一之悲上。】

乃瞻二衡宇一、載欣載奔。僮僕歡迎、稚子候レ門。三逕就レ荒、松菊猶存。攜レ幼入レ室、有レ酒盈レ罇。引二壺觴一以自酌、眄二庭柯一以怡レ顏。倚二南窻一以寄レ傲、審二容レ膝之易一レ安。園日涉以

○惆悵　失レ志而悲貌。楚辭、惆悵兮而獨自憐。說文、惆、失レ意也。悵、望恨也。

○悟二已往之不一レ諫　論語、微子篇、往者不レ可レ諫、來者猶可レ追。李周翰曰、謂下爲レ官今將二歸去一、是追改上也。

○實迷レ途其未レ遠　楚辭、廻二朕車一以復レ路兮、及二行途之未一レ遠乎。按語、蓋本下易之迷復不レ遠復之義上。

○覺二今是而昨非一　莊子、寓言篇、莊子謂二惠子一曰、孔子行年六十而六十化。始時所レ是、卒而非レ之。未レ知三今之所レ謂是之非二五十九非一也。

○舟遙遙以輕颺　廣雅、遙遙、遠也。一本、作二搖搖一。

○風飄飄而吹レ衣　楚辭、東風飄飄兮、神靈雨。

○恨二晨光之熹微一　景福殿賦、注、晨光、日景也。熹微、日欲レ暮也。正字通、熹、微陽也。

○衡宇　衡門屋宇也。

○三逕就レ荒　按、聖賢羣

輔錄曰、求仲・羊仲、不知何許人。皆治車爲業、挫廉逃名。蔣元卿(名詡)之去兗州、還杜陵、荊棘塞門。舍中有三逕、不出。惟二人從之游。時人謂之二仲。見嵆康高士傳。
○眄庭柯以怡顏　呂向曰、眄、邪視也。柯、樹枝也。怡、悅也。
○審容膝之易安　韓詩外傳、北郭先生妻曰、今結駟列騎、所安不過容膝、言審思此事、則所須非廣、容膝亦可安也。
○策扶老以流憩　策、杖也。易林曰、鳩杖扶老、策杖以扶老弱、周流而憩息也。
○時矯首而游觀　矯、擧也。林西仲曰、憩而曰流、無定位也。觀而曰游、無定方也。游、一本作遐。
○雲無心而出岫、鳥倦飛而知還　此況己之出處任乎自然也。岫、音袖。爾雅、釋山、山有穴爲岫。避暑錄話曰、此陶淵明、

成趣、門雖設而常關。策扶老以流憩、時矯首而游觀。雲無心而出岫、鳥倦飛而知還。景翳翳以將入。撫孤松而盤桓。【第二段、敍歸鄉之樂。】歸去來兮。請息交以絕游。世與我而相遺。復駕言兮焉求。悅親戚之情話、樂琴書以消憂。農人告予以春及。將有事於西疇。或命巾車、或棹孤舟、既窈窕以尋壑、亦崎嶇而經丘。木欣欣以向榮、泉涓涓而始流。善萬物之得時、感吾生之行休。已矣乎、寓形宇內、復幾時。曷不委心任去留。胡爲乎遑遑欲何之。富貴非吾願。帝鄉

出處大節、非胸中實有此境、不能爲此言也。心而之而、本集作以。

〇景翳翳以將入、撫孤松而盤桓　晉書、宋書竝以作其。方言、翳、掩也。翳、與曀古字通。杜甫詩、翳翳桑榆日、照我征衣裳。爾雅曰、盤桓、不進也。呂向曰、撫攀也。謂賞其堅貞。故盤桓而戀之。

〇世與我而相遺　本集、遺、作違。似是。

〇復駕言兮焉求　詩經、小雅泉水篇、駕言出遊。言、語詞也。

〇情話　眞情之語也。

〇樂琴書以消憂　晉書本傳、潛性不解音、而畜素琴一張。絃徽不具。每朋酒之會、則撫而和之。曰、但識琴中趣、何勞絃上聲。

〇農人告予以春及　文選・本集竝無及字。

〇將有事於西疇　有事、謂耕作也。四庫全書提要、西疇、正如詩之南畝、

不可期。懷良辰以孤往。或植杖而耘耔。登東皐以舒嘯、臨清流而賦詩。聊乘化以歸盡、樂夫天命復奚疑。【第三段、敍樂極悲生。樂天命三字、一篇主意。】

【聊乘化以歸盡】一本、以作而。詩經、小雅泉水篇、鄭箋曰、聊、且略之辭。化、自然也。盡、謂死也。孔子家語曰、化於陰陽、象形而發、謂之生。化窮數盡、謂之死。莊子、田子方篇、生有所乎萌、死有所乎歸。〇樂夫天命復奚疑　易經、繫辭上傳、樂天知命、故不憂。按、結以夫子樂天之語、最見其絕識。

韓子蒼評　傳言、淵明以郡遣督郵至、卽日解印綬去。而淵明自敍、以程氏妹喪、去奔武昌。余觀此士既以違已交病、又愧役於口腹。意不欲仕久矣。及因妹喪、卽去。蓋其孝友如此。世人但以不屈於州縣吏爲高。故以因督郵而去。此去識時委命。其意固有在矣。豈一督郵能爲之去就哉。躬耕乞食且猶不恥。而恥屈於督郵、必不然矣。

蘇東坡評　歐陽公嘗言、兩晉無文章、獨有此歸去來辭一篇。其辭義夷曠蕭散、雖楚聲而無尤怨局蹙之病。

僧冷齋評　李格非善論文。嘗曰、陶靖節歸去來辭、沛然如肝肺中流出。殊不見斧鑿痕。此君在兩晉之間初未嘗欲以文章名世。而

偶擧一方言之耳。
○或命巾車　巾、飾也。拂拭而用之也。李善曰、孔叢子、孔子歌曰、巾車命駕、將適唐都。
○旣窈窕以尋壑　窈窕、幽閒深長貌。宋書・南史、尋作窮。何焯曰、窮字佳。壑、澗水也。
○亦崎嶇而經丘　崎嶇、山路不平也。
○欣欣　春色貌。毛詩傳、欣欣、樂也。
○涓涓　泉流貌、又小流也。孔子家語、涓涓不壅、爲江爲河。
○或植杖而耘耔　論語、微子篇、植其杖而耘。詩經、小雅甫田篇、或耘或耔。毛傳、耘、除草也。耔、壅本也。
○登東皐以舒嘯　呂向曰、皐、田也。阮籍奏記曰、將耕於東皐之陽。
○善萬物之得時　本集・晉書・宋書、竝同。俗本、善作羨非。
○行休　休、謂死也。莊子

其辭意超邁如此。

李性學評

陶元亮之歸去來、有野鶴任風閑鷗立海之狀。讀之令人清灑。或者有以賦爲辭之譏。

胡秋宇評

此篇非必有切實用。但其寄興高遠、韻度蕭散、學者游息之暇、諷之詠之、可以滌塵襟而生逸思云爾。

〔陶潛、飲酒詩曰、結廬在人境。而無車馬喧。問君何能爾（爾、如此也）心遠地自偏。採菊東籬下。悠然見南山。山氣日夕佳。飛鳥相與還（還、同旋、盤旋也）此閒有眞意。欲辯已忘言（欲辨已忘言、所謂欲說說不出也）

〔陶潛、雜詩曰、人生無根蔕。飄如陌上塵。分散逐風轉。此已非常身。落地爲兄弟（落地爲兄弟、卽論語、顏淵篇、四海之內、皆兄弟也之意）何必骨肉親。得歡當作樂。斗酒聚比鄰。盛年不重來。一日難再晨。及時當勉勵。歲月不待人。

〔陶潛、歸田園居詩曰、少無適俗韻（適、猶合也）性本愛丘山。誤落塵網中。一去三十年。羈鳥戀舊林。池魚思故淵。開荒南野際。守拙歸園田。方宅十餘畝。草屋八九閒。楡柳蔭後簷。桃李羅堂前。曖曖遠人村（曖曖、昏昧貌）依依墟里煙（依依、隱約貌）狗吠深巷中。雞鳴桑樹顚（顚、同巓）戶庭無塵雜。虛室有餘閒。久在樊籠裏。復得反自然（査初白曰、返自然三字、道盡歸田之樂。可知塵網牽縛、事事俱違本性）

刻意篇、其生若浮、其死若休。此語所本。

○宇内 淮南子、齊俗訓、四方上下謂之宇。

○曷不委心任去留 委心、謂委付心於自然也。任去留、謂從性命之去留。

○胡爲乎遑遑欲何之 本集・晉書同。宋書、無乎字。遑遑、猶彷徨也。同皇皇。有所求而不得貌。孟子、滕文公下篇云、孔子三月無君、皇皇如也。

○富貴非吾願、帝鄕不可期 大戴禮、所謂賢人者、躬爲匹夫、而不願富貴。莊子、天地篇、千載厭世、去而上僊、乘彼白雲、至于帝鄕。

○懷良辰以孤往 楚辭、吉日兮辰良。李善曰、擇良辰而將行。莊子、在宥篇、出入六合、遊乎九州。獨往獨來、是謂獨有。

○臨清流而賦詩 李善曰、琴賦曰、臨清風而賦新詩。

【陶潛、五柳先生傳曰、先生不知何許人也。亦不詳其姓字。宅邊有五柳樹。因以爲號焉。閑靖少言、不慕榮利。好讀書、不求甚解。每有意會、便欣然忘食。性嗜酒、家貧不能常得。親舊知其如此、或置酒而招之。造飲輒盡。期在必醉。既醉而退。曾不吝情去留。環堵蕭然、不蔽風日。短褐穿結、簞瓢屢空。晏如也。常著文章自娛、頗示己志。忘懷得失。以此自終。贊曰、黔婁有言、不慼慼於貧賤、不汲汲於富貴。極其言、茲若人之儔乎。酣觴賦詩、以樂其志。無懷氏之民歟。葛天氏之民歟。

補註 文章軌範 終

補註　文章軌範

昭和 7 年 3 月 20 日　初　版　発　行
平成 10 年 2 月 10 日　34　版　発　行
平成 14 年 2 月 20 日　並製新装初版発行

著　者　簡　野　道　明
発行者　株式会社　明　治　書　院
代表者　三　樹　讓
印刷者　大日本法令印刷株式会社
代表者　田　中　國　睦
発行所　株式会社　明　治　書　院
〒169-0072
東京都新宿区大久保 1－1－7
TEL 03(5292)0117　FAX 03(5292)6182

ISBN 4-625-73302-2
正文社製本
表紙・扉　阿部　壽